ちくま学芸文庫

ピース・フィーラー

支那事変和平工作史

戸部良一

筑摩書房

目次

序章　和平工作研究の意味
第一節　本書のねらい　012
第二節　本書の構成　016
第一章　政略出兵から全面戦争へ
第一節　「対支一撃」　026
第二節　出兵への道　033
第三節　密使の派遣　039
第四節　不拡大方針の放棄　047
第二章　和平の模索
第一節　事変処理構想　058
第二節　第三国の仲介　070
第三節　否認論の擡頭　079

第四節　トラウトマン工作再開　089
第五節　和平条件をめぐる論争　096
第六節　トラウトマン工作打ち切り　106
第七節　トラウトマン工作の評価　115

第三章　「対手トセス」声明再考

第一節　長期戦の決意　126
第二節　世論対策　131
第三節　国民政府否認　133
第四節　否認をめぐる論争　137
第五節　「黙殺」から「否認」へ　144

第四章　事変処理構想の変遷

第一節　臨時政府と維新政府　152
第二節　五相会議の諸決定（一）　158

第三節　五相会議の諸決定（二）　164
第四節　新中央政権樹立工作　170
第五章　和平工作の交錯――宇垣・孔祥熙工作を中心として
第一節　宇垣外相の登場まで　176
第二節　宇垣外相の登場　184
第三節　現地工作の進展　188
第四節　高宗武の来日　196
第五節　宇垣の訓令　201
第六節　現地工作の再開　206
第七節　宇垣工作の進展　216
第八節　宇垣辞任の経緯　223
第九節　宇垣工作の評価　231
第六章　「日支新関係調整方針」の策定と汪工作

第一節　「調整方針」をめぐる疑問　238
第二節　「調整方針」の原案　240
第三節　「調整方針」の修正　249
第四節　参謀本部の和平構想　256
第五節　高宗武工作の進展　265
第六節　汪工作の変質　282
第七節　汪工作のその後　296

終章　和平工作の視点から見た支那事変

第一節　その後の和平工作　304
第二節　和平工作者　309
第三節　和平条件　319
第四節　和平、謀略、投敵　332

あとがき　341
文庫版あとがき　345

註 349
参考文献 442
解説 456
人名索引 478

ピース・フィーラー　支那事変和平工作史

序章　和平工作研究の意味

第一節　本書のねらい

支那事変（日中戦争）の大きな特徴は、戦争の遂行と和平への努力が、そのほぼ全期間を通しほとんど常に並行して行われていたことにあるといわれる。[1]事変が拡大の一途を辿りつつある中で、同じアジア人としての一体感や運命共同体意識、反共・防共という点でのイデオロギー的共通性、あるいはソ連との対抗という戦略的理由などから、事変の早期終結を達成すべく様々の和平への努力（いわゆる和平工作）が試みられたことはよく知られているとおりである。

このような和平への努力は、当然のことながら、その大半が極秘裡の交渉によるものであった。外交官による公表された停戦ないし和平交渉は、事変勃発当初のごく短期間にのみ見られた例外的なものにとどまり、その後は外交官の和平工作、あるいは正規の外交ルートを通じた和平の試みも、極秘の非公式交渉として行われた。さらに和平工作の舞台には外交官以外の様々の人々が登場し、正規の外交ルートの糸口をつけたり、もしくは独自の和平工作に従事した。

このように支那事変における和平の努力が極秘裡の非公式交渉によって試みられたことには、自明の理由も含めていくつかの理由が考えられる。まず、国家間の通常の交渉に見られるように、秘密の接触によってそれぞれの国内的圧力からできるだけ拘束されずに、交渉の柔軟性を確保しようとの配慮があった。また事変ないし戦争という特殊な闘争状況下にあっては、和平交渉の公表が国民の戦闘意思に影響を与え、事変遂行に支障をきたすことが懸念された。さらに、戦局が拡大するにつれ日中両国の公的立場が相互に硬化すると、和平問題を直接正規の外交チャネルに載せる前に、私的接触によって相手側の意向を打診するとともに、その態度を和らげようとのねらいもあった。そして一九三八年一月、日本政府が「爾後国民政府ヲ対手トセス」と声明しこの声明に国交断絶・国民政府否認以上の意味を付与すると、その後は蔣介石政権との間に公式の交渉はあり得なくなり、外交官以外のピース・フィーラーの登場をさらに促したのである。

こうした和平工作には今なおかなりの不明部分がある。それは工作のほとんどが極秘の非公式接触として実施されたため、一般の外交交渉のように充分な記録が残されていないことに主たる原因があろう。当事者の回想録が存在する場合も、しばしば事後の正当化や後知恵や記憶違いによって、混乱が生じているケースが少なくない。したがって本書の第一の目的は、和平工作研究の基礎となるべき事実の究明、確定を試みることにある。基礎的な事実の確定がなされて、はじめて和平工作の何たるかについての評価が可能になるであろう。

もちろん支那事変の和平工作史を対象としたすぐれた研究がこれまでになかったわけで

はない(2)。しかし、そうした研究が公刊されてから既にほぼ三〇年が経過し、その間様々の新しい史料が利用できるようになり、また特定の和平工作に関する新たな研究も発表されてきた。そうした新史料を活用するとともに、日本だけでなく中国を含む諸外国の研究成果もできるだけ取り入れることによって、和平工作史は従来の研究よりもさらに内容豊かなものとなるはずである。中国側の史料は今のところきわめて乏しいが、本書はそれを補うためにイギリスの外交文書を利用した。イギリスの外交文書には当時の中国の動向に関するかなり豊富な情報が含まれている。

本書の第二の目的は、実際に和平工作に従事した人物(ピース・フィーラー)の動きに光を当てて和平工作を理解することにある。ピース・フィーラーの行動に焦点を当てれば、和平工作を単なる和平条件をめぐる問題に還元せず、より人間的な陰影を帯びた歴史的事象として描くことができるであろう。また和平工作の推移や消長も、より鮮明に浮かび上がってくる。どのようなタイプの人物が和平工作の舞台に登場したかを明らかにすれば、当時の日中関係の人的交流のありようを示すことにもつながるであろう。さらに、ほとんどの和平工作者は当時にあって最も中国の事情に通じた人々であった。言い換えれば、彼らはいわゆる「支那通」の良質的部分に属していたと見ることができる。したがって彼らの和平構想を検討すれば、当時のすぐれた「支那通」の中国認識の特徴あるいは限界を捉える手がかりともなろう。

第三に、本書は和平工作と事変処理政策との関連性を追求し、複数の和平工作の間の絡み合いを解くことを目標とした。特に、和平工作を通じてもたらされた情報が事変処理政策の決定にどのように影響を与えたのか、また事変処理政策の変更が和平工作の推移にいかなる作用を及ぼしたのか、さらに複数の工作が同時に進行している場合は相互の競合がどのような結果につながったのか、こうした疑問の解明こそ本書の最も大きなねらいである。したがって本書では、間接的ながら政策決定論的アプローチが意識されている。重要な事変処理政策や政府声明の決定過程を詳しく追跡したのもそのためである。一部の事変処理政策や政府声明については、これまでしばしば結果論から短絡的な解釈がなされる傾向があったが、綿密な決定過程分析を行えば、そうした従来の解釈とは異なる結論が出てくる可能性もあるであろう。

冒頭に述べたように、和平工作は事変遂行と常に並行して実施された。しかも和平工作は事変処理政策と密接に関連していた。とすれば、和平工作の軌跡を正確に捉えることは、支那事変という名の戦争の重要な一面を理解することにつながるであろう。やや誇張していえば、事変の知られざる側面、隠れた一面を明らかにすることになるかもしれない。また、戦前の日中関係史の失われた環《ミッシング・リンク》を見つけだす一助ともなるであろう。

和平工作の歴史はすべて失敗の歴史である。したがってその研究は、何故失敗したのかを問い続け、問い直していかなければならない。本書によってその原因・理由をすべて論じ尽くしたということはできないが、史料に裏付けられた事実の究明の中から、少なくとも重要な原因を導き出し、和平工作をめぐる今後の議論のための基礎を提供することはできるであろう。また、その失敗の原因に関する論議を通じて、当事者の苦悩や政策決定の実態も明らかとなるであろう。

第二節　本書の構成

和平工作が実施された時期は、事変の展開に応じて次の五つに区分することができる。まず第一期は、事変勃発時点から一九三七年八月の第二次上海事変に至るまで、戦局が一応華北に限定されていた時期であり、第二期は上海事変によって戦局が全面戦争の様相を帯びてから、翌年一月、「爾後国民政府ヲ対手トセス」との声明を出すまでの時期である。第三期は、その後に始まった汪兆銘工作の進展により汪が重慶を離れる（一九三八年末）までであり、第四期は、それから大東亜戦争（太平洋戦争）突入まで、第五期は開戦以後敗戦までである。

本書はこれらの時期のうち第三期までを主たる対象とする。したがって何故第四期以降を研究対象とはしないのかをここで説明しておく必要があろう。

まず第四期は、汪工作が本来の和平工作としての意義を失って占領地区内の新政権樹立工作に変質してしまい、汪政権擁立工作と、汪工作への幻滅からあらためて重慶の蔣介石政権との直接和平を目指す動きと、汪政権の成立を牽制・妨害しようとする重慶側の動きとが三つ巴以上の複雑な絡み合いを展開する。しかし、そうした複雑な関係をこれまでの研究成果以上に明快に解明することを可能とする新しい史料は、今のところ見出されていない。従来の研究成果にわずかな新事実を加えるだけでは、本書をいたずらに冗長とするばかりであろう。したがって本書は第四期についての分析は他書に譲り、ただ終章で第四期の複雑な絡み合いの一端を指摘するにとどめることにした。

第五期を扱わなかったのは、大東亜戦争突入以後における日中間の和平工作の多くが戦争全体の終戦工作としての性格を帯び、それ以前の和平工作との連続性を有しながらも、支那事変解決のための和平工作という枠の外に出てしまうからである。大東亜戦争開始後の日中和平工作は、同戦争の終戦工作の一部として考察さるべきであろう。

では、本書の構成と内容の概略をその対象時期に関連づけて紹介しておこう。

第一章「政略出兵から全面戦争へ」は第一期を対象としたものである。ここでは、まず陸軍内部のいわゆる拡大派と不拡大派との論争を軸として、七月末の最終的派兵決定までの過程が描かれる。次いで戦局が華北に限定されていたときの和平の試みとして、近衛首相の密使、西園寺公一が上海で宋子文と接触した経緯を、イギリスの史料に基づいて紹介する。第一期で最も有名な和平工作は、外務省のイニシアチヴによって開始された船津工作と呼ばれるものである。これは、私人を介して局面収拾の可能性を中国側に示唆し、それによって相手の硬化した態度を和らげ公式交渉の糸口を開くことにねらいがあったが、中国大使・川越茂の介入によって、そのねらいはぼやけてしまった。この工作については工作当事者、船津辰一郎の日誌と残された外交電報を主な史料として事実関係の再構成が試みられる。

第一章では、第二次上海事変の発生に伴う上海出兵の決定過程も分析される。ここでの出兵決定に至る過程では、米内海相が船津工作への期待から当初は出兵に消極的であったのに対して、軍令部では船津工作と上海の事態を切り離して考え、積極的に出兵論を唱えたことが対比されよう。

第二章「和平の模索」は、第二期の事変処理方針の変化と第三国による和平仲介を扱う。ここではまず、一〇月一日に「支那事変対処要綱」が首・陸・海・外四相決定となるまでの過程を、陸海軍の文書を用いてやや細かく追跡する。この過程では、権益要求が表面化しつつあった反面、船津工作時の和平条件の線をできるだけ維持しようとの考慮も働いていたことが指摘されよう。

この時期には、事変の全面戦争化により日中間の直接接触の機会は一時遠のいたが、中国軍の抵抗のために華中での戦闘が膠着状態に陥ると、第三国の和平仲介に寄せる期待が高まった。和平仲介に積極的な動きを見せたのは、まずイギリスであり、次いでドイツであった。ドイツの和平仲介は駐華ドイツ大使の名をとってトラウトマン工作と呼ばれ、事変全期間を通じて最も有望なものであったといわれる。この工作の発端から打ち切りまでの事実関係に関しては、ドイツ、イギリスなど諸外国の研究を含むこれまでの研究成果が充分に活用されよう。中国側の反応はいまだ不明の部分が少なくないが、これについては仲介国ドイツだけでなくイギリスが得た情報も参考となろう。

トラウトマン工作が実施されている間、戦線は膠着状態を脱して一変し、やがて首都南京が陥落すると日本では和平条件が加重されるだけでなく、蔣政権否認論、降伏以外の和平交渉無用論が強まった。そしてついに翌年一月、日本政府は中国に和平の誠意なしと断定して参謀本部の交渉継続論を斥け、交渉打ち切りに決した。政府は戦勝気分に流されて参謀本部の主張する戦略的リアリズム（事変長期化の危険性）を顧慮せず、軍による和平のイニシアチヴ（外交介入）を嫌って、交渉をいわば中途で打ち切ったが、第二章ではこの和平問題をめぐる論争の過程が、外務省と参謀本部の文書を用いて詳細に描かれよう。

よく知られているように、トラウトマン工作を打ち切るとき日本政府は「爾後国民政府ヲ対手トセス」の声明を発表した。この声明は、言わずもがなのことを言った声明として今日ではきわめて悪名が高い。では、何故そのような声明が発表されることになったのであろうか。また、その声明には本来どのような意味とねらいが込められていたのか。このような疑問の解明を目指したのが第三章「「対手トセス」声明再考」である。ここでは、事変の「戦争目的」を明確化する必要性や、中国が和平に応じない場合の方針立案や、国民政府否認論をめぐる論争などに注意が向けられよう。

第四章「事変処理構想の変遷」は、第三期の事変処理方針の変化を扱う。日本は「対手トセス」声明の発表後それに国民政府否認以上の意味を付与し、国民政府に代わる新中央政権を樹立しようとしたが、華北の臨時政府、華中の維新政府、いずれの現地政権も中央政権の主体となるにはあまりに弱体で、やがて方針の見直しを迫られるようになる。その見直しの結果が一九三八年夏の一連の五相会議決定であり、国民政府が「屈服」すればこれを新中央政権の構成分子と認めるとの方針が打ち出され、この枠内で国民政府との和平交渉の可能性が生じてくる。この章では、五相会議での正式決定に至るまでの協議・調整段階で作成された文書を検討することによって、事変処理方針のどの点をめぐって論争があったのかを探り、五相会議決定のねらいと特徴を解明する。

第三期には、徐州作戦、漢口・広東作戦などの武力戦と並行して、占領地拡大に伴う現地政権工作、国民政府に代わる新中央政権樹立工作が進められ、さらに国民政府との直接和平をめざす工作もそれらと競合しつつ実施された。こうした様々な工作の競合関係を分析することが第五章「和平工作の交錯」のねらいである。ここには代表的なピース・フィーラーが多数登場する。汪兆銘工作では西義顕、松本重治、伊藤芳男、宇垣・孔祥熙工作に関連した中村豊一、萱野長知、松本蔵次、それに神尾茂、矢田七太郎などである。第五章では、上海、香港、日本の間を飛び回るこれら和平工作者の行動を追跡し、特に宇垣工作を中心として諸工作間の絡み合い・相互作用を明らかにする。当事者の回想録、関係者の日記がここでの主な情報源である。

第五章ではさらに、宇垣外相が五相会議決定の枠内で国民政府との接触を開始し、様々なルートから集まる中国側の意向についての情報に基づいて、その枠を超えようとしたことを裏付ける。宇垣外相辞任の原因についても、そうした宇垣の和平構想との関連が追求される。特にそこでは宇垣の和平構想と近衛のそれとが対比されよう。

第六章「「日支新関係調整方針」の策定と汪工作」は、一一月末の御前会議決定と汪工作の関係を検討するものである。ここではまず「調整方針」の起案者、堀場一雄の和平構想を確認した上で、半年以上にもわたる「調整方針」の策定過程を綿密に追跡し、日本の要求を一定限度内に抑えようとした原案が様々な権益要求によって修正されていく経緯を解明する。また「調整方針」と汪工作との間には必ずしも直接的関連のないことが論証されよう。

第六章のもう一つのねらいは、汪工作の変質を検証することである。ここでの中心人物は、日本側では影佐禎昭、今井武夫、中国側では高宗武、梅思平となる。汪工作は、反蔣勢力の結集によって蔣介石に下野を強制するための工作から、汪を日本軍占領地区の統一中央政権の首班に据える工作へと変質したが、そうした変質の背後にどのような事情があったのかを、「謀略」という視点も加味して考察してみる。

以上の各章の考察を踏まえて、終章「和平工作の視点から見た支那事変」では、第四期以降の和平工作も含めて、そこに登場するピース・フィーラーのタイプが分析される。様々なタイプのピース・フィーラーの代表としては、松本重治、萱野長知、西義顕の三人が取り上げられよう。次いで、日本側の和平条件の変遷が追跡され、日本の中国に対する最低限の要求は何であったのか、それを中国側が受け容れる可能性はあったのか、さらに日本の条件が状況によって変化しているとすれば、何がその変化を促す根本要因であったのか、などの疑問解明が試みられる。この解明がおそらく和平工作失敗の原因究明にもつながるであろう。

和平工作を現在中国では「投敵誘導」工作と捉えている。(3) また、和平工作に従事した日本人も「謀略」工作にかかわった「特務」系の人物としてしばしば批判される。したがって終章では、こうした和平工作に関する日中間の捉え方の相違について論じ、あらためて和平工作の意味を考察してみることも必要となろう。

では、ここで最後に、「支那事変」という呼称について一言しておきたい。(4) 一九三七年七月に始まる日中間の軍事紛争には、様々な呼び方がある。中国側が用いる抗日戦争の他にも、日中戦争、日華事変、日シ事変、シナ事変、支那事変などがよく使われる呼称の例といえよう。筆者もこれまでに日中戦争、日華事変という呼称を用いたことがあった。筆者の基本的な立場を述べれば、歴史に多様な解釈がある以上、どの呼び方を使っても、それが当該事象を指していることが明確である限りは、差し支えないと思う。むしろ、これを使わなければならないと一つの呼称に限定する方が、固定した解釈を強いる危険性を内包するであろう。したがってもちろん筆者も「支那事変」という呼称を他に強制するつもりはない。

ただ、筆者が「事変」という言い方にこだわるのは、日中双方が宣戦を布告しなかったという事実を重く見るからである（蔣介石政権が対日宣戦布告に踏み切ったのは日米開戦直後であった）。むろんこの事変は実質的には戦争であった。しかし、特に和平工作を考える場合は、それが国際法上の戦争の中ではなく、互いに戦いながらも宣戦を布告していないという特殊な状況下で行われたことを重視しなければならない。

問題は支那事変の「支那」という表記が侮蔑的であると中国側が批判することである。日華事変、日シ事変、シナ事変という表現が使われるのも、そうした批判を考慮したからであろう。しかし、「支那事変」は日本政府が正式の呼称として用いて以来、既に歴史用語として固有名詞化したと見なされよう。もし「支那」という表記が許されないならば、参謀本部支那課や支那派遣軍という言い方もできないことになってしまう。本書では、そうした歴史用語として固有名詞化した場合以外は、国名でも地名でも「支那」という表記を使ってはいない。

支那事変や大東亜戦争という日本政府の正式呼称は、日本が戦った戦争の、すべてではないにせよ、やはり重要な一面を表している。本書があえてこの呼称を用いたのも、そのためである。戦前の正式呼称を用いたからといって、それにまつわる価値観やイデオロギーを是認しているわけでないことは言うまでもない。それは、以下に展開される各章を通読すれば充分に理解してもらえるだろう。

第一章　政略出兵から全面戦争へ

第一節 「対支一撃」

支那事変の発端をなすのは、一九三七年（昭和十二年）七月七日の夜に発生した盧溝橋事件である。この事件の真相については今もって不明の点があるが、誰が最初の一発を撃ったとしても、それは後の事変の展開に決定的な意味を持つわけではない。たとえ盧溝橋事件が何らかの謀略によるものであるとしても、これを全面戦争に導いていく意志と能力を持つ推進力、満洲事変の際の関東軍に相当するような推進力は日中どちらの側にも存在しなかったからである。むしろこの時点で戦争に突入することは日中双方にとって好ましくはなかったといえよう。したがって盧溝橋事件から北支事変、支那事変へと展開していく過程は、日本にとって望ましくない戦争へと事態の拡大をきたしたものであったが、それは結局事件の処理を誤った結果でもあった。

まず陸軍の対応から見てみよう。七月八日朝、盧溝橋事件の報が陸軍中央にもたらされたとき、参謀本部第二（戦争指導）課長・河辺虎四郎大佐に対する電話の中で、陸軍省軍務課長・柴山兼四郎大佐の第一声が「厄介なことが起つたな」であったのに対し、参謀本部第三（作戦）課長・武藤章大佐は「愉快なことが起つたね」と語ったという(1)。この挿話は事件に対する陸軍の反応の分裂を示すものとして興味深い。

一般にこの分裂は、不拡大派と拡大派との対立と呼ばれる。数的に見れば、不拡大派は少数派であったが、参謀本部第一（作戦）部長・石原莞爾少将を頂点として柴山軍務課長、河辺戦争指導課長など枢要な地位を占めていたため、侮り難い力を持っていた。[2] しかし多数派はあくまで参謀本部の作戦課、支那（第七）課、陸軍省軍事課を中心とした拡大派であり、石原作戦部長も部内を統制することはできなかった。これがその後の戦略・作戦指導に多大の影響を及ぼしたことは、よく知られているとおりである。

不拡大派と拡大派との対立は、まず派兵の是非をめぐって尖鋭化した。不拡大派は派兵が全面戦争につながり、対ソ戦備を弱体化させる危険性を説いた。戦争指導課の堀場一雄少佐は派兵反対論を次のように要約している。[3]

実力を行使すること即局面を拡大する所以にして、一度日支抗争に陥らんか、支那近来の民族意識よりして事態容易に収拾すべくもあらず、果てしなき広野に無限の進軍を令するものなり。我国の現有国力を以てしては、斯くの如き対支全面戦争に堪え得るや疑問あり。然るに一般情勢は、国力の培養建設を刻下の急務となし、満洲国の建設、対ソ防衛の充備等山積し、他を顧るの余力なし。此の際宜しく慎重を持し実力行使に陥るべからず。事件は即時解決すべし。

当時陸軍は危険なほどに開いた対ソ兵力比の劣勢を回復するため、昭和一二年度より軍備充実計画を開始したばかりであった。それ故ここで出兵を実施し事変が長期化すれば、この計画に支障をきたすだけでなく、事変へのソ連介入の危険性さえ憂慮された。石原作戦部長は、対ソ戦備の充実と満洲国育成に専念することを主張し、日中の正面衝突を避けるためには、華北・内蒙の既成事実放棄もやむを得ないと論じるほどであった。

これに対して拡大派は、いかに日本が中国側に譲歩を示しても蔣介石政権の抗日政策は不変であると見なしていた。譲歩はかえって中国の満洲回復熱を煽るだけであり、日ソ開戦の場合は中国がソ連側に加担する可能性が高いので、機会を捉えて中国に一撃を与えその抗日政策を改めさせるか、あるいは華北・内蒙に緩衝地帯を設け対ソ戦の場合の背後を固めるべきである、と拡大派は主張した(4)。これがいわゆる「対支一撃」論である。もちろん拡大派も全面戦争を唱えたわけではない。また華北以外への出兵、つまり出兵地域の拡大を唱えたわけでもないので、「拡大派」という通称もあるいは正確さを欠いているかもしれない。しかし拡大派は、派兵という武力威圧によって懸案の解決・要求の強制が可能であると論じた。この派兵こそ、不拡大派の判断からすれば、事態の「拡大」につながりかねないと批判されたわけである。

拡大派の派兵論の前提にあったのは、蔣介石政権に対する不信感と、中国抗戦力の軽視に基づく事態楽観である。武藤作戦課長は「千載一遇の好機だから此の際やつた方がよい」と述べ(5)、田中新一軍事課長は、戦争指導課が提示した万一の場合の用兵規模を「日支の軍隊を混同し居らざるや」と一笑に付した(6)。中国情報を扱う参謀本部支那課の永津佐比重課長に至っては、「上陸せんでも良いから塘沽附近までずつと船を廻して持つて行けばそれで北京とか天津はもう一先づ参るであらう」と述べる始末であった(7)。また、「支那は弱い、斯ういふやうなことをするのは一体生意気だ、之は膺懲すべきだ(8)」という中国の「侮日」に対する心理的・感情的反発の面が大きかったことも否定できない。

結局、盧溝橋事件に対する日本の対応で際立っていたのは、こうした拡大派の事態楽観と感情的反発であったといってよい。拡大派と不拡大派との論争は続いたが、最終的には政府も拡大派の「対支一撃」論に追随することになったのである。

政府は当初、事態不拡大・現地解決の方針を打ち出し、派兵にも消極的であった。七月九日の臨時閣議では、杉山陸相が持ち出した派兵案も見送られた(9)。また同日、参謀本部から現地軍に送られた指示も、事件解決の条件として責任者の処罰、中国側の謝罪、将来の保障などを定めながら、「此際政治問題ニ触ルルコトヲ避ケ」ると釘をさしていた(10)。

しかし陸軍内では派兵論が強力であった。既に九日早朝参謀本部作戦課は「事件不拡大ノ方針ヲ以テ進ムモ支那側ニシテ我軍ニ対シ挑戦的態度ニ出ツルニ於テハ支那駐屯軍ニ所要ノ兵力ヲ増加シ我ニ敵対スル支那軍ヲ平津地方ヨリ駆逐シ北支那ノ安定ヲ企図ス」とし、朝鮮軍・関東軍からの援軍だけでなく内地からも三箇師団の派兵を検討していた(11)。そして一〇日には国民政府中央軍の北上による事態緊迫化の情報が伝えられ、参謀本部の第二部（情報部）や作戦課では「冀察当局及南京政府ハ国民ノ抗日意識ヲ煽揚スルト共ニ対日武力戦争ヲ準備シツツアリ」との判断が打ち出された。(12) こうして支那駐屯軍の現有兵力（約五千）だけでは平津地域（北平と天津）の居留民を保護することが困難と見なされ、陸軍内では派兵論が大勢を圧するに至る。ついに不拡大派の石原作戦部長も派兵に同意したが、それは内地師団の派兵には数週間かかるので万一の場合に備えて動員しておくことが必要と考えたからだという。(13) ただし陸軍内にはまだ派兵に対する根強い反対があった。翌一一日、陸軍省の或る軍務課員は外務省東亜局第一課に対し「外務大臣の力で動員案を葬ってほしい」と要請してきた。(14)

しかしこの日首相、外相、陸相、海相、蔵相による五相の会議は陸軍の内地三箇師団の動員を含む派兵案を承認し、閣議は五相会議の合意をそのまま決定とした。(15) 陸相以外は当初、派兵に消極的であったが、支那駐屯軍と居留民を「見殺シニスルニ忍ビズ」との理由により結局同意するに至ったのである。会議では、事態不拡大・現地解決の基本方針を再確認するとともに、派兵の目的を「威力ノ顕示ニ依リ」中国軍の謝罪と将来の保障を獲得することとした。ただし、内地師団の動員はあくまで万一の場合に備え今後の状況を見て実施することとし、また動員後派兵の必要がなくなったならば派兵を取り止める、とも合意された。海相は派兵が全面戦争に拡大する可能性を憂慮したが、陸相は派兵を声明するだけでも事態は直ちに解決するだろうと観測していたように見受けられた。

閣議後の同日夕刻、政府は華北派兵に関する声明を発表し事件を「北支事変」と命名した。[16]声明は、中国側が「中央軍ニ出動ヲ命スル等武力準備ヲ進ムルト共ニ平和的交渉ニ応スルノ誠意ナク……今次事件ハ全ク支那側ノ計画的武力抗日ナルコト最早疑ノ余地ナシ」ときめつけ、「政府ハ本日ノ閣議ニ於テ重大決意ヲ為シ、北支派兵ニ関シ政府トシテ執ルヘキ所要ノ措置ヲナス事ニ決セリ」と日本の決意を強調した。たしかにこの声明は「政府ハ今後共局面不拡大ノ為平和的折衝ノ望ヲ捨テス、支那側ノ速カナル反省ニヨリテ事態ノ円満ナル解決ヲ希望ス」と事態不拡大、交渉による解決を訴えてはいたが、その重点が派兵の決意を示すところにあったのは否めない。そしてそれこそ陸相が会議で示唆した点でもあった。さらに近衛首相はこの日の夜、各界要人を官邸に招いて挙国一致、政府への協力を要請した。これが中国側を刺激するとともに、日本国内の「暴支膺懲」熱を煽ったのは疑いない。その後、現地の事態鎮静化が伝えられて内地師団の動員派兵は一時見合わせられたが、国内の暴支膺懲論は少しも下火とはならなかったのである。

近衛首相は盧溝橋事件の報告を受けた際、「まさか、陸軍の計画的行動ではなかろうな」と語ったという。[17]それならば何故、あえて暴支膺懲熱を煽るような行動に出たのか。この点で注目されるのが軍人の先手を打つという彼の「先手論」である。[18]つまり、陸軍の大勢が派兵に固まった以上、軍をリードするためには、むしろここでその主張を採用し、さらにその一歩先を行くことが得策であると見なされた。そうすれば軍の信頼を集め、やがては軍のコントロールも可能になると考えられたのであろう[19]。

近衛がこうした「先手論」を実行に移していたとすれば、当然ながら事態をそれほど深刻には捉えていなかったことになる。すなわち、派兵しても重大事には至らず、武力で威圧し日本の挙国一致の姿勢を示せば中国は簡単に屈服し、うまくいけば懸案解決の機会さえ得られるであろう、との事態楽観が近衛にもあったわけであり、それは拡大派の判断と共通したものであったといえよう。さらに、各界要人を首相官邸に招いて協力を要請するというのは風見書記官長のアイデアであったが、彼によると、これは組閣にあたって政党方面の反感を買った近衛内閣が、何とか政党との関係を修復しようとする試みの一環でもあったという[20]。まさに、どの勢力からも積極的な反対を受けない代わりに人気以外に強力な支持基盤を持たない近衛内閣の性格をよく示す思惑であったが、こうした思惑も結局は事態楽観の上に成立していたのである[21]。

挙国一致の鼓吹は、こうした政治的思惑を別とすれば、日本の決意を示すことによって中国側に譲歩を迫ると同時に、万一事態が拡大した場合に備えて「国民ノ団結的気分」をつくりそれを維持することにねらいがあった。しかし既に述べたように、これは中国側の反発を強めただけでなく、日本国内においても事変解決をはかる上で「昂揚セシ国民意識ニ対シ如何ニスベキヤ」という厄介な問題を生み出した[22]。要するに、これによって日中両国では強硬論が勢いを得てしまったのである。

第二節　出兵への道

出兵の実施までにはまだ紆余曲折があった。一一日に派兵が決定された直後、今度は現地から停戦協定成立の報告が伝えられ、現地の情勢緩和が判明したのである。停戦協定の成立により、表面的には「陸軍ノ態度ハ急転シ著シク消極的トナリ」動員下令にも躊躇しつつあるように見受けられたが、[23]内部では再び拡大派と不拡大派との対立が激しくなり、「参謀本部ニ於イテハ調印セル交渉〔現地協定〕ヲ破毀シ新規ニ行動ヲ起スヘシトノ説ヲナスモノ」もあるほどであった。[24]一三日夜、陸軍首脳部は、激しい論争を繰り広げる課長以下を参加させずに基本方針を決定し、[25]「局面不拡大現地解決ノ方針ヲ堅持シ全面的戦争ニ陥ルカ如キ行動ハ極力之ヲ回避ス」と従来の不拡大方針を再確認するとともに、満洲および朝鮮からの援軍派遣を除き内地部隊の動員を実施保留とした。ただし、中国側が現地停戦協定の「解決条件ヲ無視シテ之カ実行ニ誠意ヲ示ササル場合或ハ南京政府ニシテ徒ニ中央軍ヲ北上セシメテ攻勢ヲ企図スルカ如キ場合ニ於テハ断乎タル決意ニ出ツルモノトス」とも定められ、あらためて中国側の協定不履行と中央軍の北上続行が内地からの派兵の条件とされた。なお、現地に不拡大方針を徹底させるため翌日、参謀本部総務部長と陸軍省軍務課長が天津に派遣された。

　陸軍中央部では強硬論が高まっていた。一五日、参謀本部情報部はその情勢判断の中で「若シ帝国ニシテ依然出兵ヲ躊躇スルニ於テハ徒ニ支那ノ延引策ニ翻弄セラルルノミナラス帝国ノ決意ト実力トニ疑念ヲ抱カシメ延イテ支那ヲシテ遂ニ局面ヲ拡大膠着セシムルノ虞大ナリ」と述べ、翌一六日作戦課の情勢判断も、不拡大の方針は保持するが、中国側に「誠意ノ認ムヘキモノナキ場合ニ於テハ断乎所要ノ兵力ヲ行使シテ支那軍ヲ膺懲シ北支那紛糾ノ根源ヲ芟除ス」と主張した(26)。この日河辺戦争指導課長が海軍側に伝えた情報によれば、「従来ノ如キ解決条件デ満足スルカ或ハ更ニ注文ヲ出スカニ就テ議論多ク中央トシテハマトマラズ」「露骨ニ云ヘバ強硬派ニ引摺ラレテ段々深味《ママ》ニ進ムト云フ傾向ナリ」という有様であった。これを受けて海軍側は、陸軍の「大勢ハ何トカ切懸ヲ作リテ待機師団ヲ出征セシムルト云フコトニ落付クモノト判断」せざるを得なかった(27)。

　かくして陸軍首脳部は、現地の交渉を促進するため交渉期限を一九日とし、それまでに宋哲元（華北政務委員会委員長、第二九軍長）が要求に応じなければ内地師団を動員派兵し、南京政府（中国国民政府）に対しては、現地の交渉を妨害せず中央軍の北上を停止するよう申し入れる、との方針を固めた(28)。一七日に開かれた五相会議（首相欠席）でこの陸軍の期限付き現地交渉案は承認されたが、南京政府の回答にも期限を付けるべきであるとする杉山陸相の提案は採用されなかった(29)。

翌一八日も首相欠席のまま五相会議が開かれ、事変の再発を防ぐために「従来ノ行懸リヲ捨テ、全然白紙ニ立帰リ新ニ理想トスル日支間ノ全面的交渉ヲナス」ことについて話し合いがなされた。これは事変解決後に行うべき国交調整交渉についての協議であったが、会議終了直前、陸相は陸軍省軍務課作成の「対支政策処理案」なる文書を提示した。この文書は、「今次事件ヲ契機トシテ日支関係明朗化ノ基礎的事項ノ確立ニ関シ直チニ南京政府ト交渉ヲ開始スルノ要アリ」とし、「此際今次事件ニヨリテ生ジタル対支武力膺懲ノ実質的効果竝ニ平津ニ於ケル帝国軍隊ノ存在就中北平天津ノ占拠ハ本交渉ノ後楯トシテ巧ニ活用セラルベキ事ヲ予期ス」と結論づけており、まさに派兵・武力威圧による懸案解決・要求強制を主張したものにほかならなかった。これに対し会議では賛否いずれも発言する者がなく、後には陸軍全体の一致した案ではないことも判明した。(30)

一九日に入って、現地交渉はようやく妥結したが、南京政府は日本の申し入れに対し、現地解決は中央政府の許可を要し軍事行動の停止も日中両軍同時になされるべきである、と回答してきた。さらにこの日公表された蔣介石の「最後の関頭」演説も日本の要求を実質的に否定するに等しかった。河辺戦争指導課長が海軍側に伝えた陸軍の意向は、いかに現地交渉が妥結してもそれを南京政府が認めなければその実行は保障されず事変の解決にはならないであろうし、また中央軍の北上が停止されなければ「兵力ノ関係ヨリスルモ自衛上到底忍ブベカラザルガ故ニ最早帝国トシテ決意セザル可カラザル時期ニ到達セルモノ

ト信ズ」というものであった。(31)

こうして翌二〇日午前の閣議で杉山陸相は内地師団の動員派兵を提議したが、派兵は南京政府を刺激し事態を拡大させるおそれがあり、前日の南京政府の対日回答が正式のものであるかどうかを問い合わせている最中なので、その結果を待って決意しても遅くはないとの意見が出、派兵の決定は見送られた。(32)しかし同日午後、またしても現地で日中両軍が衝突した。(33)それまで内地師団の派兵に消極的であった海軍内部でも、ついに軍令部は派兵もやむなしと結論づけた。(34)そしてこの日の夜再開された閣議で陸相が再び派兵を要請すると、午前の閣議で「何ノ為ニ出兵スルカ不明ナリ」と反論していた広田外相も、「現在ノ状況ニ於テ派兵ニハ不賛成ナルモ作戦上必要アリトノ事ナラバ已ムヲ得ズ」と述べ、派兵に同意するに至ったのである。ただし同時に、動員下令後出発までに事態が解決されれば即時動員を解除すること、派兵を実行しても中国側への要求を拡大しないことが申し合わされた。この閣議で米内海相は「今度ノ出兵ハ Gesture ト戦術上ノ要求トガ半分半分ト思フ」と述べたが、これはこの段階に至っても出兵によって日本の決意を示し中国側の強硬姿勢を挫こうとの意図があったことを示している。(35)

二〇日夜の閣議で決定された内地三箇師団の動員・派兵は、しかし、またも保留となったのである。二一日、現地への出張から帰った参謀本部総務部長と軍務課長から、現地の状況は静穏で「寧ロ東京ガ第一線ト思ハル、程ナリ」との報告があり、また支那駐屯軍からも、現地では事変解決の見込みが充分にあり兵力も現状で不足はなく、内地師団の派遣は必要ないとの意見具申があった。こうして陸軍では自重論が強くなったが、依然として多数を占めるのは強硬論であった。内地からの派兵の可否は参謀本部の判断に委ねられたが、ここでも議は纏まらず、動員見合わせの決定がなされたのは翌二二日であった。すなわち「政府ガ北支問題ヲ徹底的ニ解決スル必要アリト意ヲ決シテヤラザル限リ動員ハ暫ク見合ハス」こととなったのである。(36) 動員は保留されたが、今後派兵があるとすれば、それは「北支問題の徹底的解決」のためになされるとの意味が暗示されたことに注目すべきであろう。

その後も陸軍部内の論争はやまなかった。慎重論は、盧溝橋事件解決で事変にケリをつけ、協定の実行にもあまり潔癖なことはいわず、適当の時機に撤兵して全面的解決は将来の交渉に譲ることを主張したのに対し、積極論は、それでは依然として禍根が残ると反論した。この際内地から師団を派遣し「我武力ノ威圧下ニ我要求事項ノ実行ヲ求メ已ムヲ得ザレバ河北ニ侵入セル中央軍ニ一撃ヲ与ヘ以テ日支国交根本解決ニ邁進スベシ」というのが積極論の主張であり、この論争になかなか決着はつかなかった。(37)

二三日、外務、陸軍、海軍三省の主管局課長会議で外務省側から、「状況ニ大ナル変化ナキ限リ飽迄現地解決、事態不拡大ノ方針ヲ堅持シ此ノ上ノ派兵ハ中止スルコト」、現地協定の実行と状況に不安なしと判断されれば「自主的ニ速ニ増派部隊(朝鮮と満洲からの援軍〕ヲ関外ニ撤収スルコト」、以上の趣旨を適当の機会に声明すること、という提案がなされ意見の一致を見た(38)。また、南京では大使館参事官の日高信六郎が高宗武(外交部亜州司長)や張群(国民党中央政治委員会秘書長)と会談を重ね、中国側が現地協定を黙認して事変解決をはかるとの話し合いが進捗していたという(39)。しかし現地ではまたも武力衝突が発生する。二五日には廊坊で、二六日には北平の広安門で中国側からの発砲を機に両軍が衝突した。慎重論を唱えてきた参謀本部の石原作戦部長も、内地からの派兵を決断せざるを得なくなった。かくしてついに、二七日の臨時閣議で杉山陸相は内地師団の動員・派兵に関する陸軍の最終的な決定を報告し、翌二八日支那駐屯軍は「平津地方ノ支那軍ヲ膺懲シテ同地方主要各地ノ安定(40)」をはかるため作戦行動を開始したのである。

以上のように、内地師団の動員派兵は一一日、二〇日と二度決定されて二度とも保留され、三度目の二七日の決定でようやく実施に移された。現地の武力衝突が派兵決定を促した直接的原因であり、派兵は本来、現地の危急を救う「作戦上の必要」のためのものであった。しかし事件発生以来の中国側の態度を考慮すると、一旦内地部隊が派遣されれば、それに対抗する中国側の行動を誘発して「作戦上の必要」そのものが拡大する危険性が徐々に高まっていた。ところが派兵には、二〇日の閣議で米内海相が述べたように、心理戦的効果、つまり日本の決意を見せることによって中国側を譲歩に追い込もうとする効果も期待されていたのである。さらに、南京政府が強硬姿勢を持続し現地で衝突事件が繰り返されると、武力威圧の下で盧溝橋事件解決以上の要求を強制しようとする拡大派の主張も、それに比例するかのように次第に強くなっていった。こうした状況下で、派兵を本来の「作戦上の必要」の枠内に抑えることは甚だ困難であった。現地の危急を救うための派兵は、「膺懲」という武力威圧の下で要求を強制する政略出兵へと、容易に転化してしまう危険性を内包していたのである。

第三節　密使の派遣

盧溝橋事件以降日中双方の態度が硬化していく中で、事件を解決しその拡大を防止するためには、通常の外交ルートを用いるだけでは無理であり、何らかの非常の手段が必要と見なされた。例えば七月一一日、参謀本部戦争指導課が「速ニ近衛首相（止ムヲ得サレバ広田大臣）ハ聖諭ヲ奉戴シ危局ニ対スル日支和戦ノ決定権ヲ奉シ直接南京ニ至リ国民政府ト最後的折衝ヲ行フ」との案を立てたのも、そうした発想に基づいている。(41) この直接談判構想は石原作戦部長から風見書記官長に提案されたが、陸軍の統制を危ぶむ声が強まり、採用されずに終わった。(42)

近衛首相の周辺で密使派遣構想が再三持ち上がったのも同様の発想に基づく。近衛は挙国一致を鼓吹して日本の決意を示し中国側を心理的に威圧すると同時に、他方では極秘裡に非公式ルートを用いて和平を持ちかけようとした。密使の候補には松方幸次郎（元老松方正義の三男、元川崎造船社長）、頭山満、宮崎龍介（宮崎滔天の長男、元社会大衆党中央委員）、西園寺公一（元老西園寺公望の孫）などの名が挙げられたが[43]、このうち実行に着手されたのは宮崎と西園寺の場合だけである。

宮崎が起用されたことには次のような事情があった。一九三五年頃当時の中国大使館筋から近衛に日中関係改善の具体案が示されたことがあり、これは実を結ばなかったが、その際中国側は今後の日中間の連絡役として秋山定輔（元二六新報社長）と宮崎を推薦したというのである[44]。こうして宮崎派遣案は近衛と秋山との協議から生まれ、秋山から南京に赴いて蔣介石に会見するよう要請された宮崎は、七月二三日夜東京を出発した。ところが宮崎は、翌日神戸で乗船したところを憲兵に連行されてしまったのである。三日後秋山も東京憲兵隊に拘引された。容疑はスパイということであったが、詳細は判然としない。また宮崎が携行しようとした和平提案がどのような内容のものであったのかも不明である[45]。

西園寺は岩永裕吉（同盟通信社長）と近衛から、上海に赴くよう要請された[46]。盧溝橋事件の解決と満洲国の承認を条件として近衛と蔣介石との直接会談を開く可能性について中国側の意向を打診する、というのがその要請の内容であった。上海で西園寺は、松本重治（同盟上海支局長）、ホール＝パッチ（駐華イギリス大使館財務官）の協力を得て、宋子文（中国銀行董事長）、周作民（金城銀行総経理）、徐新六（浙江実業銀行総経理）、高宗武などと会見し[47]、特に宋子文からは、蒋介石の意向として近衛との直接会談に関し肯定的回答が伝えられたが、華北での武力発動により西園寺の使命は失敗に帰してしまったという。

イギリス側の記録によると事情はやや違ってくる。西園寺がホール＝パッチの斡旋で宋子文と会ったのは七月二六日であった[48]。後に宋がホール＝パッチに語ったところによれば、宋は翌日南京に飛び蒋介石と協議した上、その日に上海に戻って西園寺と再会した。西園寺がもたらした近衛の提案は、またしても日本の圧力に屈することを要求するものであり和平条件としては問題外とされた。ただ、中国側が日本の和平提案を拒絶したとの非難を避けるために、近衛提案にはイエスともノーとも答えないことに決めたという[49]。こうしてみると宋の回答は西園寺の回想にあるほど有望ではなく、華北の武力発動にかかわりなく近衛・蒋の直接会談が開かれる可能性はあまり高くなかったといえよう。

西園寺の上海訪問は内地師団派遣の最終的決定の前であった。つまりそれは、まだ内地部隊の動員を実施しないうちに事態を解決しようとした試みの一つであった。しかし内地師団の派遣決定と華北での作戦行動開始によって、状況は一変してしまう。二七日に日本は、「帝国ハ事茲ニ至ルモ今尚支那側ノ反省ニ依リ局面ヲ最小ノ範囲ニ限定シ、速カニ円満ナル解決ヲ見ンコトヲ切望スルモノナリ[50]」との意向を発表したが、今や中国側の反省と事態の解決は武力威圧の下で追求されることになった。やがて支那駐屯軍は三〇日までに平津地域を平定し作戦目的をほぼ達成する。いわば「対支一撃」が実現したわけであり、その効果が試される時機にさしかかったのである。こうした状況の下で開始されたのが船津工作であった。

船津工作の発端は、三一日陸軍の柴山軍務課長が外務省東亜局長の石射猪太郎のもとを訪れ、停戦を中国側から言い出させる工夫はないかと相談を持ちかけたことに始まる。これは、天皇が近衛に外交交渉による事態解決を望む意向を漏らし、それが陸軍に伝わったためであると見られた。石射は、かねてから彼が考えてきた全面的国交調整案を停戦交渉と並行して試みるならば和平の可能性ありと答えた(51)。同じ頃(三〇日)石原作戦部長も嶋田繁太郎軍令部次長に和平解決案を伝え、海軍の協力を要請した(52)。八月二日の閣議で米内海相が外交的手段による事態解決を提議したところ各閣僚もこれに同意し、石射、柴山、保科海軍省軍務局第一課長との間では石射案を基礎として和平条件の協議が重ねられた(53)。協議はこれら陸海外三省の主務者とそれぞれの首脳以外には極秘に進められ、八月七日までに「日華停戦条件」および「日支国交全般的調整要綱案」が陸海外三相の間で決定された(54)。

停戦条件の中心は中国軍の駐屯を認めない非武装地帯の拡張にあり、新たに要求すべき非武装地域には北平や天津も含まれたが、中国側の主張によっては期限付きとすることも考慮された。この非武装地域に駐屯する日本軍(支那駐屯軍)は事変勃発時の兵力を限度として縮小し(支那駐屯軍は前年に三倍の兵力に増強されており、当初の石射案では増強する以前の兵力に縮小するとされていた)、塘沽停戦協定、梅津・何応欽協定、土肥原・秦徳純協定は解消することとなった。冀察・冀東両政権も解消し華北では南京政府による任意の行政を認めるが、その行政首脳者は「日支融和ノ具現ニ適当ナル有力者」とし、華北経済合作について協定を結ぶこととされた。停戦協定が成立した場合日中双方は従来の行きがかりに捉われないニュー・ディールに入るとされたが、このニュー・ディールには経済援助と治外法権の撤廃が考慮されていたという(55)。また全般的国交調整の条件としては、満洲国を不問とすること、防共協定の締結、排日抗日の取締、上海停戦協定の解消、華北自由飛行の廃止、特定品の関税引き下げ、冀東特殊貿易の廃止などが掲げられた。支那駐屯軍の縮小に見られるように、最終案は当初の石射構想よりも幾分きびしくなったものの、日本側としては華北既成事実の放棄を明示するなど大幅の譲歩を示していた。後に中国による満洲国承認の可能性があるとの観測がなされ(56)、「コノ際一挙ニ満洲国承認ヲ認メシメ得レハ結構ナリ」という一項が付加されたが、依然として全体的には「今回政府ノ採リタル寛大ナル態度ハ恐ラク支那側ト雖モ意外トスル所」と考えられた(57)。

問題は、日中双方の公的態度が硬化していく中で中国側とどのようにして交渉を始めるかであった。これに関して石射が立てた構想は、夫人の看病のため丁度帰朝中であった船津辰一郎を上海に派遣し、停戦条件と国交調整条件を船津自身が仄聞した日本政府の意向として外交部亜州司長の高宗武に伝え、その受諾の可能性を打診した上で正式の外交交渉を試みるというものであった。高は日高との会見で和平解決の熱意を語っており、石射は彼を「支那に於ける憂国の士だ」と評していた。(58)在華日本紡績同業会総務理事の船津は上海総領事など長期にわたる中国勤務の経験を有する元外交官であり、高とも親交があった。八月三日石射の懇請を受けた船津は夫人が重病であったため固辞したが、結局は密使の任務を引き受け、同僚の在華紡同業会理事・堤孝を通じて高宗武に南京から上海に出てくるよう要請し、四日に東京を出発、七日に上海に到着した。(59)

船津工作で重視されたのは、迅速に事を運び、絶対極秘を守り、中国側から停戦を言い出させることであった。迅速さが要求されたのは、内地から派遣された三箇師団の集結が八月二〇日頃に完了するので、それまでに「何トカ話合ヲ着ケルコト甚タ緊要」と考えられたからである。(60)絶対極秘は、こうした交渉では当然の要請であったが、それに加えて陸軍内の反対を封じるためにも必要と見なされた。「停戦案及国交調整案ハ陸軍内部ニ於テ頗ル難色アル為メ陸軍大臣ニ於テハ之ヲ極秘ニ附シ居リ部内ニ於テ本件ヲ承知シ居ルモノハ次官、軍務局長、軍務課長、参謀本部首脳者ノ極メテ少数ノモノノミ」とされ、(61)出先の駐在武官にも極秘とするよう陸軍側からの申し出があるほどであった。(62)中国側から停戦を言い出させようというのは、柴山軍務課長が石射東亜局長に相談を持ちかけた当初からの前提であった。したがって船津は高宗武に「船津個人ノ意見トシテ和平解決望アル旨ヲ説キ」、高をして日本側に停戦のアプローチをさせるのが工作のねらいであった。そして中国側のアプローチが日本側に探りを入れるだけのものとならないよう「高ノ我方ニ対スル開談ハ或程度蔣介石ト話合ヲ遂ケタル上トセシムルコト肝要」とされたのである。[63]

船津工作は、しかしながら、この筋書きどおりには進まなかった。船津の東京出発時にまだ最終決定とならなかった停戦条件と国交調整条件は、彼の上海到着までにほぼ正式決定となり陸軍内の反対論を封じることには一応成功したが、その後に筋書きにはない事態が生じたのである。それは川越駐華大使の上海帰着であった。川越大使は華北出張の途次事変に際会し、本省から再三帰任の要請があったにもかかわらずそのまま華北に居すわって独自に和平の糸口を探り、特に天津で高が接触してくるのを待っていたという。[64] その後大使は大連で松岡満鉄総裁と和平問題を協議し、ようやく七日夕刻上海に到着して直ちに船津と打ち合わせを行い、船津の工作への関与を言い出したのである。船津によれば、この日彼と大使が打ち合わせた内容は、「其筋ノ内意ヲ受ケ居ルコトヲ先方ヲシテ感付カシメサル様絶大ノ注意ヲ払フコト、但シ両国々交ノ調整ハ支那側ノ出様次第ニテ充分ニ望アルコトヲ先方ヲシテ感得セシムルコト[65]」だけに限られ、私人としての船津が停戦条件や国交調整条件の概要を示して中国側の受諾の可能性を打診するという工作本来のねらいは確認されなかった。

九日に高が南京から上海に出てきて船津と会談したとき、船津は具体的な和平条件を示唆しなかった。[66] 船津は、最近釈放された抗日救国会指導者の扇動によってストライキが起これば在華紡にとって一大事となるおそれがあるので急遽帰滬した次第であると述べた上で、日本が圧倒的優位にある以上全面衝突は中国にとってきわめて不利であるから「此際忍ヒ難キヲ忍ヒ北支問題ヲ成ルヘク速カニ局部的ニ解決スル方得策テアル」と説いた。しかし高が「日本ノ要求希望ハ如何ナル程度ノモノナルヤ、蔣介石氏ハ同氏ガ国民ニ対シテ申訳ガ出来、顔ガ立ツ程度ナレバ、必ス我慢シテ日本ノ要求ニ応スルナラント思フ、其辺ノ御見込如何」と尋ねたとき、船津は「自分ノ第六感テ想像スル所デハ日本ノ要求ハ中国側テ想像スル如キ苛酷ナルモノデナイト確信ス」と答えるにとどまり、川越大使との意見交換を高に勧めただけに終わった。(67) この日午後、高は川越大使とも会談したが、ここで具体的な和平条件が持ち出されたかどうかは不明である。(68) 高が南京に引き揚げた後は上海情勢の緊迫のため工作の進展はなかった。

船津工作時の和平条件は、戦局がまだ華北に限られていたこともあって、かなり穏当なものであった。また八月七日軍令部総長の参内のときに(69)「現在ヤッテイル外交工作（Fノ件）ガウマクイケバヨイガ」との話が出たように、日本側ではこの工作に相当の期待を掛けていた。一方高宗武の背後には、中国政府内で対日戦回避を願う周仏海などの「低調倶楽部」の存在があった。(70) しかし戦火が上海にも飛び火したため、結局工作は失敗に終わった。たとえ船津もしくは川越から高に具体的な和平条件が伝えられたとしても、この情勢の変化により船津工作は挫折したであろう。船津は、上海での武力衝突回避のため周作民、徐新六、銭永銘、杜月笙などとの間を奔走したが、これも徒労に終わったのである。

第四節　不拡大方針の放棄

戦火が上海に及ぶことは、陸軍の強硬論者でさえ歓迎しない事態であった。内地師団の派兵を強調した拡大派も、華北以外の地域への拡大を意図していたわけではない。派兵はむしろ中国側の譲歩を引き出し、事態の拡大を防止すると期待されていたのであった。

七月一一日、参謀本部と軍令部との間で合意を見た作戦協定は、「努めて作戦地域を平津地方に限定し中南支には主義として実力を行使せす」と述べ、作戦行動を華北、それも平津地域だけに限定する趣旨を明らかにしていた(71)。内地師団の動員派兵が最終的に決定された後も、陸軍中央は作戦方針を「平津地方ノ支那軍ヲ撃破シテ同地方ノ安定ヲ図ル」「作戦地域ハ概ネ保定独流鎮ノ線以北トス」とし作戦地域の拡大をあらためて戒めた(72)。たしかに華北での作戦発動後になると作戦地域の限定をやや緩和する傾向が生まれるが、それも華北ないし内蒙古の範囲内であった(73)。

一方海軍は、事変勃発当初から事変が全面戦争になる可能性を重視していた。七月一一日の陸海軍協定では、「已むを得さる場合に於ては青島上海付近に於て居留民を保護す」との一項を確保して、居留民保護の必要が生じた場合には陸軍部隊を派遣するとの確約を陸軍側から取り付けた。むろん海軍が全面戦争を望んだわけではない。ただ海軍としては、派兵を実施して実力を行使すれば排日・抗日の機運が中国各地に蔓延するであろうから、これに対して警備上遺憾なきを期すと同時に、万一の場合の全面戦争にも備える必要があるとしたのである。(74) 内地師団の動員派兵が不可避的となったとき、軍令部は、「今日ノ状態ニ於テハ全面的作戦トナル懸念極メテ大ナルヲ以テ之ニ備フルノ準備ヲ備フルヲ要ス」としながらも、「中南支ニ事件ノ波及ハ極力之ヲ防止スルニ努ム」と述べ、華北以外への事態拡大阻止の重要性を強調した。(75)

しかし八月に入ると、海軍が憂慮したように、華北での武力発動に伴う排日・抗日の機運が各地に波及し特に上海の情勢は険悪化し始める。八月三日および四日、現地の第三艦隊からは事態の切迫に備え増援部隊の派遣が要請された。(76) 六日には、居留民保護のため青島・上海に所要の陸軍部隊を急派する準備について軍令部から海軍省に要請があり、七日米内海相はこれを杉山陸相に申し入れた。(77) そして九日、船津が高宗武と会見した日、上海陸戦隊の大山中尉が中国保安隊に射殺される事件が発生するに及んで、上海はさらに緊迫の度を加える。軍令部は、「大山事件ハ単ナル偶発事件ニ非ズ、昂揚セラレタル排日抗日ノ気勢ト日本ノ武力ニ対スル軽侮トニ因由」すると判断し、事件の原因は中国側の上海停戦協定違反にあるので、責任者の処罰だけでなく、停戦協定地区内の中国保安隊の人数や装備の制限、防御施設の撤去などを含む将来の保障をも要求し、これに対して中国側が誠意を示さない場合は「実力ヲ以テ之ヲ強制スルモ敢テ辞セザルノ決意アルヲ要ス」と主張した(78)。

軍令部は上海への陸軍部隊派遣に積極的であったが、これに慎重であったのが米内海相である。そしてこの慎重さの背後には、特に船津工作への期待があった(79)。一〇日軍令部は派兵のための動員実施を閣議に諮るよう海相に要請したが、海相は「多分に目下進行中の機微なる外交措置〔船津工作〕に望を嘱し」、「今明日中に何とか其の成果を期待し得べきを以て」動員実施の提案を見合わせたいと述べ(80)、閣議では上海居留民現地保護方針の確認と動員準備についての了解を得ただけであった。これに対して軍令部は、船津工作は「北支事変ノ根本的解決トシテ日支国交ノ根本的改善ヲ基調トスルモノナルヲ以テ短時日ノ間ニ之ガ妥結ヲ期待シ得べカラザルノミナラズ」、「不祥事件ニ対シ求メテ消極的態度ヲ執ルコトハ却テ彼ヲ増長セシメ本交渉〔船津工作〕ヲ不利ナラシムルノ虞アリ」と主張した(81)。また軍令部第一部の横井大佐は、「平津地方ノ安静一段落ヲ告ゲタル今日日支全面衝突回避ノ外交工作ハ最モ時宜ニ適シタルモノト信ズ」と船津工作を容認しながらも、次のように論じた(82)。

若シ我ニシテ和平解決ヲ欲スルノ余必要ナル戦略配備ヲナサンコトヲ躊躇シ厳乎タル決意ヲ示スニ吝ナルニ於テハ彼ハ我ガ真意ヲ誤解シ日本ハ戦フ能ハザルガ故ニ和平解決ヲ

求ムルモノナリトノ妄想ヲ助長セシムル以外何物ヲモ克チ得ザルベク……彼ハ常套的手段ニ依リ常ニ和平ノ望ヲ仄シ荏苒時日ヲ経過シ内戦備ヲ固メ外列強干渉誘致ニ努メ以テ我ヲシテ進退両難ニ陥ラシムベキヤ明ナリ

翌一一日軍令部は、「目下進行中の機微なる外交々渉は前途尚遼遠のみならず」上海の問題まで包含することも困難なので、「右交渉に余りに期待を掛け断乎所信を実行せざるは悔《ママ》を今後に貽す虞大なり」とし、「目下進行中の外交施策とは別に局地解決を期す」との方針の下にあらためて上海派兵を海軍省に働きかけたが、海軍省側は不拡大方針を楯にこれに応じなかった。同日、伏見宮軍令部総長が説得を試みても、米内海相は意見を変えなかった。[83]

しかし、現地からは中国軍の集中・増強による危機的状況が頻々と伝えられ、居留民保護の基本方針を変更しない限り上海派兵に抵抗することは困難となった。上海の陸戦隊は増派された兵力を加えても五千に満たないのに、これに対峙する中国軍はその数倍に達し、しかもその大半は蔣介石直系の精鋭部隊だったのである。一二日ついに米内海相は軍令部の上海派兵の要請に同意したが[84]、それは現地の危機的状況のせいだけでなく、船津工作の進展がなかったからでもあろう。同日夜、首・外・陸・海の四相会議で海軍の要請は承認された。そして翌一三日、閣議は前日の四相会議の合意を了承して、居留民保護のための上海派兵を決定したのである。[85]

以上の上海派兵の決定に至る過程において、陸軍は派兵に消極的であった。石原作戦部長は、「上海が危険ならば居留民を全部引揚げたらよい。損害は一億でも二億でも補償しろ。戦争するより安くつく」と怒鳴ったという。[86]一二日夜陸相が四相会議での合意を陸軍省部の首脳に伝えたところ、石原も梅津陸軍次官も陸軍部隊の上海派遣には難色を示した。[87]特に石原は、中国側の戦備が進捗しているので、陸軍部隊を派遣すれば戦面を拡大せざるを得ず、事態の短期解決にもつながらないであろう、と主張した。[88]しかし「中南支」は海軍の担当であり、しかも七月一一日の陸海軍作戦協定で陸軍は上海に陸軍部隊を派遣する確約を与えていた。したがって居留民保護方針を前提とする以上、陸軍が海軍の派兵要請に抵抗する道は塞がれていたといえよう。

海軍省が上海派兵に消極的であったのは、派兵が全面戦争につながる危険性を憂慮したからにほかならない。また米内海相は船津工作の進展に期待をかけた。これに対して軍令部では、船津工作は北支事変の解決を目指すもので上海の危機的情勢と直接関連がないと見なされた。軍令部はもっぱら居留民保護のために派兵を唱えたが、その主張の中には、中国側の「侮日」や「増長」に対する反発も認められ、この点では華北出兵の際の陸軍拡大派と共通するところがあったのである。

もちろん中国側の姿勢が強腰であったことも日本の上海出兵を避けられなくした一因で

あった。蔣介石は、華北の不利な情勢を埋め合わせるために、あえて上海で挑発的な行動に出、列強の介入を誘致しようとしたのかもしれない。ドイツ軍事顧問団の訓練によって精強となった部隊を投入して日本軍と互角以上に戦い、その間列国が外交的に介入してくれれば、華北の事態をも事変前の状態に戻すことを条件として和平を成立させることができよう、との計算が働いたとも推測される。(89) 一三日日中両軍は上海で衝突し、翌一四日中国空軍は上海の第三艦隊を爆撃した。

同じ一四日、日本は上海派兵のための動員を下令し、閣議では政府声明案が審議された。翌一五日発表された政府声明の中心部分は次のようなものである。(90)

支那側カ帝国ヲ軽侮シ不法暴虐至ラサルナク全支ニ亘ル我カ居留民ノ生命財産危殆ニ陥ルニ及ンテハ、帝国トシテハ最早隠忍其ノ限度ニ達シ、支那軍ノ暴戻ヲ膺懲シ以テ南京政府ノ反省ヲ促ス為今ヤ断乎タル措置ヲトルノ已ムナキニ至レリ。

……帝国ノ庶幾スル所ハ日支ノ提携ニ在リ。之カ為支那ニ於ケル排外抗日運動ヲ根絶シ今次事変ノ如キ不祥事発生ノ根因ヲ芟除スルト共ニ日満支三国間ノ融和提携ノ実ヲ挙ケントスルノ外他意ナシ。

「支那軍ノ暴戻」に対する膺懲を叫ぶなど、この政府声明がそれまでのものに比べて、より強硬な姿勢を示したことは疑いない。また事変解決上の目標として排日運動の根絶と「日満支三国間ノ融和提携」を掲げたことも注目される。もはや派兵の目的は単なる居留民保護だけにはとどまらなかったのである。

風見書記官長によると、この声明発表にあたっても「政府としては、華北の事端は華北だけのこととし、上海の事端は上海だけのこととして、それぞれに解決の道はふさがれていないのだとの期待のもとに、事態収拾の一日もすみやかならんことを、ひたすら祈っていた」という。近衛首相が声明発出に賛成したのも現地解決の機運を促進する効果をねらったからだとされている。(91) また一四日の閣議の際、広田外相は不拡大方針の堅持を述べ政府声明も必要ないと主張した。海相はこれに論駁を加え、さらに「日支全面作戦トナリシ上ハ南京ヲ打ツカ当然ナリ」と論じた。(92) 陸相は南京攻略の不可能であることを示唆し、やはり不拡大方針による事変早期解決を唱えた。(93) こうしてみると、政府は強硬な声明を発表したにもかかわらず、まだ必ずしも全面戦争を決意したわけではなかったといえよう。近衛や風見には、いまだに強硬声明によって中国側の譲歩を引き出そうとの期待があったとも考えられる。

一七日ようやく閣議は、「従来執り来れる不拡大方針を抛棄し、戦時態勢上必要なる諸般の準備対策を講ず」(94) と決定したが、ここでも重点は戦時態勢強化にあり、不拡大方針放棄については陸海軍の間に解釈の食い違いが残った。(95) 海軍が不拡大方針放棄を文字通りの意味に解釈したのに対し、陸軍は、戦局を華北に限定するという不拡大方針は上海派兵によって放棄されるが、不拡大そのものの原則は維持されると考えていた。つまり、戦面不拡大という意味での不拡大方針を陸軍は保持しようとしたのである。それは、「支那は或時機にぽつきり折れるのではないかといふ感じ(96)」を捨てきれない惰性的な事態楽観のためであり、あるいはまた、中国との全面戦争に陥ってはならないとする不拡大派の、ますます深まる憂慮のためでもあった。

しかし陸軍がいかに戦面不拡大方針を維持しようと、事態は急速に全面戦争に向かっていた。「本次事変ハ今ヤ日支両軍ノ局地的武力抗争ノ域ヲ脱シ両国全面戦争ノ性質ニ転化セリ(97)」という軍令部の横井大佐の観察が的確であることは明らかだった。九月二日政府は、翌日召集される議会を控えて北支事変を支那事変と改称し、五日近衛首相は議会で次のように演説した(98)。

政府も是に於て従来の如く消極的且つ局地的に之を収拾することの不可能なるを認むるに至り、遂に断乎として積極的且つ全面的に支那軍に対して一大打撃を与ふるの止むなきに立到つた次第である。……今日この際帝国として執るべき手段は、出来るだけ速に支那軍に対して徹底的打撃を加へ彼をして戦意を喪失せしむる以外にない。

近衛も事変が全面的に拡大してしまったことを認めるに至ったのである。

第二章　和平の模索

第一節　事変処理構想

事変が全面戦争の様相を帯びるにしたがい、新たな段階に入った事変の処理については様々な構想が立てられた。ここでは、第二次上海事変以後、政府と軍で検討・策定された主要な事変処理構想を追跡してみる。

まず、上海出兵直後に、陸海軍統帥部の両総長から天皇の質問に奉答するという趣旨で取り纏められた事変処理構想がある。その端緒は、八月一八日に天皇が両総長に対し、「斯クノ如クシテ諸方ニ兵ヲ用フトモ戦局ハ永引クノミナリ、重点ニ兵ヲ集メ大打撃ヲ加ヘタル上ニテ時局収拾スルノ方策ナキヤ」と質したことにあった(1)。これを受けて参謀本部では、石原作戦部長が陸軍としての事変処理案を参謀総長に具申した。それは、上海で(要すれば青島でも)居留民を保護し、華北の兵力を増強して北部河北省および察哈爾省の主要地を占拠し、これによって「戦争持久」に備えるとともに「何等カノ関係ニヨリテ生ズル媾和ノ期ヲ待ツ」こととし、「戦争ノ結末ヲ求ムル為ニ海軍ノ強力ナル対南京空襲ノ成果ニ期待ス」というものであった(2)。

これに対して軍令部では第一部甲部員の横井大佐が既に「日支事変指導要綱」なるものを起案していたが(3)、彼はこれを基礎とし石原案も考慮して「事局ヲ速ニ収拾スベキ方策」

を作成した。そしてこの横井案に検討・修正が加えられた結果、二〇日に最終案としての「御下問奉答要旨」が作成され、これが翌日上奏されたわけである。(4)

この事変処理構想は、中国の戦意を喪失させた後、「最モ公明正大ニシテ求ムル所尠キ条件ヲ以テ和平ノ局ヲ結フ如ク施策ス」ということを基本方針としたが、具体的な和平条件には触れず、どのようにして中国の戦意を喪失させるかに焦点を当てた。最も期待されたのは、海軍航空兵力によって敵の空軍、軍事施設、軍需工業地区、政治中枢を攻撃して敵国軍隊および国民の戦意を喪失させることであり、特に海軍の主張により「之カ為速ニ上海附近ニ陸上航空基地ノ獲得ヲ要ス」との一項が強調された。陸軍側は、海軍が航空戦力による短期終結の可能性を強調しすぎることを懸念し、航空戦力への期待とともに長期戦のための覚悟と施策の重要性を指摘した。

当時、陸海軍とも戦略爆撃に対する期待が高かったことは、石原案に南京空襲への言及があったことからも理解される。しかしそれを除けば、この事変処理構想は、陸軍と海軍の作戦構想の妥協による合作であった。(5)軍令部が上海重点の全面的打撃を志向したのに対し、参謀本部は依然として、華北重点の戦面不拡大を志向していたからである。

陸軍にとって、上海は主戦場ではなかった。そのためもあって上海へは兵力の逐次投入となり、やがて中国軍の頑強な抵抗により戦線が膠着状態に陥ってしまう。こうして、七月末の平津平定のときに一時的に生じた「対支一撃」の効果は、上海での戦闘開始と戦線膠着化により失われてしまったのである。また、中国に対して戦略爆撃がどれほど有効であるかも疑問であった。

かくして陸軍は、主戦場たる華北で「対支一撃」の効果を再現しようとする。つまり、華北への兵力を増強して中国軍にあらためて一撃を与え、その戦意を喪失させて事変終結に持ち込もうというわけである。八月末日八箇師団をもって北支那方面軍が編成されたときに検討されていたのは、この「北支会戦」あるいは保定会戦構想であった。同方面軍には平津地区の安定と主要地占拠のほかに、「敵ノ戦争意志ヲ挫折セシメ戦争終結ノ動機ヲ獲得スル目的ヲ以テ速ニ中部河北省ノ敵ヲ撃滅スヘシ(6)」との新任務が与えられたのである。やがて上海戦線の苦境を救うため上海派遣軍にも増兵が決定され、一〇月上旬を期して「北支会戦」に呼応し上海でも敵に打撃を与える計画が立てられた。ただし石原作戦部長は「上海ハ増兵サル、モ任務ハ変化セズ、南京ニハ攻略戦ハヤラズ(7)」と述べ、華北を主戦場とする方針を変えようとしなかった。

こうした事変処理構想を明確に示したのが「戦争指導（用兵及兵備ニ関スル事項ヲ除ク）要綱案(8)」である。これは、九月一三日参謀本部戦争指導課が起案し作戦部長と参謀次長の修正を経た上、参謀次長案として軍令部に提示されたものであった。ここでは、すべての施策の前提を長期戦に置くとしながらも、「近ク行ハルヘキ北支及上海方面ノ決戦ヲ以テ一段階ヲ画シ之ニ応スル為所要ノ工作ヲモ行ヒ支那側講和ノ気運ヲ助長ス」とし、さらに

「用兵上ノ戦機ト外交折衝トノ関連特ニ十月攻勢ノ成果ヲ活用スルカ為今日ヨリ直ニ適当ナル工作ヲ開始スルコト」が指摘されている。陸軍は、一〇月攻勢の軍事的成果を講和の働きかけにつなぐという事変処理のシナリオを描いたのである。

一〇月一日に「支那事変対処要綱」が首・陸・海・外四相の間で決定されるはこびとなったのも、このようなシナリオの形成と無関係ではない。もともと「支那事変対処要綱」の前身は、七月下旬華北派兵の最終的決定の直後に戦争指導課が起案した「北支事変処理要綱」にあった。これは陸軍省部の協議を経た上、八月八日に参謀本部部長会議で決定され、一〇日参謀総長の決裁を得て正式に陸軍省に移された(9)。その後陸軍省は外務・海軍両省との協議に入り両省とも特に反対は唱えなかったが、外相が正式決定になかなか同意を表さず、参謀本部の要請にもかかわらず暫くの間協議は進捗しなかった(10)。八月末ようやく外務省案をもとにして協議が再開され(11)、九月二五日三省主務者間に最終案が纏まり、これを二八日の閣議後に三相が承認、一〇月一日最後に首相が承認して上奏し、最終決定となった(12)。

以上のような経緯からは、「支那事変対処要綱」に関する協議が九月に入ってから進捗したことがうかがわれる。ちょうどその時期は、陸軍で「北支会戦」および一〇月攻勢のシナリオが固まりつつある頃であった。外務省の記録によれば(13)、「北支ニ於テハ支那軍ヲ大体河北省(梅津・何応欽協定地域)外ニ、又上海方面ニ於テハ上海停戦協定地域外ニ駆逐シタル頃ヲ機会ニ、南京政府トノ間ニ和平交渉ヲ行ヒ時局収拾ヲ図ル必要アルベキヲ考慮シ、之ニ対応スル為予メ帝国政府ノ意向ヲ決定シ置ク必要アリトノ見解ニ達シ」三省主務者間の協議が進められたとされているが、一〇月攻勢によってまさにそうした機会の出現が期待されるようになったのである。

さて、いかに一〇月攻勢によって和平の機会をつくり出すとしても、そこで最も重要なのは講和の条件であった。「支那事変対処要綱」の中心も当然和平条件にあったが、その特徴を的確に摑むには、それが最終決定となるまでに登場した他の事変処理構想と比較することが必要であろう。したがってここで少し時間を戻し、「支那事変対処要綱」の前身である「北支事変処理要綱」の和平条件から検討してみることにする。(14)

八月八日参謀本部部長会議で決定された「北支事変処理要綱」の講和条件は、おおよそ次のようなものであった。

一　中国中央政府は、排日運動の禁絶、河北省・察哈爾省の北部における非武装地帯設定、中央政府の主権下で華北の統括的行政を担当する政務機関（「行政院ノ分院ニ類スルモノニシテ日満支ノ提携具現ノ為直接ノ衝ニ当ル」）の設置、を承認する

二　日満華の防共、華北における経済提携、内蒙自治政府、日満華および日満独航空連絡などの懸案解決は、新設さるべき華北政務機関を相手として行う

三　日本は、冀東政権、冀東特殊貿易、梅津・何応欽協定、土肥原・秦徳純協定、上海停戦協定、塘沽停戦協定等を解消もしくは廃止する
四　華北に駐屯する日本軍の兵力や配置は、中国側の態度や華北の実状に応じて考慮する

「北支事変処理要綱」の重点は「明朗ナル地域ヲ南京政府主権ノ下ニ北支ニ出現セシムル」ことであった。したがって船津工作の和平条件（第一章第三節参照）と比較すると、戦争指導課の和平条件は華北に関してややきびしい内容を帯びている。華北には新たな政務機関を設置し、華北関連の懸案を中央政府ではなく華北政務機関を相手として解決するとした。その懸案の中には船津工作には見られなかった要求も顔を出し、特に内蒙について船津工作では南京政府の勢力を排除しないことが謳われたが、ここでは自治政府の承認要求が示唆されている。また船津工作のように、華北に駐屯する日本軍の兵数を明示してはいない。ただし、非武装地帯の範囲、日本側による既成事実の放棄などは船津工作とほぼ同様であり、満洲国の承認に言及していないことも注目される。

全体として見た場合、「北支事変処理要綱」の和平条件は、船津工作ほどではないにしても、中国に対してかなりの寛大さを示していた。それは特に既成事実の放棄に表れている。華北に関して膨大な権益要求を掲げていたわけでもない。もちろんこうした寛大な和

平条件案が陸軍内の一致した合意であったのではない。例えば、七月一八日の五相会議に陸相が提示した軍務課の「対支政策処理案」(第一章第二節参照)では、「北支特殊性ノ再確認」として塘沽停戦協定、梅津・何応欽協定、土肥原・秦徳純協定の実行が強調されていた。軍務課案が華北での武力発動以前であり、戦争指導課案がそれ以後であることを考慮すると、後者の和平条件が寛大であることはいっそう際立つであろう。

この和平条件案は、しかしながら、事変の拡大によって修正されなければならなかった。八月一七日軍令部の横井大佐が起案した「日支事変指導要綱」(前出)は、権益擁護と経済提携を主眼とする「大乗的要求ヲ以テ局ヲ結ブ」と述べ、和平条件についても「北支事変処理要綱」におおむね依拠するとしながら、要求貫徹のためには青島、海南島、東沙島を保障占領するか、あるいは青島の租借地化を要求することもあり得ると指摘した。

和平条件の拡張は九月の「戦争指導要綱案」をめぐる協議で、より明確になる。「戦争指導要綱案」はもともと三省主務者間で審議中の「支那事変対処要綱」について統帥部としての意見を開陳したものであったといわれるだけに[15]、その内容が注目される。まず九月一三日の参謀次長案を見てみよう。

ここで講和の基本方針とされたのは、「今次事変ハ満洲事変ノ結末タルノ真義ヲ諒得シ」満洲国承認を根本として両国の摩擦を除去し親善をはかるための条件を決定すること、戦績と犠牲の大きさに比例して国内世論の講和要求が「高調子」になるとしても「東亜大局ノ将来ヲ慮リ冷静穏健ナル方針ト寛大ナル態度トヲ堅持スルコト」であった。和平条件は次のように要約されよう。

一　全般的国交に関して、中国は満洲国を承認し、排日容共政策を放棄する
これに応じて日本は、租界問題、領事館警察問題、治外法権問題などについて考慮する

二　華北に関しては、満洲国との国境地域を非武装地帯とし、日満華三国提携のために「多分ニ独裁権ヲ有スル」統括的政務機関を設置する

三　上海に関しては、日中間の軍事紛争発生を恒久的に防止する措置を講じ、日中の共存共栄をはかる経済政策を発展させ、欧米諸国、特にイギリスの経済勢力を漸次減退させるように努める

ここにはまさに、間もなく辞任することになる石原作戦部長独特の所信が反映されている。(16) 条件はやや抽象化されたが、要求を華北関連のものだけに絞り、上海に関しては努めて強い要求を避けようとした配慮がうかがわれる。華北既成事実の放棄についての言及はないが、船津工作時にニュー・ディールとして予定されていた治外法権問題の他に租界や領事館警察の問題まで明示されたことも注目されよう。

ところがこの和平条件案は軍令部でいくつかの修正を受けるのである。その代表的な例として軍令部が作成した「戦争指導要綱細項」(17)を見ることにしよう。ここでは、華北の非武装地帯に国境地域だけでなく青島も加えられている。内蒙にも非武装地帯を設定し、地方政権との間に防共に関する特殊の取極を結ぶことが要求された。上海については非武装地帯の設定と、「日本ノ経済発展ヲ安全確固タラシムル必要ノ根拠基地建設」が規定された。さらに、日中共存共栄・経済提携の実現のために航空・通信・鉄道・海運・鉱業・農業などの合弁事業を謳い、具体的な事業名も列挙された。懸案の解決としては、関税の引き下げ、輸出入制限の撤廃もしくは緩和、塩の生産および輸出制限の緩和が掲げられた。そして最後に、事変中日本側が受けた損失に対する「適正ナル賠償」が付加されたのである。

これらの修正の多くは、いわゆる権益思想の表れといわざるを得ないだろう。戦局の拡大、戦績と犠牲の増大に応じて、やはり戦果への期待は大きくなりつつあったのである。むろんこうした戦果への期待は軍令部だけに限られていたわけではない。「支那事変対処要綱」をめぐって当時進行中であった三省間の協議もその例外ではありえなかったであろう。

ではその「支那事変対処要綱」はどうなったのか。最終的に四相の承認を得た「支那事変対処要綱」は本文、「附属具体的方策」、「国交調整ト同時ニ交渉スベキ諸事項」の三部から構成されている。[18] このうち和平条件を述べた「附属具体的方策」は一部を除いて、船津工作時の停戦協定案および国交調整案と同文である。これは、「支那事変対処要綱」が「北支事変処理要綱」を前身としながらも、和平条件に関しては外務省の原案を基礎にしたものであったことを物語っている。後の様々な和平条件との比較のために「附属具体的方策」を左に要約しておこう。

華北

一 非武装地帯の設定（北平・天津を含む河北省北部）

二 必要に応じ日本の駐屯軍は事変前の兵力に縮小する

三 塘沽停戦協定、梅津・何応欽協定、土肥原・秦徳純協定の解消

四 冀察・冀東政権の解消、南京政府による任意行政（ただしその「行政首脳者ハ日支融和ノ具現ニ適当ナル有力者タルコトヲ希望ス」）、経済合作協定の締結

上海――非武装地帯の設定（将来は租界守備のために列国の陸上兵力を必要としない事態をつくり出すことをめざす）

国交調整

一 満洲国の正式承認

二 防共協定の締結

三　内蒙古における徳王の現状承認（徳王の支配地域を満華間の緩衝地帯とする）
四　抗日・排日の取締
五　華北自由飛行の廃止
六　特定品の関税引き下げ
七　華北特殊貿易の廃止

このように、「附属具体的方策」で船津工作の和平条件と違うのは、上海の非武装地帯、満洲国の正式承認、内蒙の現状承認を求めたことくらいであり、それ以外は船津工作の穏当な和平条件をほぼそのまま引き継いでいたといえよう。

「支那事変対処要綱」の和平条件は、しかし、「附属具体的方策」だけにはとどまらなかった。「戦局ノ拡大ニツレ、国民ノ戦果ニ対スル期待モ亦増加シ、以上ノ如キ常道ニ満足スル能ハズ、賠償等物質的条件ノ獲得ヲ熱望スルヲ以テ、対内的考慮ニ基キ」、「国交調整ト同時ニ交渉スベキ諸事項」として次のような別途条件を掲げたのである。

一　賠償（直接の損害に対する補償）
二　合弁一大「シンジケート」の創設（海運、航空、鉄道、鉱業、農業などの合弁事業、共同経営）

三　懸案の解決（関税協定の締結、輸出入税の撤廃あるいは引き下げ、輸出入禁止制限の撤廃もしくは緩和、塩の生産・輸出制限の撤廃）

一見して明らかなように、この別途条件には軍令部の「戦争指導要綱細項」とほぼ同様の要求が付け加えられたのである。陸軍省は戦費賠償をも求めたが、これは認められなかった。(19)

戦争指導課や石原作戦部長が「戦争指導要綱」を作成して統帥部としての和平構想を提示したのは、おそらくこの別途条件に示されたような権益思想を牽制しようとしたからであろう。しかし青島の非武装地帯設定を除き、権益要求の多くは別途条件の中に採用されてしまった。ただし、それは別途条件の中に封じ込められたと見ることもできる。和平条件の中心は、あくまで船津工作を受け継いだ部分にあった。「支那事変対処要綱」は閣議決定となっておらず、それは内容を極秘にするためであったといわれているが、(20)極秘とした理由の一部は和平条件に対する反対を防止することにあったと思われる。かつて船津工作の停戦協定案と国交調整案は絶対極秘を要請された。それを継承した今度の和平条件も、強硬論者からの非難が予想されたのであろう。

いずれにせよ、「支那事変対処要綱」の決定により和平の必要性と和平条件については政府および軍の首脳の間に合意が形成された。次なる問題は、どのようにして中国との間に交渉を開くかであった。上海事変発生後、日中両国の公的態度は船津工作時に比してもますます硬化しており、直接交渉の端緒はほとんど見出し難かった。こうして一〇月攻勢の接近とともに、第三国による和平斡旋・仲介の可能性が徐々に生まれつつあったのである。

第二節　第三国の仲介

事変が全面戦争の様相を帯びた後、列国の中で日中間の和平仲介に最初に積極的な動きを見せたのはイギリスである。九月初めに着任した新駐日大使のロバート・クレーギーは、和平の可能性について日本側の見解を質してきたが、これに対して広田外相は九月一七日具体的な和平条件をクレーギーに打ち明けた。それは船津工作時のものとほぼ同様であり、クレーギーは次のように要約している。

一　華北問題

＊非武装地帯（平津の南の線まで）を設定する

＊華北の政権は南京政府に服属するが反日的であってはならない

＊日本は一定の経済的権益を獲得するが排他的特権ではなく、列国の利益も尊重す

る
二　懸案の解決――満洲国を不問とし、反満抗日行為を停止する
三　将来の日中関係――防共について協力する（中国の防共協定加入が望ましいが、現状ではそれが困難であることを日本としては理解する）

この条件では上海についての要求がないことが注目されるが、日本はいずれ非武装地帯の設定を要求するだろうとクレーギーは予想した。満洲国の正式承認が条件とされていないことも注目を引く。中国の防共協定加入が当面困難だとしているのは、八月下旬に中ソ不可侵協定が締結されたばかりだったからであろう。

クレーギーはその報告の中で、こうした和平条件は近衛内閣の多数派の見解を表明したものだが、和平に反対する強硬派も依然強力なので事は慎重を要し、もしこの和平条件に対する中国側の反応を知ることができれば、日本政府内の和平派は大いに力づけられるだろう、と述べた。そして彼は、この和平条件をきわめて信頼しうる筋から得た情報として、南京駐在のハウ代理大使（ヒューゲッセン駐華大使は八月下旬上海に赴く途中日本海軍機の銃撃を受け負傷していた）から中国政府に伝えてはどうか、とロンドンに意見具申したのである。(21)

ハウは中国が日本の和平提案を受け容れる可能性はあまりないと見たが、(22)クレーギーは

広田から打ち明けられた条件をほぼ穏当なものと認めていたように思われる。彼の判断では、華北における南京政府の権威が事変前より低下することはないであろうし、日本の経済的権益要求も日本の組織力と資本で未開発の資源を開発することに重点がある、と見なされた。さらに彼は、戦局の拡大に比例して和平条件がきびしくなることを憂慮し、そうなる前に和平を成立させる必要性を強調した。また、国際連盟や英米共同のような集団的和平斡旋はその中に対日威嚇を含むが故に受け容れられる可能性はなく、斡旋は一国単独で行うべきであるが、イギリス以外にこうした困難な役割を果たし得る国はない、とクレーギーは論じた(23)。

二五日クレーギーは和平条件について日本側の追加説明を報告した。その主要な点は、日本は華北に居留民と権益保護のため約五千の駐屯軍を保持する、ソ連勢力の侵入に対抗するため内蒙古の独立的地位獲得を日本は支持する、防共について日本は中国の内政に干渉するつもりはないが、華北に関してだけは中国の主権を傷つけない範囲で、共産主義の浸透を防止する何らかの特別取極を必要とする、中国の関税引き下げと航空・鉄道の開発のための交渉を開始する、というものであった(24)。ここには当時「支那事変対処要綱」の策定過程で追加されつつあった条件が含まれていた。イーデン外相は、たとえ日本政府の和平条件が穏当であるとしても、それで軍を抑えることができるかどうかを疑問としたが(25)、クレーギーが得た情報では、統帥部も早期和平に賛成であって政府の和平条件を認めるで

あろうし、また中国の反応が肯定的であれば日本は直接交渉を行うため上海に密使を派遣することもあり得る、とされた。(26)

イギリス外務省がクレーギーの勧告にそって日本の和平条件を中国政府に(できれば直接蔣介石に)伝えるようハウに訓令したのは九月二九日である。ハウの任務は、あくまで日本の権威筋から得た情報として和平条件を伝えるだけであり、調停や斡旋ではなかった。(27)一〇月四日、ハウは蔣介石およびその夫人・宋美齢との会談で、日本側の和平条件を伝えた。通訳にあたっていた宋美齢は華北に関する条件を聞くやいなや、「何と厚かましい」と怒りを表した。蔣は最後まで聞いた後、中国の完全な主権と行政的保全を獲得するまで戦い続けると言明した。(28)クレーギーによれば、中国側の否定的反応は、特に、中国軍の駐屯を禁止する華北非武装地帯に対するものであった。(29)

中国側が否定的であった理由の一つは、国際的な対日圧力ないし制裁への期待であったと思われる。当時は中国の提訴によって国際連盟が日中紛争を審議中であった。国際連盟は間もなく何ら実質的成果を残さずに閉幕し、問題を九国条約会議に委ねたが、それでも蔣の期待は暫くの間失われなかった。また軍事的な面では、一〇月攻勢の成果がまだ充分ではなかった。

一方この頃日本では、事変解決に対する第三国利用についての協議が始まりつつあった。それは一〇月攻勢の戦果を外交工作に連繫させるためであり、より直接的には、国際連盟や九国条約会議により日中紛争に対する列国の干渉・調停が予想されるところから、これに対処する方針を一定させるためでもあった。

一〇月一一日、陸軍省は第三国の調停あるいは干渉に対する方針を纏めた(30)。一六日外務省は陸軍省案の趣旨をほとんど変えずに対案を作成し、これがほぼそのまま外相の決裁を得て、二二日陸海外三省間の正式合意となった(31)。こうした方針決定の過程で一貫した特徴として注目されるのは、独伊の和平仲介に対する期待である。最終合意は次のように述べている。

予メ帝国ヲ被告ノ地位ニ置ク干渉乃至調停ハ固ヨリ之ヲ排斥スルヲ当然トスルモ我方軍事行動ノ目的略達成セラレ南京政府ハ其ノ圧力ニ耐ヘ兼ネ内心我ニ和ヲ乞ハント欲スルモ表面強硬態度ヲ装フノ必要ニ迫ラルルコトアルヘク斯ル際ニ於ケル英米其他第三国側ノ好意的斡旋ハ其ノ方法等宜シキヲ得レハ寧ロ之ヲ支那側引出ノ具トシテ利用スルコト有利ニシテ殊ニ日本ト友好関係ニアル独伊両国ノ如キカ支那側ヨリ依頼セラレテ斡旋ノ挙ニ立ツカ如キコトトナラハ更ニ妙ナルモノアルヘシ

さらに、斡旋受諾の意思を過早に表明すると日本が事変収拾に焦慮しているかのような印象を与えるおそれがあるので、事は慎重を期さなければならないが、「唯独伊両国ニ対シテハ適当ナル機会ニ於テ予メ右方針ヲ通達シ以テ帝国政府ノ希望ニ副ハシムル如ク工作ス」とも指摘された。イギリスによる和平仲介は、同国の国際連盟での言動や九国条約会議主催のために、日本側から見ると困難となっていた。

独伊、特にドイツによる和平仲介に積極的であったのは陸軍である。[32] 既にかなり前から参謀本部の河辺戦争指導課長は多田参謀次長や石原作戦部長の指示によって、ドイツによる和平仲介の可能性をベルリンの大島武官に打診していた。[33] また参謀本部情報（第二）部の馬奈木敬信中佐（元駐独大使館付武官補佐官）も、石原の指示によって駐日ドイツ大使館付武官のオイゲン・オット少将と接触し、和平の糸口を探っていた。[34]

かつての不拡大派によるこのような働きかけに対して、ドイツ側にもこれに応じようとする事情があった。それまでドイツは日中両国に対して友好的な関係を維持してきたが、事変の発生によってそれが困難となり、特に中国への軍需品輸出や在華軍事顧問団の存在は、防共協定によって樹立された日独提携の軋轢の一因になっていた。[35] また日本が事変の泥沼にはまり込んでしまうと、対ソ牽制という防共協定の効果を弱め、しかも中国をソ連の手中に追い込むことすら懸念された。こうした懸念を解消し日中双方との友好関係を保持するためには、和平仲介によって事変を早期解決に導くことが望ましかった。これが、トラウトマン工作と呼ばれるドイツの和平仲介の伏線であった。

一〇月下旬馬奈木とオットが上海で駐華ドイツ大使オスカー・トラウトマンと会見した

ことが、この和平工作の端緒である。[36] 馬奈木はドイツ在勤時代からトラウトマンとは旧知の間柄であり、多田参謀次長と本間雅晴情報部長の了解を得て極秘裡にトラウトマンとの会見に臨んでいた。馬奈木から参謀本部の和平条件が伝えられると、大使はその条件が穏当なのに驚いたという。参謀本部は蔣介石の打倒や華北の完全な分離を望んでいないことがトラウトマンには意外であり、条件は全体として抽象的ではあるが、今後の交渉の基礎となり得るものと見なされた。[37] 馬奈木が伝えた和平条件の詳しい内容は判然としないが、おそらくは「支那事変対処要綱」の条件から別途条件をはずしたものではないかと推測される。なおトラウトマンは上海滞在中に川越大使とも会談している。彼が日本の具体的な和平条件を尋ねると、川越は、中国側はそれを既に知っているはずであり、修正があるとしても小幅のものにとどまるであろうと答え、この趣旨を蔣介石に伝えるようトラウトマンに依頼した。[38] 川越は船津工作時の和平条件に言及していたのかもしれない。

同じ頃（一〇月二一日）東京では、広田外相がヘルベルト・フォン・ディルクセン駐日ドイツ大使に和平仲介の依頼を示唆していた。それは翌二二日に三省合意となる方針にそったものであり、広田は九国条約会議不参加の意向を伝えた後、独伊のような中国の友好国が直接交渉によって事変解決をはかるよう中国政府を説得してくれれば幸いであると語ったのである。[39] これを受けてベルリンは、適当の時機が到来すれば日中直接交渉の連絡チャネルとして働く用意があることをトラウトマンに伝えた。[40] 上海から南京に戻ったトラウトマンは二九日、陳介外交部常務次長と会見して今や和平を求めるべき機会が到来したと論じ、ドイツは日中間の連絡チャネルとして働く用意があると述べた。陳介が蔣介石は日本の和平条件を知りたがっていると述べると、大使は近日中に蔣と会談したいと答えた。[41]トラウトマンは日本の参謀本部の意向を伝えようとしたのである。しかしこの報告を受けたベルリンは、日本の真意がまだ明らかでない段階でのトラウトマンの行動がドイツを必要以上に深入りさせて中国側の誤解を生むことを恐れ、「郵便配達夫」の役割以上には進まないよう駐華大使に念を押した。[42] 一一月三日、トラウトマンは蔣介石および孔祥熙財政部長と会見し、川越大使のメッセージを伝えたが、参謀本部の和平条件は伝えなかった。[43]

ディルクセンが広田から日本の和平条件を打ち明けられたのは、一一月二日である。一〇月二七日、日本は英米独伊の四カ国代表に九国条約会議不参加を正式に表明するとともに、「東亜事情ニ通暁セル国カ協力シテ呉ルルコトハ結構ナリ、貴国政府カ事変解決ノ為日支直接交渉ヲ開始スル様南京政府又ハ蔣介石ヲ説得セラルルコトハ desirable ナリト思考ス」[44]と和平仲介依頼を示唆したが、具体的な和平条件を提示したのはドイツに対してだけであった。ディルクセンによれば、広田が提示した和平基礎条件は次の七項目である。[45]

一　内蒙古自治政権の樹立（その国際法上の地位は外蒙古と同じ）
二　華北非武装地帯の設定（満洲国との国境から平津の南の線まで）

和平が直ちに達成された場合、華北の行政は南京政府の任意に委ねられるが、その首脳は親日的人物が望ましい（和平が直ちに達成されない場合には華北に新しい行政機構を樹立する必要が生じるであろう）

経済問題については、事変前に始まった鉱山利権に関する交渉が満足すべき結果を生むべきである

三　上海非武装地帯の設定（現行のものよりやや広い）
四　抗日政策の停止
五　共産主義に対する共同闘争、これは中ソ不可侵協定に抵触しない
六　関税引き下げ
七　外国人権利の尊重

この七項目を説明した後、広田は、事変継続を余儀なくされた場合日本は中国の全面的敗北を見るまで戦争を遂行し、さらに苛酷な条件を要求するであろう、と強調した。広田が提示した基礎条件は、以前彼がクレーギー・イギリス大使に打ち明けたものとほぼ同じである。また、「支那事変対処要綱」にそったものでもあった。既成事実放棄の示唆はないが、権益要求を盛り込んだ「支那事変対処要綱」の別途条件にも触れてはいない。こうした条件は、日中の直接交渉が始まってから持ち出そうとしたのであろう。

ディルクセンは日本が和平に真剣であり、この基礎条件も穏当なものであると判断した。ベルリンのノイラート外相もこれを交渉開始の基礎として適当なものと認め、蔣介石に伝えるようトラウトマンに訓令した。[46]しかし五日トラウトマンが日本の和平条件を蔣介石に伝えたところ、蔣はこれを拒絶したのである。蔣は、日本が事変前の旧状を回復する用意のない限りいかなる要求も受け容れられないとし、もしこうした要求を受け容れたならば、国民政府は革命によって打倒されるだろうと語った。[47]蔣は依然として九国条約会議の成果に期待していた。その後トラウトマンの要請により軍事顧問団長のファルケンハウゼン将軍が軍事情勢の重大性を指摘しても、蔣は態度を変えなかった。[48]

こうしてトラウトマン工作は一時中断を余儀なくされる。[49]しかしファルケンハウゼンが警告したように、戦況は中国に不利な方向に急転し始めていた。そして日本では、戦局の変化に応じて和平に対する態度も変わり始めたのである。

第三節　否認論の擡頭

戦局の変化を促したのは、陸軍が主戦場を華北から華中に転換させたことである。期待された一〇月攻勢の成果は挙がらなかった。華北では中国軍が退避戦略をとったため、北支那方面軍は敵戦力を撃滅して戦争終結の動機を獲得するという作戦目的を達成できなかった。上海では中国軍の頑強な抵抗により、上海派遣軍は戦力を増強してもいまだ膠着した状況から脱却できなかった。九月末石原に代わって作戦部長に就任した下村定少将は、こうした状況を打開するため、積極方針を採用したのである。

下村の積極方針は、事変の長期化・泥沼化とソ連介入の危険性を考慮し、上海戦線での苦戦にもかかわらず戦面不拡大の方針が惰性のように続いている現状を打破しようとしたものであった。不拡大方針の根底には対ソ戦備の弱体化を恐れる極度の警戒が存在し、陸軍では「ロシアに対する態勢を出来るだけ崩さない程度に於てやらう、又其の程度に於て支那をやつつけやうといふ考へ方が支配的」であった。(50) かつて拡大派はこれが容易にできると楽観していたのであり、また不拡大派はそれが困難あるいは不可能であることを認識しながらも、ソ連介入と国力疲弊を恐れるあまり、ともすれば兵力の逐次投入となり、作戦地域をできるだけ限定して戦線の膠着状態に手をこまねくという消極的態度に陥りがちであった。石原が更迭されたのはこうした消極的作戦指導に対する批判のためであった。これに対して下村は、事変の長期化を避けソ連介入の危険性を排除するために積極的に「敵の主力を敲き戦争の終局に持つて行かう」としたのである。(51)

この積極方針の具体化が第十軍の杭州湾上陸である。一一月五日第十軍は杭州湾の奇襲上陸に成功し、上海戦線はようやく膠着状態を脱する。かつて上海方面の作戦目的は居留民保護であったが、七日上海派遣軍と第十軍を統一指揮するために編成された中支那方面軍の任務は、「敵ノ戦争意志ヲ挫折セシメ戦局終結ノ動機ヲ獲得スル目的ヲ以テ上海付近ノ敵ヲ掃滅スルニ在リ」(52)となった。これにより主作戦も主戦場も華北から華中に転換したのである。(53)

杭州湾上陸の成功後、戦況は一変する。中国軍は総退却を始め、それを追う日本軍は南京進撃に移行する。もともと陸軍中央では南京攻略の方針が固まっておらず、そのため南京攻略をめぐって論争が生じたが、消極的であった多田参謀次長も戦況の急転と現地軍の要請により結局それを認めざるを得なくなる。一二月一日大本営（一一月二〇日設置）は南京攻撃を命じた。

南京攻略の勢いに応じて陸軍にはこれを和平に結びつけようとの動きが出てくる。例えば戦争指導班（一一月一日従来の第二課と第三課が合体し戦争指導業務は新しい第二〔作戦〕課の中の班に縮小された）の堀場少佐は、次のように述べている。

> 現戦勢を利用し南京攻略の指導に於て講和交渉の機を成熟せしめ、一挙に之を事変解決に導かんとす。乃ち支那側の面子を保持し、蔣介石の南京撤退を防止して講和交渉の決意に導くためには、一挙に南京を攻略することなく、按兵不動の策を講ず。(54)

「按兵不動の策」とは、南京攻略の態勢をとった上で勅使を南京に乗り込ませ講和交渉を行うという、いささか現実離れした構想であったが、何とか南京進撃を和平工作に連繋させようとする努力の表れでもあった。しかしそうした連繋は実現できなかった。当時作戦課長に転任していた河辺大佐の回想によれば、「初めは南京攻略以前に於て南京攻略は何時でもやり得る態勢を取つて、媾和の内探査といふつもりであつたらしいのですが、それと無関係に作戦はグン〳〵進行し南京はスル〳〵陥ち」(55)てしまった。中央の作戦指導が急転する戦況に追いつけなかったのであり、奔馬の如き現地軍に効果的な統制を加えることもできなかったのである。

さて、南京攻略と和平との連繋を困難にした重要な要因の一つは、戦況の好転に応じてにわかに強まってきた蔣介石政権否認の声であった。つまり、蔣政権に対しては降伏を求めるべきであって、それ以外の和平交渉は無用であり、降伏に応じなければ、その正統性を否認して新しい中央政権の育成に進むべきだ、とする主張である。ただし、こうした蔣政権否認論は、実は、事変勃発直後から存在していたのである。ここで少し時間を遡って、事変発生以来の否認論と事変処理構想との関連を見ておこう。

最も早く否認論を唱えたのは、拡大派の急先鋒ともいうべき関東軍である。早くも八月中旬関東軍は、「速ニ容共主義ニ誤ラレタル南京政権ヲ屈服セシムルカ若クハ之ヲ崩壊セシメ新ナル新政権ニ我公明ナル要求ヲ確約セシメサル限リ」問題の根本的解決にはならないと論じて(56)、南京政府否認の可能性を示唆していた。興味深いことに、このような否認の可能性を示唆したのは拡大派・強硬派だけではない。例えば不拡大派の戦争指導課が七月中旬に作成した文書には、中国中央軍と交戦する場合は「排、抗日ノ根源タル中央政権ノ覆滅ヲ目的トシ全面的戦争ニヨリ日支間ノ抜本的ナル解決ヲ期ス」「蔣政権ヲ倒壊シ日満支提携可能ナル政権ノ発生ヲ誘導シ以テ一挙日支問題ヲ解決ス」との指摘がある。(57) この文書は本来、派兵自体を行わないこと、またたとえ派兵しても中央軍との交戦は回避すべきことを説き、万が一中央軍と交戦した場合は抜き差しならぬ事態に陥ることを警告したものであったと見られる。しかしそれでも、説得の材料として南京政府否認の可能性が持ち出されたのは、そうした主張が既に相当有力となっていたことを示しているといえよう。軍令部の横井大佐が八月中旬起案した「日支事変指導要綱」(本章第一節参照)でも、事変解決の目的として「現政権ヲシテ抗日戦ノ不利ヲ悟ラシメ先ヅ抗日的態度ヲ止メ進ンデハ日支提携政策ヲ執ルニ至ラシムルヲ目途トスルモ現政権崩壊シ新ニ親日政権樹立セバ更ニ理想的ナリ」と述べられていた。

その後蔣政権否認論は徐々に強まっていくが、その契機となったのは中ソ不可侵協定締結と、事変の拡大に伴う地方政権樹立の動きであった。九月初旬関東軍は、中ソ条約が公表されたからには「南京政府ニ対スル認識ヲ根本的ニ更改シ……支那ニ於ケル赤化ノ禍害ヲ防キ真ニ日満支提携ヲ庶幾スル為新タナル中央政権ノ成立ヲ促進スヘキ」であるが、それができなくても「北支人ノ北支建設ヲ目標トスル強力ナル北支自治政権ヲ樹立」することが絶対に必要だと論じている。しかもここでは新中央政権の成立を促すため「南京政府ノ膺懲中央軍ノ撃滅ノ外更ニ容共政府ヲ否認スルノ態度ヲ明ニスル」ことが得策であると説かれた(58)。

「支那事変対処要綱」策定の際にも否認論的発想からの批判があった。陸海外三省主務者間の協議段階で陸軍省の柴山軍務課長は、陸軍内部には事変が長引けば対処要綱どおりに実行はできないとの主張があるので、本要綱は中国が和平を求めてきた場合の「我方ノ腹案」である趣旨を明記するよう要求した。これに対して外務省側は、事変が長引くからといって条件を追加することには絶対反対を主張したが、南京政府が和平交渉に応じない場合に本要綱の実行が不可能となることについては同意を表した(59)。この結果、「支那事変対処要綱」の最終決定の際、首・陸・海・外の四相間には、「本要綱ハ南京政府カ帝国ト交渉能力ヲ有スル場合ニ適用セラルヘク同政府カ潰滅スルカ或ハ事態ニ重大ナル変化アル場合ニハ自ラ別個ノ処理案ヲ要ス」との了解がなされたのである(60)。「支那事変対処要綱」は基礎的講和条件を確定して和平への姿勢を示しながら、他方では南京政府との和平が成立せず事変が長期化する場合の処理構想作成への道をも開いたといえよう。そしてこの事変長期化の場合の処理構想策定が、やがて南京政府否認論と結びついていくことになる。

例えば一〇月三〇日陸軍省軍務課が作成した「事変長期ニ亘ル場合ノ処理要綱案(61)」は、「南京政府ニシテ遂ニ反省セス交渉ノ対象トスヘカラサルニ於テハ一地方ノ共産政権ト見

府タラシムル如ク指導」するという方針を掲げた。注目されるのは、このような方針が一〇月末、すなわち上海周辺の中国軍が総退却に移り戦況が膠着状態を脱して戦局の急展開が始まる前に、既に陸軍中央に存在していたことである。おそらくそれは、華北での新政権樹立工作の進展と、この工作に対する軍務課の積極性とに由来していたのであろう。(62)

軍務課はさらに一一月二四日、「事変対処要綱（二）」なる文書を作成し、次のように述べている。(63)これまで日本は国民政府の反省を待って時局収拾をはかろうとしてきたが、「同政府ハ今猶長期ノ抵抗ヲ標榜シ毫モ反省ノ色ヲ示サザルノミナラス」日本軍の占領地域も拡大し早急にそれに対処する必要も出てきたので、「今後ハ南京政府トノ交渉開始ヲ必スシモ期待セス之ト別個ニ帝国独自ノ立場ニ於テ時局ノ収拾ヲ計リ……南京政府ノ長期抵抗ニ対応スル措置ヲ構スルコトトス」。「事変対処要綱（二）」という標題に示されているように、これは「支那事変対処要綱」(64)決定時の四相了解に基づき、和平不成立の場合を想定して作成された事変処理構想であった。

こうした文書に共通しているのは、南京政府が「反省」する可能性を否定していたことである。つまり、当時和平論が国民政府の「反省」の可能性を前提としていたのに対して、否認論はその可能性を否定し、それ故和平はありえないと主張していたと捉えることができよう。既に関東軍は九月初旬の時点で「南京政府ノ反省ヲ期待スルカ如キハ現実ノ事態ヲ無視スルモノト謂ハサルヘカラス」(65)と述べていたが、こうした主張は一一月の戦局の急転、国民政府の遷都（一一月一七日発表）、現地政権樹立工作の進捗などとともに勢いを得たのであった。

例えば参謀本部作戦課が一一月二一日付の「南京政権ノ将来ニ関スル判断（案）」(66)なる文書で、「南京政権ハ現在和戦両派ニ分レ蔣ハ心中和ヲ欲シアルモ対内統制上抗日抗戦ヲ標榜シアリ」と観測し、今こそ講和のチャンスを捉えるべきだと主張すると、陸軍省軍務課は次のような反論を加えた。

媾和ノ対照《ママ》ハ寧ロ南京政府カ分裂スルヤ否ヤニ関スルモノニアラスシテ支那カ反省スルヤ否ヤニ存ス、此見地ヨリ支那ノ現状ヲ観察スルニ今カ媾和ヲ断行スヘキ絶好ノ時機ナリトハ断定シ得ス

また「事変対処要綱（二）」の外務省東亜局第一課修正案（一一月二九日付）(67)が、「南京政府既ニ遷都シタル以上之ヲ一地方政権ト見做シ所有方法ヲ以テ痛撃ヲ加ヘ反省ヲ促スト共ニ一方北支政権ヲ樹立シ漸次之ヲ拡大強化シ更生新支那ノ中心勢力タラシムル如ク指導」すると述べたのに対し、参謀本部支那（第七）課は次のように批判した。

支那カ長期抵抗ヲ企図スル以上最早其反省ハ期待スヘカラス此期ニ及ンテハ其壊滅ヲ計ルアルノミ、然ルニ本方針ノ如ク南京ノ反省ヲ促スヲ主旨トスルカ如キハ単ニ其期待カ徒労ニ帰スヘキノミナラス北支政権トノ関係不明確ニシテ之ヲシテ新支那ノ中心勢力タラシムルカ如キハ全然不可能ナリト推察セラル

こうした否認論の高まりに対して、作戦課は一一月下旬、時局解決のためには国民政府の存続が必要かつ有利である所以を説いた。もし蔣政権を否定すれば、それを「反日の一点に逐ひ込み窮鼠反噬の勢を馴致し」、同政権が崩壊すると否とにかかわらず中国全土は相当長期にわたり分裂状態に陥るであろうから、その間英米ソの策動がなされることは必至であり、その上日本は莫大の国力を消耗するであろう、というのが「反省せる蔣政権若くは其継承政権の存続」を必要とする主たる理由であった。なお、蔣政権が長期抵抗の姿勢を変えず実質的に地方政権と化した場合は、「一時全支分裂主義を容認し各方面共反蔣反共政権を樹立」するが、その転換の時機は翌年初頭と予想された(68)。つまりここで作戦課(より正確にいえば戦争指導班)は、和平不成立の場合にも国民政府否認へ進むとは明言せず、しかも転換の時機を翌年一月とすることで、和平実現のための時間的余裕を持とうとしたのである。

一二月一日参謀本部は国民政府との和平に備えた「支那事変解決処理方針案(69)」を纏めた。

しかし戦争指導班の起案に基づくこの和平方針に対しては、「元来解決処理は、支那側の条件受諾を前提とするものなるを以て、受諾せざる場合之を如何にするや」[70]との反論があり、これにこたえて参謀本部第二課は一二月三日、「事変短期ニ終ル場合ノ対処要綱案」と「事変長期ニ亘ル場合ノ対処要綱案」を作成したが、ここでも巧みに国民政府否認への言及を避けた。ところが、この二つの案は省部の協議の過程で七日に「事変対処要綱案（対現中央政府解決の場合）」と「事変対処要綱案（従来の中央政府否認後）」と標題を変え、和平が成立しない場合には否認に進むことを明示してしまった[71]。

和平から否認への転換の時機は当初翌年一月とされ、後に南京攻略前後とされたが、戦況は予想をはるかに上回るスピードで進み、一三日ついに南京が陥落、翌一四日には北平で中華民国臨時政府の成立が宣言された。当然、否認論は強くなった。その頃上京していた岡部北支那方面軍参謀長は多田参謀次長に対して次のように蔣政権否認を訴えている。

今日の事態に於て、蔣を首班とする南京政府は勿論、その衣鉢を継ぐ国民党系の政府を交渉相手とすることは、甚だ不利なり。……国民党をつぶすにあらざれば、日本の意図する支那は実現の見込みなし。……又南京政府を存続せしむることは、英をして依然としてその対支、支配力を保有せしむるものにして、その不利大なり[72]。

国民一般の間でも、首都南京の陥落は蔣政権の崩壊をもたらすと信じられ、重苦しい上海戦からの解放感も手伝って戦勝気分が横溢するばかりであった。戦争に勝ったも同然だとする以上、降伏以外の和平交渉は無用だとする主張が強まることも避けられなかった。一二月二四日には「事変対処要綱（二）」を修正した「事変対処要綱（甲）」が閣議決定された。(73) これは蔣政権否認を明記したわけではなかったが、和平不成立の場合の方針として華北新政権の拡大強化、華北経済開発のための国策会社設立、華中（上海周辺）での権益設定など、一〇月一日決定「支那事変対処要綱」の別途条件を上回る権益主義をあらわにしていた。後述するように、一二月にはトラウトマン工作が再開され政府および軍内で和平条件をめぐる論争が激しく展開されていたが、そうした論争には、戦果に対する肥大化した期待ばかりでなく、和平交渉無用を唱える否認論、その背後にある強硬な権益主義が複雑に絡んでいたのである。

第四節　トラウトマン工作再開

蔣介石がドイツの和平仲介に対して以前の否定的な態度を変えたのは、一二月に入ってからである。それはブリュッセルで開かれた九国条約会議が何ら実質的成果なくして終了し、また戦況が中国側にとって著しく不利に傾いてきたからであろう。トラウトマン駐華ドイツ大使は一一月下旬、漢口（中国政府は当時南京から漢口に移っていた）で再び積極的に和平の必要性を孔祥熙（財政部長・行政院副院長）や王寵恵（外交部長）など中国要人に説き始めた。(74) 一方ディルクセン駐日大使は二〇日頃広田外相と会見し、日本は依然ドイツの仲介による早期の和平交渉開始を望んでいること、和平条件の主要な点に変更はないこと、華北の自治は要求されないことを確認した。(75) 当然これもトラウトマンから中国側に伝えられた。

トラウトマンは、南京で抗戦を指揮していた蔣介石との謁見のため、外交部政務次長の徐謨とともに漢口を出発、一二月二日南京に到着した。蔣はこの日夕方のトラウトマンとの会見の前に、在京将領会議を開き和平の是非を協議した。後に汪兆銘が発表したところによれば、(76) この会議ではそれまでの経緯に関する徐謨の報告を聞いた後、蔣が各将領の意見を質したが、いずれも日本の和平条件がこのままであるならばドイツの仲介に応じるべきであると述べ、蔣もこれに同意した。そしてその後のトラウトマンとの会見でついに蔣はドイツの和平仲介を受け容れたのである。(77)

蔣は、日本側の条件に変更がないことを確認した後、その条件を最後通牒とはしないこと、日本は戦勝国のような態度で臨まないことを強調し、中国側の見解を次のように表明した。

一　中国はこの条件を和平交渉の基礎として受け容れる
二　華北の主権・領土保全は侵害されない
三　ドイツは終始調停者として行動してほしい
四　和平交渉では中国と第三国との協定には触れない

ドイツ大使が華北の行政首脳者は親日的でなければならないという日本の条件を指摘すると、蔣は、その地位に選ばれる者が反日的であるはずはないと答えた。大使はまた、第三国との協定について日本の防共の要求に言及し、これは中ソ不可侵協定に抵触しないであろうと述べた。さらに、かつて蔣介石は綏遠・察哈爾二省の喪失を意味する内蒙古自治の要求は認められないと主張していたので、トラウトマンがこの点を質すと、蔣は内蒙古問題も日本と交渉することができようと語った。和平条件について蔣はかなり柔軟な態度を示したといえよう。

和平交渉の手続きについて、蔣はできるだけドイツを交渉にコミットさせようとしたが、これに対して大使はドイツが交渉に直接関与するつもりはないことを表明した。また、蔣介石の言明を日本に伝え日本がそれに同意した後ヒトラーが日中両国に停戦を呼びかける、というトラウトマンの提案に蔣は賛成した。[78] さらに徐謨外交次長が蔣・トラウトマン会談の内容を要約したものによれば、蔣は、休戦が成立しない限り、和平交渉に入ることはできないと主張した。なお、蔣は予備交渉の間和平条件を絶対外部に漏らさないことを強調したが、トラウトマンの観測によると、もしこの秘密が外部に漏れた場合、蔣は失脚し親ソ派が政権を牛耳るであろうと見られた。

こうしてトラウトマン工作はようやく本格化した。ドイツ外務省も和平仲介に積極的であった。一二月七日、ディルクセンは本省からの訓令に従い、これまでの和平仲介の経緯と一二月二日の蔣介石の言明を要約した覚書を広田外相に手交し、口頭で説明を加えた。(79)ところが広田は、一カ月前、つまり日本が大きな戦果を挙げる前につくられた条件で交渉することが可能かどうかは疑問である、と表明したのである。ディルクセンが一一月二〇日頃に尋ねたときに外相は条件に変更はないと答えたではないかと述べると、広田はここ二、三週間に情勢が大きく変化し、特に現地軍の要求がきびしくなっていると語った。さらに広田は、一一月二日に伝えた条件は主要な点を扱っただけであるから明確化を必要とし、例えば華北については鉱山以外にも当然様々な権益を要求すると主張した。(80)

たしかに広田のいうように、現地軍、さらに陸軍中央でも和平条件の要求はきびしさを増していた。例えば一一月上旬参謀本部情報部で作成された講和条件案では、満洲国承認、抗日・容共政策の放棄、華北・内蒙の自治のほかに、戦費賠償（土地または権益で償金に代えてもよい）、防共のための駐兵権（華北および上海周辺）、顧問の招聘、非武装地帯の拡張（華北五省および蘇州・嘉興以東の華中）などの要求も列挙されていた。(81)また一一月下旬、華北を訪れた参謀本部第二課の今田中佐が早期の時局収拾を主張し、日中提携のために「戦後直接の獲物に関しては、皇道精神に則り、これを期待せず」と述べると、北支那方面軍の岡部参謀長は「対時局態度に於て、参謀本部が、甚だ微温的なるを看取」し、次のような反論を加えた。(82)

日本の従来の対支政策の基調は、支那に於ける経済的進出、重要資源の獲得にあり。これが平和的に行われざりし結果、本事変となれり。然るにこの事変を収拾するに当り、右政策実行の素地を作ること、並びに一部の利権の把握を不可なりとする理由如何。……莫大なる国民を犠牲としながら、これが我国の繁栄の礎とならざるが如き宋襄の仁を施すことが、皇道主義なりと称し得るや。

こうした中で参謀本部は一一月初旬から和平の可能性に備えて講和条件案の作成を進めていた。(83)その一応の結論と思われるのが一二月一日の大本営陸軍部「支那事変解決処理方針案」(前出)である。ここでは次の八項目が和平条件とされている。

一　満洲国の正式承認
二　華北と内蒙に「日満支互助共栄及防共強化の具現」のための政権を樹立する

三　排日・反満政策の放棄
四　中国は防共政策を確立し満洲国とともに防共協定に加入する
五　日本は新上海建設に協力する
六　日満華三国は、資源開発・交易・航空連絡・交通などに関し互恵的協定を結ぶ
七　中国は日本人居留民の損害を補償する
八　日本は梅津・何応欽協定、土肥原・秦徳純協定、塘沽停戦協定、上海停戦協定を廃棄する

さらに保障条件として、日本軍の進出区域を非武装地帯とし、治安回復とともに自主的に撤兵するが、華北の重要地域と上海付近では治安の維持と防共のために日本軍の駐屯とそれに必要な軍事施設・主要交通の管理を容認すること、華北五省の金融・関税・資源開発・交通・通信などに関し日本に「特種権益」を与えること、の二項目が付加された。そして中国が和平条件を実行すれば、この保障条件を解消し、その国権回復と復興に協力するとともに、従来から保持している利権の一部を返還する用意がある、とも謳われた。なお、中国側がこの和平条件をすべて承認するまでは、たとえ第三国の斡旋または日中間の直接交渉中であっても休戦せず、作戦行動を継続することとされた(84)。

「支那事変解決処理方針案」は戦争指導班の起案によるものであり、大本営陸軍部案とな

るまでには強硬派との間にかなりの妥協を余儀なくされたものと思われる。あるいは最初の起案段階から強硬派への配慮がなされていたかもしれない。(85) 和平に積極的なかつての不拡大派（以下では和平派と呼ぶことにする）の戦争指導班が作成した和平条件案でありながら、一〇月一日の「支那事変対処要綱」と比較すれば相当きびしくなっていることは否定すべくもない。特に目立つのは非武装地帯の拡張と「特種権益」の獲得であるが、戦争指導班の堀場少佐によれば、これを保障条件に封じ込めることに苦労があったのだという。(86) また華北「政権」の樹立が要求されていることも重視すべきであろう。おそらく現地政権樹立工作の進展がこの要求の背後にあったのであろう。いずれにせよ、蔣介石がドイツの和平仲介に傾いてきたとき、陸軍では和平派ですら講和条件を加重していたことは否定できない。しかもこうした条件や方針は「我国として忍ぶべき最下限を示したるもの」であり、軍の外部や対外的な交渉に用いる場合には、また別の慎重な考慮に基づいて案をつくることとされたのである。

一部の当事者以外には極秘に進められていたトラウトマン工作の事実を陸軍の中堅層が知るようになったのは、中国の外交電報の暗号解読からであった。(87) そのとき「広田がこっちの肚を早く言ってしまったことが悪い」との激しい広田非難の声が陸軍中堅層から上がったという。(88) それは必ずしも和平そのものに対する反対ではなく、戦況好転以前に外相が和平条件を伝えたのは過早であるとの非難で、広田の行動が「支那事変対処要綱」や政府首脳の了解に基づくものであることを知らぬ誤解であった。(89)しかし、こうした騒ぎにより、戦況の急変以前の条件では陸軍内が収まらぬことは明らかとなった。一二月七日に広田がディルクセンに一カ月前の条件で交渉ができるかどうか疑問であると語ったのは、このためであった。

第五節　和平条件をめぐる論争

一二月七日に蔣介石の言明が伝えられてから一三日に和平問題に関して大本営政府連絡会議が開かれるまでの状況は混沌としている。石射外務省東亜局長によれば、広田・ディルクセン会談の直後に開かれた四相会議でドイツの仲介受諾が確認され、続く陸・海・外三省事務当局間の協議では従来の条件に損害補償要求を加える程度で合意を見たが、その翌日杉山陸相は広田を訪問して「一応ドイツの仲介を断り度い、首相も同意であるから」と述べ、広田もそれに賛同した。杉山は陸軍部内の強硬論に押されて態度を変更し、大勢順応の広田もこれを了解したというのである。その後外務省と海軍の二日がかりの説得でやっと陸軍も翻意し、三省事務当局間で再び協議した条件案を連絡会議にかけるまでにこぎつけたという。(90)

一方、戦争指導班の堀場少佐によると話は違ってくる。広田・ディルクセン会談後の閣議で、「広田外相先づ発言し、犠牲を多く出したる今日斯くの如き軽易なる条件を以ては之を容認し難きを述べ、杉山陸軍大臣同趣旨を強調し、近衛総理大臣全然同意を表し、大体敗者としての言辞無礼なりとの結論に達し、其他皆賛同」したため、蔣介石の申し入れを拒否することが決定された。事ここに至って戦争指導班は「蹶起」し、「各人分担して直接次長及次官を衝き、今次の閣議決定を絶対に取消すべし」と奔走したという。(91)

堀場の言うように参謀本部内に和平促進論が存在したことはたしかだが、陸軍側が蔣介石申し入れ拒否を言い出したことも間違いないようである。(92) 参謀本部第二課の日誌によれば、八日午前陸相官邸で参謀次長を加えた会議が開かれ、そこで「蔣ハ反省ノ色見エザルモノト認ム、将来反省シテ来レバ兎モ角現在ノ様ナ態度ニテハ応ジラレズ、併シ独逸大使迄ニハ新情勢ニ応ズル態度条件ヲ一応渡シテ置ク必要アリ」との決議がなされ、その後陸相は海相・首相と会見し、蔣介石の申し入れを「一応拒絶シ時ヲオイテ当方ノ考ヘアル条件ヲ提示スルコト」に合意したとされている。(93)

陸軍はドイツを介して伝えられた蔣介石の言明を、満足すべき「反省」の証とは認めなかった。一二月一日に大本営陸軍部の合意とされた「支那事変解決処理方針案」と蔣の申し入れとの間には、まだ相当の開きがあった。戦況の好転により中国に求むべき「反省」の内容は、強硬派はもちろん和平派の間でもかなり硬化していた。「反省」の可能性を否定する強硬派を説得して和平を行うには、中国側に求むべき「反省」の内容をきびしくする必要があったとも考えられよう。ただ陸軍としては蔣介石申し入れの拒否を言いながら、「反省」の可能性まで否定したわけではないことも重視する必要がある。おそらく陸軍は、当面蔣の申し入れは受け容れずに南京攻略の圧力を強めて中国側に「反省」を促し、他方中国が「反省」してきた場合に備えて、日本としての和平条件を、陸軍案を基礎にしてあらためて作成しようとしたのであろう。

その後、蔣介石の申し入れを一旦は拒否しておくという陸軍の主張は、石射の回想にあるように外務省の反対によって撤回された模様だが、(94) 一三日の連絡会議までの経緯はやはり混沌としている。一〇日の閣議では「対支策を研究」したとされているが、(95) その内容も明らかでない。この間、三省事務当局間の講和条件審議も紛糾をきわめた。

外務省の記録によると、(96) その審議の原案となったのは陸軍案である。陸軍案では講和条件が次の一一項目に纏められていた。

一　支那ハ満洲国ヲ正式承認スルコト
二　支那ハ排日及反満政策ヲ放棄スルコト
三　北支五省及内蒙ニ非武装地帯ヲ設定スルコト
四　北支五省ニ支那主権ノ下ニ於テ日満支三国ノ共存共栄ヲ実現スルニ適当ナル政治機構ヲ設定スルコト

五　内蒙古ニハ防共自治政府ヲ設立スルコト其ノ国際的地位ハ外蒙ニ同ジ
六　支那ハ防共政策ヲ確立シ日満両国ノ同政策遂行ニ協力スルコト
七　上海地方ニ現存ノモノヨリ広大ナル非武装地帯ヲ設定シ更ニ大上海市区域ニ於テハ日支協力シテ之ガ治安ノ維持及経済発展ニ当ルコト
八　日満支三国ハ資源ノ開発、関税、交易、航空、交通等ニ関シ所要ノ協定ヲ締結スルコト　特ニ北支五省及内蒙ニ交通、通信、経済及各種開発等ニ関シ帝国ト密接ナル関係ヲ設定スルコト
九　支那ハ帝国ニ対シ所要ノ賠償ヲナスコト
十　北支五省内蒙及中支ノ一定地域ニ保障ノ目的ヲ以テ必要ナル期間日本軍ノ駐屯ヲナスコト
十一　前諸項ニ関スル日支間ノ協定成立スルニアラザレバ休戦協定ヲ開始セザルモノトス

さらに、中国側が講和条件を実行し日中提携の理想に協力するならば日本は保障条項を解消するだけでなく中国の発展に協力すること、中国が講和条件を「総括的」に受諾しなければ日本は「従来ト全ク新ナル見地ニ立チ事変ニ対処スルノ已ムナキニ至ルベキコト」も付け加えられた。

この陸軍の和平条件案が一二月一日の「支那事変解決処理方針案」を基礎としたものであることは明らかであろう。ただし、いくつかの点では相違が見られる。例えば、華北には「政権」ではなく「適当ナル政治機構」を樹立することとし、防共協定参加を要求してはいない。他方、華北を「北支五省」とし、居留民の損害補償だけにはとどまりそうもない「所要ノ賠償」を要求している。日本による既成事実の放棄は明示されていない。

陸軍案を基礎として今度は陸・海・外三省事務当局案が作成された。主な修正点は次のようなものである。まず華北を「北支五省」からもう一度「北支」に戻した。「北支」とすることによって、おそらく五省よりもその範囲を狭くするニュアンスを帯びさせようとしたのであろう。第四項と第五項は左のように修正された。

四　北支ハ中央政府ノ下ニ於テ日満支三国ノ共存共栄ヲ実現スルニ適当ナル行政形体トシ、其ノ首脳者ハ右具現ニ適スル有力者ヲ配シ日支経済合作ノ実現ニ当ルコト

五　内蒙古ニハ支那主権ノ下ニ自治政府ヲ設立スルコト

華北に対する中央政府のコントロールが明示され、内蒙古の自治政府についても主権が中国にあることが明記されたのである。また陸軍原案第八項の後段が削除され、賠償は「損害ニ対スル所要ノ賠償」と表現されて、戦費賠償ではなく損害補償の意味が強くなっ

た。さらに、全項目についての協定が成立しない限り休戦しないとの条件が削除され、そのかわり日本による既成事実（梅津・何応欽協定、塘沽停戦協定、土肥原・秦徳純協定、上海停戦協定、冀東特殊貿易、冀察・冀東政府）の放棄を謳う項目が設けられた。要するに三省事務当局案は、一一月初め広田がディルクセンに伝えた条件にできるだけ近づこうとしたものであったといえよう。

一三日、南京陥落の日、和平問題に関して初めて連絡会議が開かれた。この日和平交渉の可否については交渉を開始することで合意が形成されたが、[97]協議時間は約一時間にすぎず、和平条件について実質的な審議は行われなかった模様である。翌一四日、風見書記官長によれば[98]、午後の連絡会議でようやく和平条件に関する実質的な審議が始まった。まず石射外務省東亜局長が三省事務当局案を説明した。この案に批判を加えたのは、内相に就任したばかりの末次信正である。彼は「かかる条件で、国民がなっとくするかネ」と述べたといわれる。石射によると[99]、末次はさらに「海軍はこんな寛大な条件でよいのか」と米内海相に詰問し、多田参謀次長、杉山陸相、賀屋蔵相などからも意見が出て、条件は加重されたという。

一五日午前、前日の中華民国臨時政府成立という新情勢を受けて、陸軍では和平問題再検討の要について省部首脳会議が開かれ、あらためて中央政府（国民政府）との和平交渉開始が確認された。こうした確認がなされたこと自体、国民政府否認論・和平交渉無用論が強力となっていたことを物語るものといえよう。同日午後の連絡会議でも、華北新政権の成立にかかわらず国民政府と和平を行うことが確認された。(100)

一四日と一五日の審議で連絡会議は三省事務当局案を一部修正・決定した。修正の重点は陸軍原案に戻ったところにある。(101)例えば華北に関する第四項は次のようになった。

四　北支ハ支那主権ノ下ニ於テ日満支三国ノ共存共栄ヲ実現スルニ適当ナル機構ヲ設定之ニ広汎ナル権限ヲ賦与シ特ニ日満支経済合作ノ実ヲ挙クルコト

つまり外務省の記録によれば、華北政権を「支那主権ノ下ニ立ツニ於テハ中央政府ト分離セル独立政権トスルモ差支ヘナキ趣旨」に戻したわけである。(102)内蒙古の自治政権、賠償に関する規定も元に戻り、中国側が全条件を受け容れてから休戦するとの条項が復活し、既成事実の放棄に関する条項は再び削除された。上海の非武装地帯は華中占拠地域に拡張された。南京陥落、臨時政府の成立が和平条件の加重を促したことは疑いない。

しかしこの加重された和平条件でさえまだ充分ではないと考えられたのである。一六日の連絡会議で和平条件をドイツ大使に伝えることについての合意が成立し、これを翌日の閣議に掛けることになった後、同日夜、岸道三首相秘書官は近衛の使いとして木戸文相を訪ね、「対支和平案について連絡会議で案が一応纏められ、明日の閣議で審議せらるることになって居るが、首相としてはそれがその儘簡単に通過してしまふ様では未だ何となく不安に感ずるところがあるので」木戸の質問で審議のきっかけを作ってもらいたいとの言葉を伝えた。翌日の閣議の模様は木戸が次のように回想している。

翌十七日、閣議に出席して見ると、審議する他の案が相当あった為め、支那事変の和平協定条件案の手許に配布せられたのは、いつもなら閣議を終る十二時十五分前頃であった。之は此の案を一番最後に回してどさくさまぎれにすっと通してしまはうと云ふ魂胆ではないかと邪推すればせられぬでもなかった。其案を見ると、可成具体的に詳細な条件が示されて居た。私は之が余りに細目にわたって居るので聊か意外に感じた。之は正直と云へば正直、誠意を示したと云へばさう云へなくもないが、敗者が出す案ならば兎も角、勝者が出す案としてはどんなものかと思はざるを得なかった。殊に支那人は由来駆引の強いので有名である。こちらの誠意をその儘受取るとは思へない。若し万一彼が此案を発表して、逆に我国の国内攪乱に利用されたら、それこそ重大な結果を生むことになると思はれた。

かくして木戸は「支那側の態度、誠意の有無をしっかりたしかめてから最後の案を決めても遅くはないのではないか。殊に此案を支那側が利用して国内攪乱を企てる虞れについ

ても充分研究するの要がある」と発言し、これをきっかけとして種々論議がなされ、この日は結論に達しなかった。(103)

この閣議の状況について参謀本部が得た情報では、和平条件案に対して「連絡会議ニ参加セザル閣僚ハ皆軟弱ナリトシテ反対」し、「勝者ガカヽル詳細ナル条項ヲ示シテ曰フノハ如何」、「北支ニハ已ニ政権アリ之ヲ瓦解サセル虞アリ……将来ノ対策タル北支ノ問題ハ示サザルヲ可トス」、「蔣ガ和睦ヲシテ来タノニアラザルニ当方ガ何カ示スハオカシ」、「之レガ最後ノモノダ之レヲ直接交渉開始前示スハ過早」などの意見が出され、最後に末次内相が「不取敢漠トシタ限定シナイコトヲ曰フタラドウカ」と提案し、時間切れ散会になったという。(104)

翌一八日も臨時閣議が開かれたが、「閣議全般ノ空気ハ昨日ニ同ジク問題ハ蔣介石ガ受入レルカドウカハ判ラヌノニ全部示スカドウカニ在リ」、全条件を示すことに固執するのは陸相だけとなった。(105) 結局陸相は参謀本部側の了解を得て譲歩し、閣議は「独乙大使の斡旋については外相に一任し、詳細なる条件はなるべく示さず、包括的なものにて蔣の意向を探らしむることに決定」、期限は年末までとすることになったのである。(106) 木戸文相によれば、包括的な条件を纏めたのは末次内相であったという。(107) 一二月二一日に正式に閣議決定となった包括的条件は次の四項目である。

一　支那ハ容共抗日満政策ヲ放棄シ日満両国ノ防共政策ニ協力スルコト
二　所要地域ニ非武装地帯ヲ設ケ且該各地方ニ特殊ノ機構ヲ設定スルコト
三　日満支三国間ニ密接ナル経済協定ヲ締結スルコト
四　支那ハ帝国ニ対シ所要ノ賠償ヲナスコト

さらに「口頭説明」として、中国は「防共ノ誠意ヲ実行ニ示スコト」、年内に回答すること、一定の期限内に日本の指定する地点に講和使節を派遣すること、などが要求された。また、ドイツには日中両国に停戦を勧告するのではなく直接交渉を勧めてほしいと要請し、連絡会議で決定された一一項目の講和条件（「日支媾和交渉条件細目」）は極秘の参考としてドイツ大使に伝えられることになった(108)。

この「口頭説明」が戦勝国としての態度を表していたことは疑いない。また四項目の包括的条件は、あまりにも抽象的であった。この四条件の通告を受けた孔祥熙が「これでは日本は一〇の非武装地帯と一〇の特殊機構を要求することができる」と述べて驚愕と当惑に包まれたのは、条件の曖昧さが中国側にどう受け取られたかをよく示している(109)。しかも一二月七日以来既に二週間が経過し、その間状況は大きく変化していた。貴重な時間のロスと条件の加重のために、参謀本部和平派は「蔣ノ受諾スル公算ハ甚ダ少クナレリ」と慨嘆せざるを得なかったのである(110)。一二月二四日には、和平不成立の場合の事変処理方針として「事変対処要綱（甲）」が閣議決定されるに至った。

第六節　トラウトマン工作打ち切り

蔣介石の申し入れが一二月七日にディルクセンを介して伝えられてから日本側の和平条件が決まるまで、ドイツの仲介工作は事実上中断状態にあった。この期間現地で和平について何らかの動きを見せたのは松本重治である。イギリスが得た情報によれば、松本は日本が要求しようとしている和平条件を徐新六に伝え、徐はそれを蔣に伝えようとしていた。その和平条件とは次のようなものである。

一　満洲国の承認

二　華北（河北、山東、山西）――経済協力、中国政府の主権下における半自治的地方政権、非武装地帯（一定期限内の日本軍駐屯）

三　内蒙古（察哈爾、綏遠）――中国主権下での徳王による自治（これは防共協定への支持に相当する）

四　上海――蘇州までの非武装地帯、日本軍による日本租界治安維持（ただし一定期間）

五　賠償――中国は一定期間その軍事費から一定の割合で支払い、この賠償金は上海の

復興と華北の経済協力のために使われる

さらに松本は、第四項と第五項はまだ交渉の余地があるが、軍部は蔣介石の下野を望んでいると語ったという。[111] 松本が伝えたこの条件の出所がどこかは不明だが、松本は近衛ブレーンの一人であり様々な情報にも通じていた。しかしやがて松本は、本国からの連絡によれば上述の和平条件はもはや有効ではなく、日本政府は新たな条件を審議中であるとの情報を徐に伝えた。[112]

日本政府が新しい和平条件をドイツに示したのは一二月二二日である。この日広田外相はディルクセン大使に七日付覚書に対する回答と四項目の和平基礎条件を手交し、前述の「口頭説明」を行った。さらに外相は和平条件に関するドイツ大使の質問に答えて、連絡会議で決定された一一項目の内容を説明し、これは大使限りの情報であり中国側には伝えないでほしいと述べた。外相はまた、全項目についての協定が成立するまで停戦しないことを強調した。ディルクセン大使は、華北特殊政権や賠償など条件は一一月二日に通告されたものをはるかに超えており中国側が受諾する可能性はきわめて小さいだろうと語った。[113]

ベルリンも日本の和平条件の加重に衝撃を受けたが、「郵便配達夫」としての役割を忠実に果たすとの方針は変えなかった。[114] 本国からの訓令によってトラウトマンは二六日夜、日本の和平条件を孔祥熙と宋美齢に伝えた（蔣介石は病臥中であった）。このときの中国側の反応は先に紹介した孔の言葉に最もよく示されている。[115] 一方ディルクセンは日本側に回答期限の延長を要請し、休戦についてのきびしい態度を緩和するよう再考を求めた。二五日広田は、回答期限を翌年一月四、五日頃まで延期することに同意し、休戦についても「大体協定カ出来レハ其時ノ状況ニヨリ全部ノ細目迄決定ヲ見ストモ休戦シテ可ナル場合モアルヘシ」とやや態度緩和をにおわせた。[116] ディルクセンはさらに、参謀本部が和平交渉開始に積極的であり中国側から和平条件履行に関する何らかの保証が得られれば部分的な停戦をしてもよいと考えているとの情報を得た。三〇日の広田外相との会見で大使は、トラウトマンから報告された漢口の反応を伝えた後、和平交渉開始後に部分的に停戦することと、和平条件の詳細を中国側に伝えることとの必要性を強調した。これに対して広田は、以前彼が大使限りの情報として提供した説明（つまり連絡会議決定の一一項目に相当する内容）を、日本の指導的人物との会談から得た印象として中国側に伝えることに同意し、あらためて和平条件の詳細を説明した。[117]

ここで、和平基礎条件に関する二二日および三〇日の広田の説明を要約すれば次のようになろう。

第一項（容共抗日満政策の放棄と防共政策への協力）は満洲国の正式承認と防共協定への加入もしくは日満華三国防共協定の締結を意味する。中ソ不可侵協定の破棄を要求はしないが、それが望ましいことはもちろんである。

第二項（非武装地帯と特殊機構）の非武装地帯については、内蒙古、華北、上海周辺の占領地域、の三つが考えられている。特殊機構としては内蒙古の自治、華北政権（中国主権下にあり自治政府ではないが、広範な権限を持ち中央政府に依存しないもの）、上海の共同租界外の特殊機構が考えられる。

第三項（日満華三国間の経済協定）は過去の懸案解決にとどまらず、資源開発・関税・通商等に関する三国間の一般的協力を意味する。

第四項（賠償）は戦費の部分的賠償、居留民の損害に対する補償、占領費用の支払を含む。

このディルクセンの「印象」は一九三八年一月一日、トラウトマンから国民政府外交部長・王寵恵に伝えられた。[118] しかし中国側はこれに対してなかなか回答しなかった。中国はまた、和平基礎条件四項目の内容を英米側に漏らしていた。[119]
四日、広田はディルクセンに中国側の回答督促を要請した。漢口・東京間の連絡時間を短縮するためベルリンを介さずに駐華・駐日両ドイツ大使が直接連絡することに広田は同意し、駐日中国大使がディルクセンと接触することも認めた。広田はさらに中国側が和平基礎条件を英米に漏洩させている事実を指摘し、これが様々の噂の元となり和平交渉に悪影響を及ぼしていると批判した。六日、回答期限は一〇日に延長された。[121]また同じ六日には、最近中国は「和を求めんとする意向漸く顕著なるもの、如くである」が、「若し支那側が如実に反省の真意を示すなら兎に角、我方としては飽くまで所期の目的達成に邁進」するつもりであるとの書記官長談話が発表され、これにも中国の回答を促すねらいがあった。[122]

一〇日、広田外相はディルクセンに対し、一〇日を回答期限としたのは最後通牒を意図したわけではないとしながらも、あらためて中国側の回答督促を訴えた。中国側が和平基礎条件の明確化を求めてきてもそれを回答と見なすことができるのではないかとドイツ大使が述べると、外相はそれを否定し、軍は即時かつ明確な返答を要求していると語った。[123]トラウトマンは、和平基礎条件の明確化を求める趣旨の返答が誠意ある回答にはなり得ないとする日本側の主張は前に通告された説明と矛盾するとして、これを中国側に伝えることを躊躇したが、[124]ベルリンから「郵便配達夫」としての役目を忠実に果たすよう説得された。[125]

一方日本では、一一日、参謀本部の要請により日露戦争後初めての御前会議が開かれた。前月二二日にドイツに和平条件を通告した後、参謀本部は「媾和条件ハ甚タシク侵略的ニシテ日支国交ノ将来ヲ誤ラシムヘキモノナルニ付此ノ際御前会議ヲ開キ日支国交再建ノ根本方針ヲ確立シ置キ動モスレハ侵略的ニ傾カントスル国内趨勢ニ対シ予メ予防方策ヲ講シ置ク必要アリ」と主張し、かなり強引に御前会議開催にこぎつけたのである。[126]

御前会議に至る審議では、一見すると、和平条件について大幅な修正がなされたようには見えない。[127]一一日の御前会議で決定された「支那事変処理根本方針」[128]の「日支媾和交渉条件細目」も前月二一日閣議決定のそれと同文であった。唯一の違いは、保障条件についての規定と既成事実放棄に関する規定が復活し付加されたことである。非武装地帯や特殊権益は和平実現後に解消さるべき保障条件とされ、梅津・何応欽協定などの既成事実の放棄のほかに、治外法権・租界・駐兵権などの放棄も考慮するとされた。おそらくここでも参謀本部和平派は、権益要求を保障条件の中に封じ込め、非武装地帯に期限を付け、既成事実の放棄で中国を和平に導こうとしたのであろう。御前会議席上での参謀総長の説明によれば、講和条件は「戦勝国が戦敗国に対し過酷なる条件を強要するが如き心境は毫末も之を有すべきにあらずとする根本の観念に立脚」して作成され、保障条件の設定によって「爾他の講和条件を努めて寛大ならしむることを容易にし且支那側に対し将来に希望と光明とを与へ併せて今後成るべく速に而も誠意ある約諾の実行を促進する」ことをねらったという。[129]

しかし参謀本部和平派が重視した修正部分はディルクセンには伝えられなかった。一二日、堀内外務次官はドイツ大使館参事官に対し、回答期限を一五日としそれまでに中国側の回答がなければ日本は自由行動をとると通告したが、和平条件の修正には触れなかった。

おそらく参謀本部以外では、この和平条件の修正が中国側の態度決定を左右するほどのものとは見なされなかったのであろう。なお堀内次官は中国側がなすべき回答として、明確な態度表明か、あるいは個々の条項についての具体的な照会でもよいが、まだ考慮中であるといった趣旨の回答は充分ではない、と念を押した。(130) その後、オット武官は参謀本部が回答期限について柔軟であり、二〇日までに明確な返答をするとの約束が一五日までになされればよいと考えている、との情報を得たが、これは中国側に伝えられなかった。(131)

王寵恵がトラウトマンに中国政府の回答を提示し日本政府への伝達を依頼したのは一三日である。それは、一二月に通告された日本の和平基礎条件の範囲が広すぎるので、明確な決定に到達するために日本側条件の性質と内容について詳しいことを知らせてほしい、というものであった。トラウトマンは、これは和平への希望を充分に表してはいないように思われるし、日本側によって逃げ口上と受け取られるだろうとの懸念を表明したが、この中国の回答に対する日本側の反応は、まさにトラウトマンの憂慮したとおりのものとなった。(132)

同じ一三日、日本では主要閣僚の会合で「何時迄モ便々トシテ支那側ノ回答ヲ待チ居ル訳ニモ行カザルニ付一五日中ニ支那側ヨリ確答ナキ場合ニハ直ニ国民政府トノ交渉ニ期待ヲ掛ケズ事態ヲ処理シ行クノ第二手段ヲ取ルベキ旨声明スルコト」に決定し、これを翌日の閣議に掛けることになった。(133) 一四日、その閣議は午前一〇時に始まり、午後にまで持ち越された。ディルクセンが前日の中国の回答を伝えるため広田のもとを訪れたのは午後四時半である。広田は中国の回答文を一読すると、明らかにこれは逃げ口上であると述べ、中国は諾否の回答に必要な一切の情報を得ているはずであると主張した。これに対してディルクセンは、中国は公式には四項目の基礎条件しか知らされていないと指摘し、これまで日本政府筋から受けた自分の印象として説明してきた和平条件の詳細を公式の表明としてはどうかと提案した。広田はそれについては閣僚と協議する必要があると答え、できるだけ早い回答を約して会見を打ち切った。(134)

そして閣議は、外相の報告を聞いた後、中国の回答は遷延策にすぎず「誠意の認むべきものなきを以て、規定方針により国民政府を対手とせず。新しき支那の成立を期待し、これを相手として新興支那に協力し、東洋平和の確立に任ずることを表明することに決定」、五時半散会した。(135)一方、参謀本部和平派は、許世英駐日中国大使に具体的な和平条件を提示し中国側の受諾を促すとの案を立て、これを翌日の連絡会議にかけようとした。(136)

その連絡会議は一五日午前九時半から始まり、交渉継続か打ち切りかをめぐって激しい論争が展開された。参謀本部の『機密作戦日誌』はその状況を次のように伝えている。(137)まず広田外相がこれまでの経緯を説明し、中国側の回答には誠意が認められないとの判断を述べた。これに対し多田参謀次長は、中国の回答に誠意がないとするのは早計ではないかとの疑問を呈し、「何故コノ回答文ヲ機トシテ脈ガアル様ニサレヌカ」と訴えた。多田はまた長期持久戦に移行したときの困難を説明し、許大使に和平条件を通告してはどうかと提案した。結局会議は中国側に「誠意ガアルカナイカノ水掛論トナリ」、結論を得ぬまま正午休憩に入った。

午後三時に再開された会議でも論争は続いた。首相、外相、海相、そして陸相も交渉打ち切りに傾き、これに正面から反論するのは多田次長一人であった。外相は「永き外交官生活の経験に照し、支那側の応酬振りは和平解決の誠意なきこと明瞭なり。参謀次長は外務大臣を信用せざるか」と述べ、海相も「政府は外務大臣を信頼す。統帥部が外務大臣を信用せぬは同時に政府不信任なり。政府は辞職の外なし」と主張した。参謀次長は「内閣ハ総辞職デ片付クモ軍部ニハ辞職ナク　陛下ニ御辞職ナシ」とまで反論した。参謀次長と陸相との間にも激論がかわされたため、外相が「陸軍大臣ト統帥部トガ意見ノ対立ヲ見アルコトガ我々トシテハ甚ダ遺リニクシ」というほどであった。

午後五時頃連絡会議は再び休憩となった。このとき町尻軍務局長など陸軍省側から多田に対し、次長が諒承しなければ内閣は総辞職し内外に重大な結果をもたらすだろう、との説得がなされ、この結果ついに多田も譲歩することに決した。八時頃再開された連絡会議で多田は、内閣崩壊という重大な事態の発生を避けるため、参謀本部としては交渉打ち切りに同意はしないが、あえて反対も唱えないとの態度をとったのである。

こうして日本はトラウトマン工作打ち切りを最終的に決定した。同じ一五日、漢口では孔祥熙行政院長が和平の希望を表明した覚書を日本に伝達するようトラウトマンに依頼していた。[138]しかし翌一六日午前、広田がディルクセンにトラウトマン工作打ち切りを通告する覚書と午後に発表さるべき政府声明（いわゆる「対手トセス声明」）を手交したとき、孔祥熙の覚書は東京のドイツ大使館で暗号解読中で日本側に示すことができなかった。[139]一七日、オット駐在武官から参謀本部第二部への情報により孔覚書の内容を知った和平派は、「脈アルコトハ勿論少クモ文面ノ表面ハ和平ノ誠意ヲ有シアルコトハ事実ナリ」[140]と色めき立ったが、もはや政府声明まで発表した後であり、決定を覆すことは無理であった。それに、孔の覚書も和平の希望を強調していたとはいえ、依然として基礎条件の内容と性質に関する説明を要請しており、日本政府が誠意ある回答と見なし得るものではなかったのである。[141]日中両国は大使の召還を命じ、二〇日許世英大使は日本を離れた。

第七節　トラウトマン工作の評価

日中間の和平仲介を行うにあたってドイツは「郵便配達夫」としての役割をほぼ忠実に果たした。トラウトマンは中国寄り、ディルクセンはやや日本寄りであったが、全体としては双方に対して公平であったといえよう。和平仲介は、事変を早期に終結させ日中双方との友好関係を維持しようとするドイツ自身の利害計算に基づくものであったが、さらに、ナチス・ドイツの外交政策決定過程で発言力を保持しようとするドイツ外務省の最後の試みとしての性格も持っていたといわれている。[142]

この和平仲介に対しては、一時イタリアが関与を申し出たことがあり、日本は独伊両国による中国への共同和平勧告を望んだが、ドイツは事実上これを拒否し、おそらく中国は九国条約会議で日本の立場を代弁し防共協定に加入したイタリアの関与を歓迎しないであろうと論じた。[143] 中国の回答遅延によって工作の進展が危ぶまれたとき、クレーギー駐日イギリス大使は中国に説得を試みるべきではないかと本国に意見具申したが、イギリス政府はこれを採用しなかった。[144] 英米はドイツの和平仲介を妨害することはなかったが、それを側面から援助することもなかった。[145]

さて、トラウトマン工作を評価する上で最大の問題は、中国がどれほど和平に本気であったのか、ということであろう。一二月二日蔣介石がドイツの和平仲介を受け容れると表明したとき、妥協による和平に乗り気であったのは間違いない。当時漢口市長がイギリスの外交官に語った情報によれば、中国国民党内では従来継戦派が圧倒的に優勢であったが、最近は和平派が公然と和平を口にし始めたとされている。[146] しかし、以前通告した条件を和平の基礎とすることはできないとの広田の言明が伝えられた後、中国側の態度は微妙に変化していく。しかも日本がなかなか新しい和平条件を通告せず、南京陥落、華北新政権の成立という新事態が生じると、和平の可能性に対する中国の見方は徐々に悲観的となってくる。例えば、和平派の一人と目されていた張群でさえ一三日トラウトマンとの会談で、かつてドイツ大使の和平仲介には大きな望みをつないでいたが、今やその希望もすべて消えてしまったと述べ、トラウトマン・蔣会談の後、中国政府は激しい批判にさらされていると語った[147]。

一二月下旬に日本の新条件が伝えられたとき、中国の反応は前述したようにかなり否定的であった。その後間もなく中国は日本の和平基礎条件四項目をオーストラリア人の蔣介石顧問ドナルドや在外大使を通じて英米側に漏らしたが、その際にも否定的態度を示唆している[148]。翌年一月一日徐謨外交次長は、日本の曖昧な条件を呑んで交渉に入れば後でどんなことを要求されるか分からないと語った[149]。

ただし、一部には中国は必ずしも和平に否定的ではなかったとの説もある。例えば後に汪兆銘政権に参加した人物の主張によれば、一二月末漢口で最高国防会議が開かれ、そこで和平提議受諾が決定されたという。また、この会議では蔣介石の行政院長辞任、孔祥熙の行政院長、張群の同副院長就任を決定したが、これも蔣が講和の責任を回避するためであったとされている[150]。しかし、こうした和平提議受諾説に関しては、直接の裏付となるものがない。年末の国防会議についても蔣介石は、和平を唱える者もあったが、結局は日本の条件を問題としないことで意見の一致をはかったと主張している[151]。

ただ、一月一日細目条件に相当する説明がドイツ大使の「印象」として非公式に伝えられると、中国の態度にはやや変化らしきものが見られるようになる。例えばその頃徐新六は、日本の和平条件が真剣に検討されているという趣旨の電報を張群から受け取った、とホール＝パッチに語っている[152]。また徐謨も一月三日、日本に拒否回答を送るか、それとも条件の詳細な説明を求めるか検討中であると述べた[153]。そしてその後暫く中国は奇妙と思われるほど回答を急がなかった。一説によれば、一月に入り中国政府首脳は日本側条件受諾に傾いたが、前線に赴いていた蔣介石の了解を得るのに手間取り、その間に日本から交渉打ち切りを宣告されたのだという[154]。

中国政府は何故回答を急がなかったのか。対日回答をめぐって論争があったのだろうか。あるいは、回答を引き延ばしていれば、さらに日本の条件が緩和するかもしれないとの期待があったのであろうか。また日本側が疑ったように[155]、和平条件を英米に漏らして、その支援ないしは干渉を得ようとしたのであろうか。たしかに中国は拒否を表明しなかった。しかしそれと同時に、細目条件が非公式に伝えられても、受諾の意向は示唆すらされなかった。四日にドナルドは、日本の和平提議は無視されるだけだろうと語ったが[156]、これがおそらく中国の基本的な態度であったのではないかと思われる。中国が回答を引き延ばし最後まで諾否を明確にしなかったのは、対外世論への考慮から、自国が和平交渉不成立の責任を負いたくなかったからか、あるいは日本の態度軟化を待つためであったろう。したがって日本が細目条件を公式に通告したとしても、それが中国側の要望を相当含むものでない限り、中国が受諾の意思を表明したかどうかは疑問である。中国は必ずしも和平を急がず、遷延策をとった。日本はその態度に「誠意」が見られないとして、和平工作を打ち切ったのである。(157)

では日本側の態度はどうか。いわゆる参謀本部和平派が終始トラウトマン工作に積極的であったのは疑いない。しかしその和平派ですら、戦局好転後は和平条件加重に抵抗できなかった。和平交渉無用を唱える陸軍強硬派を交渉開始に同意させるため妥協を余儀なくされると、その妥協の埒外に出ようとはしなかった。換言すると和平派は、和平交渉開始を優先するあまり、しばしば安易に強硬派の主張に妥協し、その妥協の結果加重された和平条件のために、中国との講和の可能性を狭めてしまったのである。逆にいえば、それだけ強硬論が強かったことにもなろう。

一二月末以降、参謀本部和平派は条件緩和を非公式にドイツ側に伝え、政府にも条件緩和を訴えたが、政府ではそれに対する反発が強かった。(158)一月上旬、おそらく閣僚の一人と思われる人物は次のように論じている。

> 政府側としては独逸大使を通じての今回の交渉に対しても必ずしも中心《ママ》より賛成せるに非ず只軍部側の切なる希望もあり且今回提示せる要求は我最小限度の要求なりとの了解の下に賛成したるなり従てもし支那が此要求を全面的に承諾せざる場合には此交渉は当

然打ち切るべきものと了解し居れり。
然るに最近に至り軍部側にありては支那が此要求の一部修正を申し込み来る場合には更に多少の譲歩をなしても何とか此際講和を成立せしめんと希望せらる由を聞く、元来我より進んで講和条件を提示することさへ如何かと思はるゝに彼の一部拒絶に遭うて再び譲歩の色を見するが如きことありては益々彼の乗ずる所となるべきや明なり政府側としては軍部がかくの如き拙策を採りてまで講和を急がるゝ真意を了解するに苦しむ次第なり。

こうした主張に見られるように、政府はトラウトマン工作にあまり積極的ではなかった。例えば広田外相は、一一月上旬に「ドイツやイタリーが間に入つても、それはとても駄目である」と語っている。(159)この発言は、九国条約会議に期待していた蔣介石の拒否によってトラウトマン工作が一時停頓を余儀なくされていた時期のものであるから、少し割り引いて受け取る必要があるかもしれない。しかしもともとこの和平工作が参謀本部のイニシアチヴによって推進されていることを、(160)外相は軍の外交介入と見なして快くは思っていなかったとも考えられよう。軍への不信は広田外相に限られない。一二月下旬木戸文相は次のように語っていた。(161)

参謀本部が非常に急いで平和解決を促さうとしてゐるのを見ると、まことに危険で堪らない。……どういふ理由であ、急ぐのか、まことに心配に堪へない。……どうも参謀本部があれほどまでに熱心になつてゐることはすこぶるをかしい。ドイツにしてやられるのではないかと思つて、心配してゐる。

政府がトラウトマン工作に積極的でなかったのは、むろん軍への不信だけが原因ではない。やはりその最も大きな原因は、南京陥落前後に蔓延した戦勝ムードにあった。連絡会議で加重された和平条件でさえ、閣議は「勝者」が出すべきものとしては不適当であるとした。中国側の受諾の可能性よりは「勝者」の立場を保持することが重視されたのである。さらに強硬論者の間では、戦争に勝ったも同然である以上、降伏を要求する以外の和平交渉は無用であるとも主張された。(162) 一二月二四日閣議は蔣政権との和平不成立の場合を想定した「事変対処要綱（甲）」を決定した。一月の連絡会議で参謀本部の交渉継続論を斥け即時打ち切りを強調したのは政府側であった。

こうした政府の強硬姿勢の中で、特に問題となるのが近衛首相の態度である。彼にどれほど和平に対する熱意があったのかは明らかでない。ただ、彼にどれほどの熱意があったとしても、強硬論の圧力は強烈であったろう。南京陥落の前日既に彼は次のように語っていた。(163)

もうとても自分には堪へられない。南京が陥落して蔣介石の政権が倒れる。で、日本は蔣政権を否認した声明を出すが、その時が、ちやうど自分の退き時だと思ふから、その時に辞めたい。

近衛の辞意は撤回されたが、こうした言葉は、彼が蔣政権は崩壊すると速断し、和平実現の積極的意欲を欠いていたことを物語っている。その後和平をめぐって激しい論争が展開されたとき、近衛は表立った発言を控え冷やかに論争を傍観するだけであった。そして大勢が強硬論に固まったとき、彼はその大勢に乗り、参謀本部の交渉継続論を切り捨てたのである。自らの権力基盤を持たない近衛の政権維持にとって、大勢に乗ることが最も容易もしくは安易な方法であった。

トラウトマン工作は南京進撃という絶好の機会に恵まれた。もし日本が以前通告していた寛大な条件を変えずに機敏に対応していれば、和平実現の可能性は高かったかもしれない。しかし日本は対応に手間取り、その間状況は予想以上に進行してしまった。南京陥落などの状況変化により、和平条件が加重されただけでなく、和平交渉そのものの必要性が疑問視されるに至ったことは既に何度も指摘したとおりである。参謀本部和平派は南京が陥落しても事変が終了するとは見ず、事変の長期化によって対ソ戦備が弱体化することを憂慮した。しかし軍の多数派も政府も事変長期化の危険性を顧慮せず、蔣政権の崩壊を信じて疑わなかった。崩壊すべき蔣政権に対しては否認するか、たとえ否認はしなくても「勝者」の態度で臨んでも差し支えないはずであった。そして「勝者」の態度で臨もうとする限り、中国側が和平に応じる可能性は遠のくばかりだったのである。

第三章　「対手トセス」声明再考

第一節　長期戦の決意

帝国政府ハ南京攻略後尚ホ支那国民政府ノ反省ニ最後ノ機会ヲ与フルタメ今日ニ及ヘリ。然ルニ国民政府ハ帝国ノ真意ヲ解セス漫リニ抗戦ヲ策シ、内民人塗炭ノ苦ミヲ察セス、外東亜全局ノ和平ヲ顧ミル所ナシ。仍テ帝国政府ハ爾後国民政府ヲ対手トセス、帝国ト真ニ提携スルニ足ル新興支那政権ノ成立発展ヲ期待シ、是ト両国国交ヲ調整シテ更生新支那ノ建設ニ協力セントス。元ヨリ帝国カ支那ノ領土及主権竝ニ在支列国ノ権益ヲ尊重スルノ方針ニハ毫モカハル所ナシ。今ヤ東亜和平ニ対スル帝国ノ責任愈々重シ。政府ハ国民カ此ノ重大ナル任務遂行ノタメ一層ノ発奮ヲ冀望シテ止マス。(1)

一九三八年一月一六日のこの政府声明は、その後の平沼内閣による「複雑怪奇」声明と並んで、一九三〇年代における日本外交の拙劣さを象徴する例として悪名が高い。たしかにこの「対手トセス」声明はトラウトマン工作を打ち切り、中国国民政府の否認を示唆してその後の和平工作の展開にも多大の支障を与えた。南京陥落に伴う戦勝ムードの横溢の中で出されたこの声明は、事態の楽観と速断に基づいた「啖呵をきる快感」以外の何物でもなかったとも評されている。(2)

「対手トセス」声明に対するこうした評価には誰しも反論の余地がないであろう。ただ、この声明の発表に関しては、まだ解明されていない部分が残されている。例えば、もしトラウトマン工作を打ち切ることだけが目的であったのならば、なぜ政府声明を発表する必要があったのか。打ち切りを仲介者のドイツを経て中国に通告するだけでよかったではないか。たとえ政府声明を発表しなければならなかったとしても、「対手トセス」などとは言う必要がなかったのではないか。他方、否認が目的であったのならば、なぜ否認と明確には言わなかったのか。二日後の一八日に政府は「対手トセス」の意味を説明する「補足的声明」なるものを発表しているが、どうしてそんな「補足」が必要であったのか。

本章では、このような「対手トセス」声明にまつわる疑問点を解明し、それを通して当時の政策決定の実態や、事変処理構想の輪郭を明らかにする。

既に述べたように、支那事変は明確な開戦決意もなされないままに拡大の一途をたどった。日本はその出兵目的を「暴支膺懲」と述べ、中国に「反省」を求めた上での日中提携が究極の目標であると主張した。しかし戦火が華北から上海に飛火して全面戦争の様相が濃厚となり、しかも中国側の頑強な抗戦によって日本軍の犠牲も大きくなると、あらためて事変の目的を明確化する必要に迫られてくる。こうした戦争目的の明確化は、日本の「真意」を中国側に理解させ和平の方向に誘導するため、事変遂行に対する国民の支持・

協力を強化するため、あるいは犠牲が大きくなるにつれ講和条件への期待や要求が肥大化するのを予防するために必要と見なされた。

特にここで問題となるのは、宣戦布告がなされなかったことである。宣戦布告の可否は上海出兵前後から真剣に検討されるようになり、殊に海軍の作戦当局が中国の沿岸封鎖を効果的にするため宣戦布告を望んだが、外務省や陸軍、そして海軍省は、そうした利点よりも、宣戦布告によってアメリカの中立法の発動など対外通商上の不利が生じたり講和も困難になる点を強調した(3)。中国も宣戦を布告しなかった。こうして結局宣戦布告は当面見合わされることになったが、宣戦布告に代わって日本の立場を表明し、その戦争目的を明確化しなければならぬ事情は従来と変わりなく、むしろ戦局の進展とともに徐々に強まっていったとさえいえよう。

陸軍省軍務課国内班長の佐藤賢了中佐によれば、既に上海出兵に際しての八月一五日の政府声明が宣戦布告に代わるべきものであったという(4)。九月四日開会した第七二臨時議会の開院式での勅語が、宣戦布告としての性格を持っていたともいわれる(5)。一〇月に入って、陸軍では「事変一段落後ノ声明案」が研究され(6)、同月二八日に陸軍省「上海附近の作戦一段落に当り政府の行ふ声明案」として纏められた(7)。これは一〇月攻勢に関連して作成されたものと思われ、次のように日本の戦争目的をあらためて述べようとしていた。

帝国の庶幾するは、支那の更生に依り、共産赤化を防止し、日満支提携して、文化経済を向上し、真に、共存共栄の実を挙げ以て東亜の安定を確立するに在り。

南京政府にして帝国の真意を諒解し、反省翻意、日支提携の誠意を示し帝国之を確認するを得ば、直に軍事行動を停止し、欣然日支の友交を修むるに吝ならず。幾多忠良なる国民の犠牲あるに拘らず敢て領土的侵略を企図するものに非らず。


ここには和平への誘導の意図がかなり明確に表れていたが、結局は海軍側の時期尚早という反対があって、発表は見送られた(8)。

また、参謀本部第二課戦争指導班長・高島辰彦中佐によると、一一月一八日、「戦争目的を国民に徹底せしむる方策に関し課内研究」を行い、二〇日には高島が「政府声明案」を起稿したが、二二日に陸軍省と折衝すると意見の食い違いが生じ、二四日の政府との懇談で一時棚上げが合意されたという(9)。この政府声明案の具体的内容がいかなるものであったかは明らかでない。ただ、戦争目的明確化のために政府声明を発表するという構想が、依然として存在していたことはたしかであろう。

こうした様々な政府声明構想の中で、後の「対手トセス」声明に直接結びついたのは、和平が成立しない場合に長期戦の決意を表明するという構想であったと思われる。既に述べたように(第二章第三節)、一〇月一日首・陸・海・外四相間に「支那事変対処要綱」が決定されたとき、この要綱は南京政府が和平に応じる場合に適用されるもので、そうでない場合については「別個ノ処理案」を策定する、との了解が成立した。この四相了解に基づいて「別個ノ処理案」として作成されたのが「事変対処要綱（二）」であった。そしてこれまた既に紹介したように一一月二四日付の陸軍省軍務課案は、国民政府が少しも「反省」の色を示さないで長期抵抗の姿勢を崩さず、しかも日本としては占領地区の拡大に対処する必要も出てきたので、「今後ハ南京政府トノ交渉開始ヲ必スシモ期待セス之ト別個ニ帝国独自ノ立場ニ於テ時局ノ収拾ヲ計リ……南京政府ノ長期抵抗ニ対応スル措置ヲ講スルコトトス」との方針を掲げたが、さらに「本方針ハ適当ノ機会ニ之ヲ中外ニ闡明ス」とも述べたのである。つまり、和平不成立の場合に独自解決の方針と長期戦の決意とを内外に表明するという構想は、既にこの時点で考慮されていたといえよう。

「事変対処要綱（二）」は、この一カ月後、一二月二四日に「事変対処要綱（甲）」として閣議決定された。その間、権益の獲得ないし拡張に関する方策が詳細となり具体性を帯びていく以外、基本的な主旨に大きな修正は施されていない。「事変対処要綱（甲）」も原案の「事変対処要綱（二）」と同じく、和平不成立の場合の独自解決と長期戦決意を前文で謳い、これまた同様に、「右趣旨ハ適当ノ機会ニ之ヲ中外ニ闡明ス」と述べた。要するに、国民政府との和平が成立しない場合は独自解決を目指す長期戦態勢に移行し、その方針を内外に表明するという構想は、和平工作の進展とほとんど関連なく一一月下旬に事務当局段階で既に固まっており、トラウトマン工作をめぐる激しい論争にもかかわらずそのまま生き続けたのである。したがってトラウトマン工作を打ち切って長期戦態勢に移行するとき、それに応じて政府声明を発表するというのは、手続的にはかなり早くから予定されていたシナリオでもあった。一月一六日、高島中佐は「蔣介石対手にせず（持久戦争転移）の声明出づ」と日記に記したが[10]、たしかにこの声明は「持久戦争転移」への決意を表明するはずのものであった。

第二節　世論対策

「対手トセス」声明は、国内世論対策との関連で理解することもできる。そもそも木戸幸一によれば、トラウトマン工作に関し政府が中国側の回答期限を最終的に一月一五日と区切ったのは、同月二二日に再開される議会対策のためであり、広田外相は「議会では必らず論議に上るこの和平問題を議会対策としてその再開前に早く結論を出して置こうと考えたのではなかろうか」という[11]。事実、トラウトマンが日中和平のために行動していることは、一二月初めあたりから、和平交渉の実現可能性を否定する観測をまじえながら報道され、噂としては根強く残っていた。南京攻略以後になると、政府ないし連絡会議が事変に対する基本政策を審議中であり、いずれその結果が発表されるであろうという記事も連日のように新聞に掲載された。政府が和平に関して何かを試みつつあるか、あるいは南京陥落・国民政府の「地方政権化」という新事態により重大な決断を下しつつあることは、誰の目にも明白であった。外務省では、来るべき議会で「帝国政府ハ独逸ヲ通シ南京政府ト媾和ヲナス意向アル趣ノ処真相如何」という質問が出ることを予想していた(12)。

政府は中国側の回答に「誠意」なしとして和平工作を打ち切ったが、和平工作を試みたこと自体に対して議会内の強硬派から批判・非難を向けられるおそれがあった。政府声明の発表には、そうした批判や非難の矛先をかわす、あるいは少なくともそれを鈍らせるというねらいが込められていたのではないかと思われる。

さらに、こうした事情に加えて、中国側が和平工作の事実を暴露しこれを対外宣伝に利用して日本国内の動揺や分裂を策するのではないかとの警戒もあった。前章で紹介したように、一二月中旬、和平条件審議の閣議で木戸文相は、あまり詳細な和平条件を出すと中国側がそれを公表して日本の国内混乱を企てるおそれがあることを指摘していた。近衛首相も、「支那が右の交渉を拒絶し而して其条件を議会開催中に逆宣伝に使用し、我国の攪乱を計る虞あり」と憂慮していたという(13)。

木戸は一月五日、極秘のトラウトマン工作が外部に漏れつつあるため、その対策について近衛首相および風見書記官長と協議した(14)。翌六日には、「支那側ニ於テモ和平ノ空気相当ニ動キアリトノ件ヲ適当ノ方法ニテ発表シ流言蜚語ヲ防ク」との四相会議の申し合わせがなされた。[15]

こうしてトラウトマン工作打ち切りを決断したとき、政府は中国側による対日攪乱工作の先手を打ち、国内の混乱を予防するためにも何らかの声明を必要としたのである。

第三節　国民政府否認

「対手トセス」声明発表を促した重大な理由として、長期戦（持久戦）決意の表明、世論対策以外に、当然ながら国民政府否認の主張を見落とすわけにはいかない。和平不成立の場合の独自解決構想自体、しばしば国民政府否認論と結びついていたことは、既に前章で指摘したとおりである。

中国が「反省」せず長期抵抗を続ければ日本は国民政府とは別個の新政権樹立・育成に進むかもしれないとの示唆は、「対手トセス」声明以前にも政府首脳の談話の形で表明されていた。例えば一一月二六日、近衛首相は関西へ向かう汽車の中で次のように語った。[16]

国民政府が抗日政策の大転換を行ひ我が国と提携して行くといふ趣意の下に交渉を進めて来るならば相手が蔣介石だからいかぬ、国民党だからいかぬといふのは筋が立たぬ、政策を転換し反省の実を示し和平交渉の手を差延べて来れば之に応ずるといふ建前である、然し若しも斯る反省の実を示さず何処までも長期抵抗を続けるならばこちらとしても一層長期に亘る覚悟を以て彼に徹底的打撃を与へる考へである、この長期抵抗の続く間には自ら北支を始め各地に独立政権の出来ると云ふことが今日の情勢から見て起り得る、其場合若しもその独立政権が日支の国交調整の上から見て役立つものならばこれと提携することは十分考へられるしその政権を強化するに協力することも考へられる、これが丁度スペインのフランコ政権のやうに支那の半を占めるやうな状態になれば支那における中央政府として考へてもいゝだらう

一二月一四日、南京陥落に際しては次のような首相談話が発表されている。(17)

国民政府は外交的にも、実力行動に於ても、排日の極限を尽した、しかも其結果に対しては責任をとらず、首都を棄て政府を分散し、今や一箇の地方軍閥に転落しつゝあるの今日、猶毫末も反省の色なきこと明白なるに到りてはわれわれも改めて考へ直す外はない、……北京、天津、南京、上海の四大都市を放棄した国民政府なるものは実体なき影に等しい、然らば国民政府崩壊の後をうけて方向の正しい新政権の発生する場合は、日本はこれと共に共存共栄具体的方策を講ずる外なくなるであらう

さらに一月一日、年頭の首相談は以下のように述べた。(18)

南京陥落後の国民政府は長江の奥地に分散逃避し甘んじて共産党の傀儡となり、今や一箇の破壊的集団と化したる観がある。最後まで、彼等の反省を期待した日本としては残念でもあるが、いつまでも支那人民の幸福を彼等の偏見の犠牲に放任して行くわけには行かない。一時は厄介でも彼等のいはゆる長期抗日の根源を封殺し、彼等の民衆に対する重圧を排除すれば、そこに本来の支那が躍動して成長するであらう。斯かる雰囲気の下に東亜の大局を捉えて生れる政権に対しては、日本は十分の同情と支持を吝まぬであらう。

こうした首相談は、必ずしも国民政府否認を意図したわけではなく、むしろ中国を和平に誘導するために心理的圧力を加えることをねらったものであったと思われる。しかし南京陥落以後、国民政府否認のニュアンスが強まったことは否めない。

国民政府否認を特に強く主張したのは、既に指摘したように、中国の占領地域に出現した現地政権、その樹立工作を推進した出先軍、そしてそれを中央で支持した陸軍省軍務課と参謀本部支那課である。一一月中旬支那課は、華北新政権を中央政権とすべきであると主張し、これを地方政権とした場合はかえって中国分割の疑念を抱かせ人材も集まらないが、日本が「抗日容共ノ現南京政府否認」を明確にすれば中国人はむしろ「之ヲ以テ大義名分ヲ正シ政策ヲ以テ対立スルモ領土ヲ分割シテ抗争スルモノニ非ス」と納得するであろうと論じた(19)。

翌年一月の御前会議開催も、現地政権と出先軍から新政権支持明確化を要求する突き上げがあったからだとの観測がなされた(20)。前述したように御前会議の開催は、実際には、むしろ否認論に対抗した参謀本部和平派の強引ともいえる要請によるものであったが、出先からの新政権支持明確化の要求はこうした観測を生むほど強かったのであろう。同じ頃、畑俊六教育総監は杉山陸相から、「出先は臨時政府も成立したることとなれば正義の上より飽迄之を擁護し、出来れば之を支那中央政権とし蔣介石の如きは之を相手にすべからずという強硬論も深く、之を首相に進言するものもあり」と聞いた(21)。華北に出張して来た梅津陸軍次官と柴山軍務課長に対して、北支那方面軍は「南京政権を速やかに否認すべし」との意見を主張した(22)。中支那方面軍司令官の松井石根大将からも「帝国ハ速ニ蔣政権ノ支那中央政権タルコトヲ否認スヘシ」とする次のような意見具申があった(23)。

今ヤ帝国ノ取ルヘキ態度ハ彼ノ長期抗戦ニ対シテ我モ亦持久ノ方策ヲ講シ徐ロニ支那民衆ノ自省ヲ促シ蔣政権ノ崩壊ヲ図ルノ外ナシ

之カ為ニハ所要ノ作戦地域ヲ占拠シ之ニ依リテ欲スル資源ヲ利用シ市場ヲ開拓シ内国

民ノ負担ヲ軽減スルヲ要ス

右目的ノ達成ヲ容易ニスル為親日防共ヲ標榜実践スル政権ノ樹立ヲ急務トス而シテ斯クノ如キ政権ノ樹立ハ帝国カ毅然トシテ蔣政権ヲ打倒シ新政権擁護ノ旗幟ヲ闡明セサル限リ不可能ナリ蓋シ帝国カ一面蔣政権ヲ対手トシテ和ヲ講セントシアル状態ニ於テ生命ヲ賭シ反蔣政権樹立ニ真剣ナル努力ヲ払フ支那人ハ皆無ナラストスルモ稀有ナレハナリ

一月七日上海では、必ずしも強硬派には属さない川越大使ですら、華中の新政権樹立に期待を表明し、「新政権が出現するには日本政府が南京政府を公式に否認することが必要だ、……再び国民党政権の復活はあり得ないことを十分認識させてやらねばならない」と語ったと報じられた。(24) このように、華北であろうと華中であろうと新政権支持を明確にするために蔣政権を否認し新政権擁護の趣旨を表明すべきだとの強い要請があり、これが「対手トセス」声明発表を促す大きな要因として作用したことは明らかであろう。

第四節　否認をめぐる論争

「対手トセス」声明の発表にはいくつかの理由があった。そうした理由の中で最も強力なのが国民政府否認の主張であったことは疑うべくもない。しかしながら、この声明発表までに政府は否認を明確に決定していたわけではなかったのである。

たしかに政府内外ではかなり前から否認論が強力に唱えられていた。陸軍省では南京陥落以前から国民政府を否認する声明が準備されていたといわれる。(25) 軍務課の佐藤中佐によると、新政権支持と国民政府否認を表明すべき「対手トセス」声明の原案は陸海外三省主任者間で約一カ月研究されたというから、(26) これが事実とすれば、やはり南京陥落前後に否認声明案が審議されていたことになる。また前述したように南京陥落の前日近衛首相は、「南京が陥落して蔣介石の政府が倒れる。で、日本は蔣政権を否認した声明を出す」と語った。同じ頃、上京中の岡部北支那方面軍参謀長に対して、梅津陸軍次官は南京陥落に伴う政府声明案に言及している。(27) こうした声明案が、はたして実際に「対手トセス」声明の原案であったのか、それとも一二月一四日に発表された首相談の案のことなのかは判然としない。もし後者であるならば、前節に紹介したようにこの南京陥落に際しての首相談は、あくまで和平に応じない場合のブラッフをかけたものであって、国民政府否認を既定の方針として明確に表明したものではなかった。

実は国民政府否認の問題は和平論争と複雑に絡み合って、まだ決着がついていなかったのである。国民政府否認論と和平論は当時、三つの論争点をめぐって対立していたと考えられる。一つは国民政府の「反省」があり得るかどうかの論争であり、前章で説明したように、否認論はこの「反省」の可能性を否定するものであった。第二は、トラウトマン工作の和平条件に関する論争であり、いわば中国側に求むべき「反省」の内容をめぐる対立であった。否認論の立場に立つ強硬派は「反省」の中味についてもきびしい要求を主張し、和平派もときおりこれに妥協を余儀なくされた。最後に、当面は中国の「反省」がない場合、どのように新しい事態に対処するかについての論争もあった。否認論が和平不成立の場合は当然ながら国民政府否認、新中央政権擁護に進むことを主張したのに対し、これに反対する人々の構想では、和平が成立しなくても単に長期持久戦に移行するだけであった。

和平不成立の場合に国民政府を否認すべきかどうかに関する陸軍の論争は、一二月初旬、「事変対処要綱案」の作成をめぐって展開された（前章第三節参照）。和平派は国民政府否認への言及を努めて避けようとしたが、当面の和平交渉開始に強硬派の同意を取り付けることに努力を集中したためか、その和平が成立しない場合の方針については強硬派の主張に結局は妥協してしまった。参謀本部第二課の「事変長期ニ亘ル場合ノ対処要綱案」が大本営陸軍部案では「事変対処要綱案（従来の中央政府否認後）」と標題を変え、しかも和平不成立の場合は「従来の支那中央政権を否認し北支に親日満防共の政権を樹立し之を更生新支那の中心勢力たらしむる如く指導」するとの方針が謳われたのである。

この頃陸軍には御前会議開催の構想があった。この構想でも、和平解決を優先しながら、それが不可能な場合には国民政府否認へ進むことを「事変対処要綱案」とほぼ同じ文言を用いて謳っていた。(28) しかし、この時点で御前会議は実現しなかった。しかも一二月一五日に最終的な大本営陸軍部案となった「事変対処要綱案」は、翌日の連絡会議に掛けられると強い反対を受けたのである。連絡会議では広田外相が「中央政府否認」に反対を表明し、米内海相も「コノ案ノ何処カラ出タカ」と問い質して批判を加えた。(29)結局、この否認問題は実質的に棚上げとなり、論争には明快な決着がつかなかった。和平不成立の場合の事変処理方針として一〇月以来審議が重ねられ一二月二四日に閣議決定となった「事変対処要綱(甲)」も、国民政府否認は明示せず、華北新政権を「拡大強化シ更生新支那ノ中心勢力タラシムル如ク指導ス」と述べただけであった。(30)一月一一日御前会議で決定された「支那事変処理根本方針」は、和平不成立の場合について次のように規定した。

支那現中央政府カ和ヲ求メ来ラサル場合ニ於テハ、帝国ハ爾後之ヲ相手トスル事変解決ニ期待ヲ掛ケス、新興支那政権ノ成立ヲ助長シ、コレト両国国交ノ調整ヲ協定シ、更生新支那ノ建設ニ協力ス、支那現中央政府ニ対シテハ、帝国ハ之カ潰滅ヲ図リ、又ハ新興中央政権ノ傘下ニ収容セラルル如ク施策ス

ここでも否認は明示されてはいない。戦争指導班の堀場少佐によれば、御前会議に至る連絡会議の審議の過程で、「……如ク施策ス」という曖昧な表現を用いて国民政府否認の

決定的表示を避けることに「相当の苦心を要した」という。[31] また、「帝国ハ爾後之ヲ相手トスル事変解決ニ期待ヲ掛ケス」という文言が一月一六日声明の「対手トセス」につながったことは一目瞭然であろう。

御前会議の時点でも、和平不成立の場合の国民政府否認が明確に決定されていたわけではなかった。では、「対手トセス」声明の案文はどのような過程を経て作成され審議されたのであろうか。これが実は判然としないのである。[32]

一説によると、政府声明案を作成する段階で、国民政府を否認するとか交渉を打ち切るとかの表現では部内を纏めかねるという要求が陸軍側から持ち出され、その結果「対手トセス」という硬軟いずれにもとれる曖昧な字句に落ちついたのであり、しかも「対手」という字句は或る外務省員が故意にひねって案出したものであるという。[33]「対手」なる字句が外務省員の独創であったかどうかはともかく、あえてそうした曖昧な表現を用いて否認を明言せず今後の和平への可能性を残そうとしたという説には、他にもいくつかの証言がある。

例えば佐藤賢了が半年後に語ったところによると、陸軍側の原案では「爾後中央政府と認めず」であったのに、外務省側は「首都南京より分散せる国民政府は、中央政府たるの実を喪失せるを以て爾後事変解決の相手とせず」との対案を出し、結局陸軍案は変更を余儀なくされたという。[34] また当時外務次官の堀内謙介によれば、「関係各省の係官の会議で外務省側が『交渉打切』と云ふ余りに抜差ならぬ辞句を使用することに反対し、種々研究の末多少悠りのある『相手とせず』といふ俗語を用ひ、之を政府が採用した」のであり、こうした経緯は「国民政府との和平交渉の余地を残し度いと云ふ当時の外務省の気持を物語るもの」であるとされている。(35)

さらに「対手トセス」声明の作成・審議については以下のような回想が残されている。近衛の手記によると、この声明は「外務省の起案により広田外相から閣議に諮られたもので、これに後の北支臨時政府の王克敏の要望に基き軍部が正面から乗つて帝国声明としたものである」という。(36)内閣書記官長の風見も、原案は外務省で作り、それに彼を中心とした陸海外三省事務当局者が二、三の字句の修正を施しただけであると述べている。(37)他方、佐藤賢了は陸軍が原案を作りそれを外務省が修正したと語っており、法制局長官の船田中によれば、立案者は風見で、閣議での推進役も書記官長であったとされている。(38)さらに外務省情報部の嘱託をしていた中山優は、声明の原案(「半枚足らずの簡単な覚え書程度のもの」)について辞句の修正を依頼されたが、「それはどう考えても閣内限りの申し合せで、総理大臣が、正式に外に向つて発表するという文体のものではなかつた」という。(39)これらの回想には相互に矛盾したところがあるが、どこで原案が作られたかはともかく、実質的審議と修正が風見を中心とした三省事務当局者間でなされたことはほぼ間違いないだろう。(40)

閣議が「対手トセス」声明案を審議したのは一月一四日である(一部修正を経た後、翌一五日に最終決定となった(41)。この時点でも、声明は国民政府否認を意味するとの明確な合意があったとは思われない(42)。一四日の閣議後に作成されたと思われる外務省東亜局の文書では、「南京政府ヲ相手トセストノ今回ノ声明ハ一方ニ於テ新政権ノ樹立及之カ承認ニ進ムコトヲ予告スルト共ニ他方南京政府ノ存在ヲ意識シツツ而モ之ヲ無視スルノ態度ヲ示シタルモノ」であると説明している(43)。一五日には、前日の閣議の模様が外部に漏れ、声明案の内容が一部の新聞に報じられたが、そこでも否認が取り立てて強調されたわけではない(44)。一六日に声明が発表されたとき、一部ではこれが否認声明ではなく国民政府黙殺声明と捉えられた(45)。

一七日外務省が(46)「対手トセス」に関する議会の予想質問に対して用意した答弁は以下のように述べている。

問　政府ハ何故此ノ際国民政府ニ宣戦ヲ布告シ若クハ同政府ヲ否認スルノ措置ニ出テサルヤ

答　此ノ際国民政府ニ宣戦スルコトハ却テ或ル意味ヨリ言ヘハ之ヲ対等ノ対手トシテ認ムルコトトナルノミナラス諸般ノ関係ヨリ云フモ適当ナラスト認メ居ルカ故ナリ又此ノ際国民政府ヲ否認スルト云フコトハ法理上ノ観点ヨリ妥当ヲ欠クモノト認メラレ帝国政府ニ於テ将来新政権ヲ承認スル暁ニ於テハ当然国民政府ノ否認ノ結果ヲ招

来スルコトトナル次第ナリ

一方、一六日の声明発表後、近衛首相は小川平吉と次のような会話をかわしていた。(47)

予〔小川〕は今回強硬決意発表を見たる後に至り彼南方〔国民政府〕は又開和を申出るやも計り難しとの意見なりしが、公〔近衛〕も亦蔣が退いて和議の申出あるやも計り難しとの意見にて、其の場合の談あり。尚曰く、已に彼等を対手とせずと宣言して又彼を対手とすること如何と。予はそんな事は何でもなき事なりと述ぶ。公曰く、其時の時勢に関すべしと。予曰く、然りと。

こうしてみると近衛にとっても声明の意味は、少なくとも当初、国民政府の絶対的否認ではなく、むしろ「黙殺」に近かったようである。

第五節 「黙殺」から「否認」へ

トラウトマン工作を打ち切ったとき、日本は長期持久戦に移行しようとした。それは前年以来の協議を通して、和平不成立の場合の事変処理構想として予定されたコースであった。またそれと同時に、長期戦の決意と独自解決の方針を内外に表明するのも、あらかじめ設定されていた措置であった。政府がトラウトマン工作に脈なしと判断したとき、まさに広田外相が述べたように日本は「結局第二段の策、即ち長期抗戦に移して、どこまでも支那に対抗して行くといふ決心を固め」ようとしたのである。(48)

しかしながら、長期戦への移行が国民政府否認に直結するわけではなかった。「対手トセス」声明も本来は「否認」よりは「黙殺」に近く、将来における国民政府との和平交渉の可能性を残そうとする意図が働いていた。有望視されたトラウトマン工作の打ち切りは、きわめて大きな困難を予想させる長期持久戦への移行を意味したが、それはあくまで一和平工作の断念であって、国民政府との和平が今後一切禁じられるわけではなかった。

一方、強硬派の否認論者からすれば、声明の意味は単なる「黙殺」ではあり得なかった。彼らにとって、トラウトマン工作の打ち切りは単に一和平工作の断念ではなく、ここ当面国民政府との和平は期待できない、といった程度にとどまるものでもなかった。否認論者の判断からすれば、国民政府の「反省」はあり得ないのであり、それ故国民政府との和平もあり得ないのであった。したがって「対手トセス」とは国民政府の存在を無視するだけでなく、それを否認したものと見なされねばならなかったのである。

「曖昧さに妙味がある」(49)とされた政府声明に徐々に強硬な解釈が加えられていったのは、こうした否認論の圧力のためであり、また「更生新支那」の中心勢力たる華北新政権への期待のためであった。出先軍からは、外務省当局者が「今次政府ノ声明ハ北支臨時政府ヲ承認セシモノニアラス個人ノ意見ナルモ支那ノ領袖カ速ニ反日態度ヲ改メテ誠意ヲ表示シ日本ト交渉ヲ望ムナラハ尚日支和平談判ノ機会アリ」と語ったと現地では報じられているが、これが実際の外務省の見解であるならば「現地ニ於ケル諸般ノ工作ハ依然トシテ妨害セラレ急速ナル新事態ノ出現ハ不可能ナリ」との批判が寄せられた(50)。

かくして、政府は曖昧な「対手トセス」声明に強硬な意味を付与せざるを得なくなる。その端的な例が「対手トセス」声明の二日後、一八日の閣議後に発表された「補足的声明」と呼ばれるものであろう。これは政府声明と呼ぶに値するかどうか疑問であり、報道された「声明」の文言や字句は新聞によって異なっている(51)。おそらく閣議申し合わせのメモを基にして風見書記官長が談話形式で語ったものであり、したがって正式の「声明文」なるものは存在しないと思われるが、その主旨の共通した部分が次のようなところにあったことは間違いない(52)。

爾後国民政府ヲ対手トセスト云フノハ同政府ノ否認ヨリモ強イモノノテアル。……今回ハ国際法上新例ヲ開イテ国民政府ヲ否認スルト共ニ之ヲ抹殺セントスルノテアル。

「対手トセス」声明の文言が「支那事変処理根本方針」(特にその「帝国ハ爾後之ヲ相手ト

スル事変解決ニ期待ヲ掛ケス」という部分）に基づいていたのと同様に、この「補足的声明」も御前会議決定の「強い文句だけを抽出」したものであるといわれる。(53)「強い文句」とはおそらく、「支那現中央政府ニ対シテハ帝国ハ之カ潰滅ヲ図」るという部分を指しているのであろう。いずれにせよ、これによって「対手トセス」声明の意味が強化されたことは間違いない。こうして否認論者は、「対手トセス」声明に対し、いわば後から国民政府否認の意味を明示的に付与することに成功したのである。

近衛首相や広田外相の発言も強硬なニュアンスを帯びるようになった。風見書記官長が「補足的声明」なるものを語った直後、近衛首相は記者会見で次のように述べた。(54)

対手としないといふのは国交調整の交渉をなすべき対手にせずとの意味であつて、今後一切戦争の対手にもしないといふのではない、……然らば国民政府が完全に屈服して来た場合どうするかといふと、国民政府が今迄の看板を塗り変へ今迄の政策を捨て、新興政権の新民主義の政策綱領を承認してその傘下に入るとの形式をとる場合があり得る、之は新興政権と蔣政権との関係であつて日本は飽く迄も蔣政権壊滅を計るのだから日本との間に今後和協の話の起りやうは無い、たゞ新興政権との間に話が出来て親日政策の下に合流するといふことならこちらの関係したことではない

さらに再開された議会の衆議院本会議における質問に対して、近衛は二二日次のように答弁した。(55)

「国民政府を対手とせず」との意味は今後蔣介石を対手には一切国交調整の交渉はやらないといふ意味である、将来如何なることがあつても対手としないことを言明して置く、政府は蔣政権を対手としないのみならずこれを潰滅せしむべく軍事上その他あらゆる工作を現に進めてゐる、……先に内閣記者団との会見で蔣政権が新政権に合流した場合と申したのはこれは両政権が対等の立場に立つた場合を意味するものではなく蔣政権が新政権の傘下に裸となつて吸収された場合を意味したのである

また広田外相も二月一日、予算総会での質問に対して以下のように答えた。(56)

日本政府と致しましては支那の国民政府といふものを無視してゐる、若し存在を維持しようとしても日本は之を撲滅する考へでゐるのであります、従つて其政府は全然無くなつてしまふ

このように「対手トセス」に関する政府の解釈は次第にきびしいものとなっていった。

「対手トセス」は単なる「黙殺」の意味を離れて、実質的には否認ないしそれ以上の意味を帯び、国民政府の存在の「抹殺」「潰滅」「撲滅」をはかることが政府の正統的解釈となった。(57)もともと「対手トセス」声明の発表には世論ないし議会対策という側面があったから、議会などで強硬論・否認論が声高く唱えられると、政府声明の解釈が強くなったのは当然であったかもしれない。

ただし、「対手トセス」声明の世論対策的側面を別の角度から見れば、そうした強い解釈は、いわば「内向き」のものであったとも考えられる。「対手トセス」の国際法上の意味は依然として曖昧であったし、(58)「外向き」にはまだ柔軟な姿勢が示されることがあったからである。例えば二月中旬、堀内外務次官はクレーギー・イギリス大使に対して、日本は国民政府を相手にはしないがまだ正式に否認したわけではない、と語っていた。(59)しかしながら、たとえ「内向き」でも、「対手トセス」とは国民政府の否認や抹殺を意味するという強硬な解釈が、その後の事変処理や和平工作の進展にきわめて大きな制約を課したことには変わりがないであろう。

第四章　事変処理構想の変遷

第一節　臨時政府と維新政府

「対手トセス」声明発表により持久戦態勢に移行した日本の事変処理構想は、国民政府に代わり得る新政権成立を助長するとともに国民政府を壊滅させるか、あるいは国民政府を新政権の傘下に吸収する、ということであるはずであった。しかしそのための具体策となると、方針は必ずしも一定せず、しばしば動揺を重ねた。

二月四日、一月一五日以来初めての連絡会議が開かれたが、その際にも具体的方針は協議されなかったようである。参謀本部は統帥事項の機密漏洩を警戒し、作戦に関する協議を極力回避しようとしたが、末次内相から、陸軍は蔣政権壊滅のために何もしていないではないかといわんばかりの詰問があり、彼と多田参謀次長との間に激しい言い争いが繰り広げられた(1)。そして驚くべきことに、これ以後近衛内閣では連絡会議が一度も開かれなくなってしまうのである。それは政府と統帥部との間にしこりが残り、両者の見解の相違と意思疎通の欠如のため連絡会議が実質的協議体、政策決定機関としての意義を失ったからであった。

この最後の連絡会議で、末次が武力による蔣政権壊滅を主張したのに対し、多田は「軍備充実ガ不充分ノ結果」武力だけで壊滅させることは無理だと反論した。実際、当時参謀本部は事変の長期化や中ソ提携の進行のため、あらためて軍備充実の必要を痛感していたところであった。作戦当局は戦面不拡大を方針として戦力が増強される七月まで新作戦を実施しないこととし、本格的積極作戦の発動は翌年に予定していた。(2)北支那方面軍は華北と華中の戦線を連接し徐州付近に集結している中国軍を捕捉殲滅するための作戦実施を訴えたが、これを作戦当局はきびしく斥けた。軍中央としては、「敵ニ誘発誘致セラレ思ハサルニ戦面ヲ拡大シ兵力ヲ吸収セラルル事ノ国軍全般ノ……施策ニ妨害ヲ生スルノ点」を考慮しなければならないので、その危険性がある徐州作戦は「絶対ニ」認められないとしたのである。(3)この戦面不拡大方針は二月一六日、大本営御前会議で確定された。(4)ところが、執拗な現地軍の要請により、やがて戦面不拡大方針は撤回されてしまう。四月に入ると、大本営は徐州作戦を下令するに至るのである。(5)

方針が一定しなかったのは作戦構想だけではない。国民政府に代わるべき新中央政権についてもそうであった。

たしかに前年一二月一四日北京(6)に中華民国臨時政府が樹立されたとき、その政府首脳も、またこの政権樹立を推進した北支那方面軍も、臨時政府が国民政府に代わるべき中央政権であることは当然としていた。(7)この主張が強力な蔣政権否認論として作用したことは、既に指摘したとおりである。しかし日本政府および陸軍中央の臨時政府に対する態度はいささか曖昧であった。一二月二四日に閣議決定された「事変対処要綱(甲)」は、華北政権を「拡大強化シ更生新支那ノ中心勢力タラシムル如ク指導ス」と規定したが、一月一一日の御前会議決定は、「新興支那政権ノ成立ヲ助長シ、コレト両国国交ヲ協定シ、更生新支那ノ建設ニ協力ス」と述べただけで、臨時政府がその「新興支那政権」に該当するとは明示しなかった。一月一六日の「対手トセス」声明も御前会議決定の趣旨を繰り返したにすぎず、臨時政府首脳はこの声明が蔣政権否認を意味すると捉えて一般に歓迎の意を表したが、同政府要人の中には、声明は「新興支那政権」が臨時政府であることを明示していないではないか、と批判する者もあった。(8)

日本の臨時政府に対する態度が曖昧であったことには、複雑な事情が絡んでいた。まず、依然として蔣政権との直接交渉が事変解決の唯一の方法だと考える人々の間では、国民政府に代わる中央政権の早期樹立を当然望まなかったであろう。臨時政府はあくまで占領地行政のための便宜的手段であり、それ以上の存在になれば蔣政権との交渉がさらに難しくなると考えられたに違いない。それとは全く逆に、最も強硬に蔣政権否認を主張した関東軍も、中央政権の早期樹立を歓迎しなかった。内蒙工作を推進して蒙疆の自治を強調する関東軍は、いずれ華北に中央政権を育成することは妥当としたものの、過早に中央集権化をはかるのは「分治」を伝統とする中国の実状に合わないと論じたのである。(9)さらに、臨時政府が中央政権としての実力を備えることができるかどうかについての不安があった。王克敏をはじめとする同政府要人はほとんどが軍閥時代の政治家で、国民政府に代わり得る統治能力も支持基盤も弱体であった[10]。

　こうした複雑な事情をさらに込み入ったものにしたのが華中政権の樹立工作である[11]。既に「事変対処要綱（甲）」の審議段階で、上海方面に「北支政権ト連絡アル新政権」を樹立することが考慮されており、中支那方面軍の意見具申や川越大使の発言に見られるように（前章参照）、華中政権樹立の動きも「対手トセス」声明発表を促す重大な要因として作用した。こうした動きに対して華北政権および北支那方面軍側からは「各方面ニ樹立セラレタル政権カ互ニ中央争ヲ為ス如キ情勢ヲ馴致セサル様予メ十分ノ注意ヲ以テ望《ママ》ム必要アリ」との牽制が加えられ[12]、先の「対手トセス」声明に対する臨時政府要人の批判も、実は華中政権成立への動きに対する穏やかならぬ感情がその背後にあった。一月下旬陸海外三省の次官が会合したとき、三次官の間では、華北政権に対立するような政権を華中に設立することは好ましくないという点で意見の一致を見ていた[13]。

　一方現地では一月中旬、「華中共和政府」なる名称の政権を「将来北支政権と円満接洽し得る如く」樹立するとの方針が立てられた。それは一応地方政権であることを自認してはいたものの、華北政権とはあくまで対等であることを主張していた[14]。二月、華中政権工作に従事していた中支那方面軍の楠本大佐は北支那方面軍側への説明の中で、華中政権をいずれは華北政権に合流させることに異存はないが、最初から華北政権を中央政権、華中政権を地方政権とすると、華中政権に人材が集まらず政権樹立そのものが覚束なくなるであろうと述べた[15]。その後現地の工作は着々と進み[16]、新政権は「中華民国新政府」をその名称とし、地方政権というよりも中央政権としての体裁をとって発足を急ぎつつあった[17]。

こうした動きは当然、臨時政府と北支那方面軍、そして日本政府や軍中央を刺激した。臨時政府首脳は、このまま華中政権が樹立されるならば辞職するほかないと語り、北支那方面軍は華北政権崩壊の危機を中央に訴えた[18]。三月上旬陸軍中央は、華中政権の樹立そのものには同意を表したが、名称を「華中民国政府」と変えた上その政府組織大綱から中央政権的な表現を削除し、政府樹立宣言に「北支政権ト相提携シテ新支那建設ニ努力スル」との趣旨を盛り込むよう現地の中支那派遣軍（二月一四日戦闘序列下令、中支那方面軍の後身）に指示した[19]。現地軍が名称変更に承服せず三月一六日に新政権を発足させる予定だと回答すると[20]、陸軍中央はあらためて地方政権的な名称を採用するよう強調し[21]、さらに政権樹立延期を命じたのである[22]。他方、北支那方面軍に対しては、臨時政府側の不信を和らげ、「帝国政府ハ貴政府ガ更生新中華民国ノ中心勢力トシテ健全ナル発展ヲ遂ゲラルルコトヲ衷心ヨリ希望シ且之カ実現ニ協力スベキコト従来ト何等渝ル所ナシ」と王克敏に伝えるよう指示した[23]。

その後軍中央では華中政権を地方政権とすることが再確認され[24]、現地には、いずれ華北政権に合流することを宣言で明示するならば華中政権樹立差し支えなしとの指示が伝えられた[25]。三月二四日閣議でも、「中支新政権ハ一地方政権トシテ之ヲ成立セシメ中華民国臨時政府ヲ中央政府トシテ成ルヘク速カニ之ニ合併統一セシム」との合意が成立した[26]。これに基づき二八日に南京に中華民国維新政府が樹立され、ようやく華中政権問題は一応の決着を見たのである。

しかし華中政権問題の決着は新中央政権問題の解決を意味しなかった。二四日の閣議の合意にも、「臨時政府ヲ中央政府トストノ趣旨ハ支那ニ於ケル各地政権指導上ノ原則トシテ規定セルモノニシテ帝国カ之ヲ支那ノ中央政府トシテ承認スル問題ニ関シテハ別個ノ考慮ニ依リ決定スヘキモノトス」との了解が付いていた。海軍側は、この「別個ノ考慮」の中に「現両政権ノ外ニ更ニ堂々タル政権等出現シタル場合」も含まれるものと理解していた[27]。

新中央政権問題は、華中政権の成立によってむしろかえって複雑となった。臨時政府はそのままで中央政府とされるのではなく、いずれ維新政府と合併されねばならなかったが、両者の合併はそれほど容易ではなかったからである。臨時政府と維新政府との間には、両政府要人間の対立があった上に、それぞれを後押しする北支那方面軍と中支那派遣軍という現地軍相互の軋轢があり、さらに全体として華北を重視する陸軍と華中を重く見る海軍との思惑の相違もあった[28]。しかも現地政権はいずれも当初から弱体を予想され[29]、前述したように海軍では、既成政権とは別個の政権が中央政権として出現する可能性も考慮された。陸軍でも、「参謀本部あたりにては蔣政権が北支、中支政権の傘下に来るならば入れてもよかるべしとの議論濃厚」であり、[30] さらに新中央政権の首班に既成政権要人以外の人物をかつぎ出そうとの動きも出てくる。こうして新中央政権問題は和平問題とも絡み合っていよいよ複雑化するに至った。

第二節　五相会議の諸決定（一）

戦面不拡大方針を撤回し四月に始まった徐州作戦はそのねらいを達成できなかった。五月中旬徐州は陥落したが、敵野戦軍主力の捕捉殲滅には成功せず、蔣介石政権の軍事的壊滅を促すこともできなかった。

新中央政権樹立工作も見るべき進展がなかった。むしろこの工作の前途には、その中心人物から悲観的観測が示されたのである。木戸文相が近衛首相から聞いたところによると、[31] 五月初め来日した臨時政府の王克敏と近衛首相との会話は次のようなものであった。

〔王は〕蔣の位地は容易にくづれずと見る――然らば蔣に代る他の政権樹立の見込ありやと云ふに、到底無力にて問題とならずと見る――又新政権に蔣を吸収することは可能なりやと云ふに、不可能なりと見る――漢口を落せば蔣は参るかと云ふに――王はかくは見居らざるものの如く、漢口を攻めて見らるゝもよからんと云ふ。その裏には攻めたとて駄目なりとの意を含めたる言ひ方なりしと。即ち結局は、蔣と共に両国関係の調整を図らざるべからずとの結論となる。

外務省は王の来日に備えて、「帝国ノ国民政府ニ対スル態度ハ本年一月十六日帝国声明ノ通同政府ヲ対手トセス飽迄之カ潰滅ヲ計リ中途半端ナル媾和ヲナスカ如キ意図絶対ニナキコトヲ説示シ安心ヲ与フルコト」を、王に対する応酬方針の一つとしていたが、(32)これに対して王の発言は皮肉なものであった。

近衛首相はこの前後から「対手トセス」声明の失敗を認め、事変処理方針の修正をはかるため内閣改造を実現しようとしていた。(33)内閣改造は五月末から六月初めにかけて実行されたが、その中心は、外相に宇垣一成、蔵相に池田成彬、陸相に板垣征四郎を据えたことであった。そして改造後の近衛内閣は六月一〇日、五相会議の設置を決定する。この五相会議は、統帥事項を除く一切の最高国策を扱う政策決定機関となり、実質的には、休眠状態の大本営政府連絡会議に取って代わることになる。近衛は、統帥部の代表をまじえず、しかも自ら選んだ外相・蔵相・陸相をメンバーとする五相会議によって、事変処理政策の修正をはかろうとしたのであろう。(34)

五相会議の優先的議題とされたのは「蔣政権の始末」と「中央政府の設立要領」であり、いずれもその方針原案は陸軍側が作ることになった。(35)注目されるのは、「蔣政権の始末」

が第一の議題に掲げられたことである。徐州作戦の本来の目的達成に成功しなかった日本は、漢口作戦の実施を控えて、(36)事変の早期解決のために蔣政権にどう対処すべきか、あらためて検討を迫られていたといえよう。しかも既に指摘したように、この「蔣政権の始末」と「中央政府の設立要領」は複雑に絡み合っていたのである。

では五相会議がどのような方針を打ち出したか、「蔣政権の始末」から検討してみることにしよう。ここでの議論の焦点は、やや単純化すれば、「対手トセス」を撤回もしくは修正すべきか否かであった。この点に関し、五相会議は七月八日決定の「支那現中央政府屈伏ノ場合ノ対策(37)」の中で、「帝国ハ事変解決ニ関スル既定方針ヲ堅持シ支那現中央政府ヲ相手トシテ日支全面的関係ノ調整ヲ行フコトナシ」としながらも、「支那現中央政府ニシテ屈伏……シタルトキハ之ヲ友好一政権ト認メ既成新興支那中央政権ノ傘下ニ合流セシムルカ又ハ既存ノ親日諸政権ト協力シテ新ニ中央政権ヲ樹立セシム」と規定した。(38)

この決定で注目されるのは、蔣政権を「現中央政府」と呼んでいることである。つまり、国民政府は既に地方政権に転落したという半年前の速断は、もはや採用されていなかった。さらに、国民政府が「屈伏」すれば、これを「友好一政権」として新しい中央政権の構成分子と認めよう、との趣旨も重要であろう。

もちろん「対手トセス」が完全に撤回されたわけではない。この決定でも蔣政権とは全面的国交関係の調整を行わないことが強調されている。この意味で「対手トセス」はまだ生きていた。また、蔣政権「屈伏」の認定条件とされたのも、新中央政権への合流もしくは同政権樹立への参加、そのための国民政府の改称と改組、抗日容共政策の放棄と親日満防共政策の採用、蔣介石の下野、の四項目で依然としてきびしいものであった。「新興支那中央政権ノ傘下」に合流させるということ自体、既に一月一一日の御前会議決定の中に含まれていた規定であった。

しかし他方、「対手トセス」声明発表以降、国民政府に対してはその壊滅をはかる以外、どんなことがあっても「対手」にしないとのこれまでの強硬な姿勢は緩和された。国民政府が「屈伏」すれば、これを「友好一政権」として「対手」とする可能性が出てきたからである。この五相会議決定は「対手トセス」の修正とも見なされているが[39]、より正確にいうならば、「対手トセス」声明発表以前の本来の「対手トセス」の意味へ、あるいは一月一一日の御前会議決定の線へ回帰したものだと考えられよう[40]。いずれにせよ、国民政府をもはや正統政権とは認めないとしても、「対手」とする可能性が出てきたことは重要であった。この「支那現中央政府屈伏ノ場合ノ対策」決定の二週間前、六月二四日に五相会議は「今後ノ支那事変指導方針」を決定しており、「事変ノ直接解決ニ国力ヲ集中指向シ概ネ本年中ニ戦争目的ヲ達成スルコト」を前提として、「第三国ノ友好的橋渡シハ条件次第ニテ之ヲ受諾スルヲ妨ケス[41]」と規定したが、ここには第三国の斡旋による和平交渉の可能性さえ示唆されていた。

次に問題となるのは、国民政府の「屈伏」と「中央政府の設立要領」とをどう関連づけるかである。この点は、七月一五日の五相会議決定「支那新中央政府樹立指導方策」に以下のように定められた。(42) まず臨時・維新両政府が協力して「聯合委員会」を組織し、次いでこれに蒙疆聯合委員会を連合させ、さらに逐次諸勢力を吸収して新中央政府に「聚大成」させる。ただし、漢口が陥落して蔣政権が地方政権に転落するか、蔣介石が下野するか、あるいは国民政府の改組という事態が生じるまでは、新中央政府を樹立しない。そして国民政府が分裂もしくは改組し親日政権が出現した場合は、これを「中央政府組織ノ一分子」として中央政府樹立に進む。しかし漢口陥落後も国民政府に分裂や改組が見られない場合は、既成政権だけで中央政府を樹立する。

この方針で注目されるのは、「屈伏」した国民政府による新中央政権樹立への参加が優先ないし期待されていることである。既に述べたように、従来は臨時政府を中心とした既成現地政権で新中央政権を設立し、その傘下に国民政府を「収容」することが考えられていただけにすぎなかった。五相会議の正式決定に至る前の協議段階でも、当初は、「蔣政権屈伏セハ清浄改組ノ上一地方政権トシ新中央政府ノ傘下ニ合流セシム」とされていただけであった。(43) これに対して五相会議決定は、漢口陥落まで既成政権だけによる新中央政権樹立を避け、新中央政権成立後の合流よりもその政権樹立への参加を、「屈伏」した国民政府に期待したのである。こうした方針転換の一因となったのは、やはり現地政権の弱体ぶりであった。陸軍省新聞班長となった佐藤賢了によれば、「親日政権と蔣政権とは全く提灯と釣鐘の様な比較にもならぬもの」であった。(44)

さて、五相会議はもちろん国民政府の「屈伏」に期待していただけではない。七月八日には、「支那現中央政府屈伏ノ場合ノ対策」とともに「支那現中央政府ニシテ屈伏セサル場合ノ対策」(45)も決定されており、「屈伏若クハ潰滅」のために次のような措置が考えられていた。例えば、積極作戦を行い、連続する敗北感と要衝の喪失により蔣政権を自壊と継戦意思の放棄に誘導する。作戦の進展と並行して政治・経済・外交・思想など各分野にわたる謀略を強化し、親日反共勢力を助成するとともに、抗日勢力の内部切り崩し、和平ムードの醸成、財政経済基盤の破綻を策し、蔣政権の分裂・崩壊をはかる。親日諸政権を拡大強化し蔣政権に代わり得る中央政権としての実質を備えさせる。列国をその権益保持の必要上、日本を支持せざるを得ないようにし、蔣政権の孤立化をはかる。(46)

こうした措置のうち謀略に関しては、同じ七月八日に「時局ニ伴フ対支謀略」(47)が決定された。この決定では、国民政府の倒壊と蔣介石の失脚をはかるための具体策として、雑軍の懐柔帰服工作、対回教徒工作、法幣工作などの他に、「支那一流人物ヲ起用シテ支那現中央政府竝支那民衆ノ抗戦意識ヲ弱化セシムルト共ニ鞏固ナル新興政権成立ノ気運ヲ醸成ス」とか「反蔣系実力派ヲ利用操縦シテ敵中ニ反蔣反共、反戦政府ヲ樹立セシム」といった工作も掲げられた。これらの謀略工作の一部は既に陸軍で実行に着手されつつあったが、(48)

なかでも注目されるのは「支那一流人物」を起用して新興政権成立の気運を醸成するという工作である。こうした工作が考えられたのも既成政権が弱体であるためであったが、これにより、新中央政権設立については、既成政権と国民政府の合流を目指すもの、既成政権だけの連合によるもの、その首班に「支那一流人物」を起用するもの、という三つの構想が鼎立することになった(49)。

さらに五相会議は七月二六日、「重要ナル対支謀略竝ニ新支那中央政府樹立ニ関スル実行ノ機関」として五相会議直属の対支特別委員会の設置を決定し(50)、同委員会は陸軍代表の土肥原賢二、海軍代表の津田静枝、宇垣外相の推す坂西利八郎によって構成されることになった(51)。この直前に陸軍は、謀略実施のために土肥原を長とする中央直轄機関を現地に派遣することにしていたが(52)、このいわゆる土肥原機関が対支特別委員会の実施機関としての性格も持つようになる。そして各種の謀略工作はやがて各々自己運動を始めてしばしば相互にその効果を減殺し合うとともに、蔣政権の内部分裂をねらう謀略と、蔣政権内の和平勢力と接触して和平を実現しようとする動きとの間にも明確な一線が引かれることはなかったのである。

第三節　五相会議の諸決定（二）

以上のような諸決定の他に、五相会議は新中央政権との間に予定される全般的国交調整の内容も定めた。「支那新中央政府樹立指導方策」によれば、その基礎的事項は次のとおりである。

イ　北支資源ノ利用開発

ロ　北支及揚子江下流地域ニ於ケル日支強度結合地帯ノ設定

　蒙疆地方ノ対「ソ」特殊地位ノ設定

　南支沿岸諸島ニ於ケル特殊地位ノ設定

ハ　互恵ヲ基調トスル日満支一般提携就中善隣友好、防共共同防衛、経済提携原則ノ設定

さらに五相会議は、こうした国交調整の原則を実現するために「所要ノ期間」、「内面指導」の実施が必要であるとし、七月一九日に「支那新中央政府樹立指導方策」の別紙として「支那政権内面指導大綱」(53)を決定した。この「内面指導大綱」は、軍事、政治・外交、経済・交通・救済、文化・宗教・教育、の四分野にわたって様々な方針を掲げたが、その中には次のような注目すべき項目が含まれていた。

軍事
＊交通の要衝や主要資源の所在地など「必要ノ地点ニ所要ノ日本軍ヲ駐屯」させる
＊「防共軍事同盟」を締結して漸次中国軍を改編し、情勢が許せば国防上必要な最少限度に「裁兵」する

政治・外交
＊「北支、中支、蒙疆等各地域毎ニ其特殊性ニ即応スル地方政権ヲ組織シ広汎ナル自治権ヲ与ヘテ分治合作ヲ行ハシム」
＊諸政権の「枢要ノ位置ニハ所要ニ応シ少数ノ日本人顧問ヲ配置」する
＊日本の外交方針に「追随」させ防共協定を締結する

経済・交通・救済
＊「経済ハ日満支有無相通ノ原則ニ従テ開発シ三国経済圏ノ建設ニ邁進ス」
＊鉄道、水運、航空、通信は「実質的ニ帝国ノ勢力下ニ把握」し、特に交通に関しては「北支ニ於テハ国防上ノ要求ヲ第一義トシ中、南支ニ於テハ一般民衆ノ利害ヲ考慮スルモノトス」

文化・宗教・教育
＊「漢民族固有ノ文化就中日支共通ノ文化ヲ尊重シテ東洋精神文化ヲ復活シ抗日的言論ヲ徹底禁圧シ日支提携ヲ促進ス」

＊「共産党ハ絶対之ヲ排撃シ国民党ハ三民主義ヲ修正シテ漸次新政権ノ政策ニ順応スルモノタラシム」

こうした項目は将来設立される新中央政権に対して要求すべきものであり、新中央政権との間で行われる全般的国交調整の具体的内容でもあった。したがってもちろん国民政府に対する和平条件そのものではないが、間接的には、新中央政権に参加・合流すべき国民政府との和平条件にも通じる内容を帯びていたと考えることができる。そして仮にこれを和平条件と考えた場合、前年末に連絡会議で決定された条件に比べて相当きびしさを増したことは覆うべくもない。ところがこの決定も妥協の産物であり、当初はもっと強硬な要求が主張されていたのである。

例えば六月二日付の陸軍省案(54)には、軍事に関して「海軍及空軍ノ建設ニハ制限ヲ設ケ海空ノ国防ハ防空施設ノ外原則トシテ帝国ニ依存セシム」という項目があり、政治・外交については、地方政権を組織すべき地域として「北支、中支、蒙疆」の他に「南支、西北」も例示された。経済・交通・救済では、華北で国防上の要求を第一義とするのは交通だけに限定されず経済にも適用されることになっていた。また地方政権それぞれに政府銀行の存続もしくは新設が認められ、これらを統制する中央銀行を設立することが目標とはされているものの、ここにも経済面での分治合作的構想が示されていた。

この陸軍省案に対して海軍は、軍事に関して、海軍・空軍建設の制限を陸海空軍建設の制限に拡大し、政治・外交では、地方政権を組織すべき地域から「南支、西北」を削除するという修正を加えた(55)。その後六月二五日付の案文(56)や七月四日付の陸軍省部決定(57)には実質的な変更はほとんど見られない。したがって先に紹介した五相会議決定の内容に修正されたのは、七月四日以降陸軍省が関係各省との調整に入った後のことになる。最終的には、陸海空軍の建設制限が削除され、華北で国防上の要求を第一義とするのは交通にのみ適用される趣旨となり、各地方政権の政府銀行と中央銀行に関する項目も削除された(58)。

このように、「支那政権内面指導大綱」の対華要求は最終決定までにいくつかの点で緩和された。もちろん、こうした部分的な緩和よりも、「裁兵」、「分治合作」、日本軍の駐屯、日本人顧問などの要求が当初からほとんど変更を受けず最終決定に残った事実のほうを重視すべきであるのは論を俟たない。ただ、ここで注目しておく必要があるのは、強硬な対華要求を掲げた最終決定以上の強硬論が「内面指導要綱」の策定過程に登場していたことであろう。

さて、「内面指導大綱」についてもう一つ注目されるのは、国民党容認の姿勢である。五相会議決定以前の案文では、「共産党ハ絶対之ヲ排撃シ国民党ハ事変間其存在ヲ容認セスト雖モ事変解決後ニ於テハ当分実質的存在ヲ弾圧スルコトナク三民主義ヲ修正シテ漸次換骨奪胎シ新政権ノ政策ニ順応スルモノタラシム」となっていたが、最終決定では先に紹介した簡潔な文言となり、三民主義を修正すれば国民党を容認するとの趣旨を明確に示した。

もちろんこれには反対もあった。例えば北支那方面軍は、「目下ノ現実問題トシテ北支地方ハ国民党ノ虐政ニ苦シメラレタル記憶尚新ニシテ臨時政府ノ管轄地域内ニ於テ修正三民主義ニ基キ国民党復活ヲ容認スルカ如キハ全然考慮ノ余地」なし、と反論してきた(59)。これに対して中支那派遣軍は、「蔣政権切崩ノ為ニハ相当ノ効果アルヘシ」と中央の方針に同意を表し、ただこれまでの政府声明や現地政権の宣言などと矛盾を来すので、真に国民党の存在を認めるならば「先ツ以テ新政権ヲ指導シテ逐次其ノ主張ヲ緩和セシメ帝国政府モ亦機ヲ見テ何等カノ形式ヲ以テ国民党員ニ対シテハ必スシモ之ヲ排撃スルモノニアラサル意志ヲ明カナラシメルコト必要ナリ」と主張した(60)。

中支那派遣軍の主張にあるように、国民党容認の直接の目的が蔣政権の内部切り崩しにあったことは疑いない。それと同時に、これが国民政府を新中央政府に参加ないし合流させる方針と連動していたことも間違いないであろう。しかし、いかに国民政府を新中央政権参加に誘導しようとしても、それに対する具体的要求が「内面指導大綱」に示された内容のものであれば、国民政府参加実現の可能性が大きいはずはなかった。事実、「内面指導要綱」の対華要求は、国民政府との交渉の試みをしばしば制約することになるのである。

第四節　新中央政権樹立工作

五相会議決定に基づいて、まず具体化したのは聯合委員会の設立、すなわち臨時政府と維新政府との連合である。両政府の合流は既に維新政府成立時点からの課題であったから、この連合が具体的日程に上ったのは、むしろ遅きに失したといえるかもしれない。

聯合委員会設立の具体的プランとスケジュールが決まったのは、八月下旬北支那方面軍と中支那派遣軍の主任者が福岡で会合したときである。九月九日五相会議が決定した「聯合委員会樹立要綱」[61]も、この福岡での合意に基づいていた。[62]五相会議決定と同時に九日と一〇日の両日大連で臨時政府と維新政府の代表者による準備会議が開催され、同月二二日ようやく中華民国政府聯合委員会は北京で成立式を挙行した。

一方、対支特別委員会・土肥原機関による活動も始まっていた。[63]一〇月七日五相会議は「土肥原中将ニ与フル指示」[64]を決定し、新中央政権樹立準備工作と蔣政権切り崩し工作のうち「特ニ先ツ『蔣』政権切崩シ工作ニ重点ヲ指向スヘシ」[65]と命じたが、これは作戦実施が下令された漢口・広東作戦に呼応するためであったろうし、また新中央政権に起用すべき「支那一流人物」の一人、唐紹儀が九月に暗殺されて土肥原機関による新中央政権樹立工作が一頓挫をきたしたからでもあった。そしてその後、「支那一流人物」を引き出して

新中央政権の樹立を目指す工作は呉佩孚にその対象を絞ることになる。(66)

やがて一〇月二一日に広東が陥落、二六日には漢口が陥落した。七月の五相会議決定によれば、漢口が陥落して国民政府が地方政権に転落するか、あるいは「屈伏」するまでは新中央政権を樹立せず、漢口陥落後に国民政府の分裂や「屈伏」が見られない場合は既成政権だけで新中央政権の樹立に進むはずであった。したがって、漢口陥落により、新中央政権樹立に「屈伏」した国民政府（重慶政権）を参加させるべきかどうかの選択の時機が迫ってきたのである。この選択だけでも国民政府の動向をどう見るかというかなり複雑な判断を伴ったが、さらにこれにもう一つ厄介な選択が加わった。それは、たとえ国民政府抜きの新中央政権樹立に進むとしても、聯合委員会中心の既成政権だけによるものとするか、それとも土肥原機関の推す呉佩孚を新中央政権の首班に据えるのか、という選択であった。

後者の選択が厄介であったのは、その背後に現地軍と対支特別委員会との対立があったからである。(67)例えば新中央政権樹立工作に対する土肥原中将の権限に関し、現地軍側はそれを謀略の範囲に限定されるものと見なした。つまり土肥原の工作は実際の新中央政権樹立ではなく、その機運を促進し国民政府の「屈伏」もしくは崩壊を間接的に助長するだけに限られる、と解釈していたのである。また新中央政権の構成について当然現地軍は既成政権・聯合委員会を中心とするよう主張したのに対し、土肥原は、既成政権は民心の上に立っていないので呉佩孚のような有力な在野勢力を中心とすることが必要だと論じた。他方、呉の真意、力量については疑問もあった。(68) こうした食い違いについて協議するため陸軍中央は一一月中旬現地軍の主任者と土肥原を東京に招致し、協議が纏まるまで現地軍・土肥原機関いずれの新中央政権樹立工作も中止するよう指示した。(69)

この協議の結果、一一月二四日陸軍省が決定したのが「支那新中央政府樹立工作要領」(70) である。この決定ではまず、国民政府の処遇に関する選択が暫く見送られることになった。国民政府を崩壊もしくは「屈伏」に導く工作の成否の見通しをつけるには翌年一、二月あたりまでの時間が必要と判断されたからである。これに応じて新中央政権樹立工作もその時機まで見合わせることになった。ただ、その準備工作は国民政府の崩壊・「屈伏」を間接的に促すための工作（すなわち謀略）として土肥原機関が継続実施し、(71) 現地軍はこれに協力するものとされた。

当面見合わせるべき実際の新中央政権樹立工作を担当するのも現地軍ではなく、土肥原、つまり対支特別委員会であることがあらためて確認された。「土肥原中将ハ現任務〔謀略〕ノ外陸軍大臣ノ区処ヲ受ケ支那中央政府ノ樹立ニ任スルモノトス」と規定されたのである。また、新中央政権の構成では、既成政権・聯合委員会を中心とすることがほぼ否定された。「聯合委員会ハ其結成自体カ新中央政府ノ樹立ヲ容易ナラシメタルモノニシテ現情勢ニ於テ直ニ聯合委員会ヲ以テ新中央政府ノ中心的構成要素タラシメ或ハ聯合委員会ニ於テ専ラ新中央政府樹立ヲ籌画セシメントスルモノニアラス」とされたのである。他方、「今ヨリ直ニ新中央政府首脳者ヲ決定スルハ之ヲ避クルヲ要ス」とされ、呉佩孚が新中央政権の首班に予定されたわけでもなかった。

新中央政権の構成については左図の甲型・乙型のうち甲型が採用された。甲型採用の意味は、国民政府（改組重慶政府）参加の可能性をまだ期待していたことにあった。陸軍としては、その可能性がある限り甲型実現に努力し、その見込みがなくなったときに乙型に移行すると決定したのである[73]。

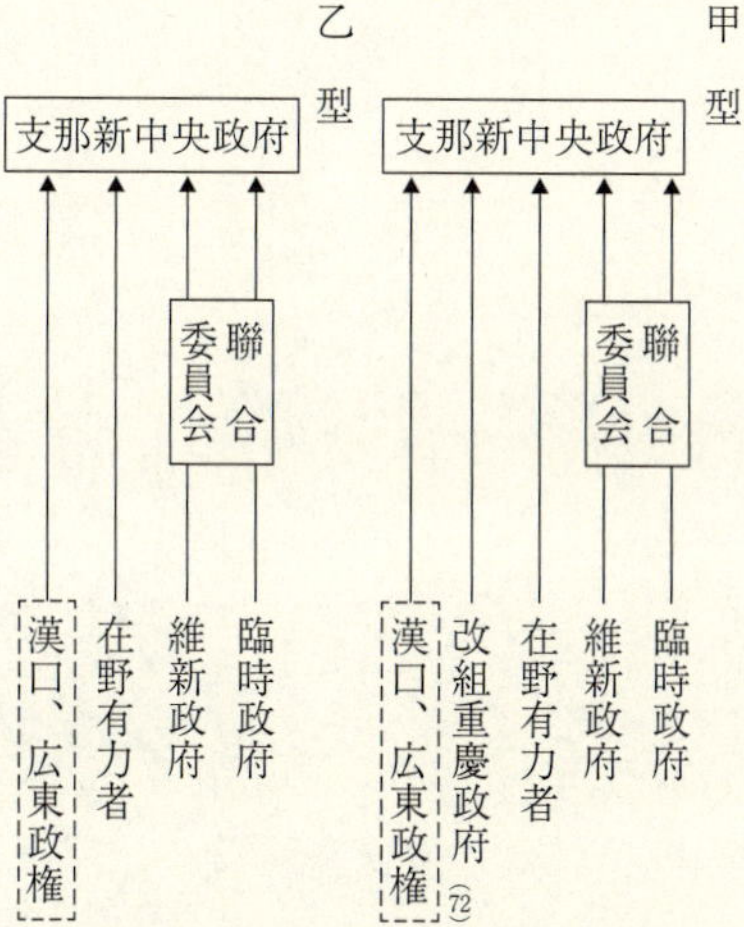

（「支那新中央政府樹立工作要領」より引用）

では、当時どのような国民政府参加の可能性があると考えられたのであろうか。これを解明するためには、「対手トセス」声明以降の和平工作の実体を検討しなければならない。

第五章　和平工作の交錯——宇垣・孔祥熙工作を中心として

第一節　宇垣外相の登場まで

一九三八年の和平工作というと、一般によく知られているのは参謀本部和平派のイニシアチヴで推進された汪兆銘工作であろう。それはこの和平工作が後に汪兆銘政権の擁立につながり、支那事変の展開に多大の影響を与えたことからすれば、無理からぬところである。しかしこの工作と並行していくつかの和平工作が進められていたことも忘れるべきではない。その中でも注目されるのは宇垣・孔祥熙工作と呼ばれるものであり、これは少なくとも当時にあっては、汪工作以上に重要であったとさえいえるかもしれない。というのは、汪工作は陸軍の少数の中堅軍人と民間人を中心に進められていたにすぎないのに、宇垣・孔祥熙工作は外相の指示の下で正規の外交官が相手側の行政院長の秘書ないし密使と接触していたからである。

本章では、この宇垣・孔工作を中心に据えて他の和平工作、謀略工作との交錯を解明してみることにする。

まず、トラウトマン工作の終了以後宇垣の外相就任までにどのような和平の試みがあったかを概観しておこう。ドイツの和平仲介が失敗に終わった後、日本では一時イギリスの仲介に対して期待が持たれたが、(1)これは具体的な行動には進まず、第三国による和平仲介として積極的な動きを見せたのはイタリアだけであった。二月下旬駐華イタリア大使コラは、香港滞在中の宋子文を訪ねて和平を勧告し、彼の考える和平条件を示した。しかし宋はこれを問題とはしなかったようである。例えばコラが和平条件の一つとして賠償が必要だと指摘すると、宋は、南京の破壊と上海の爆撃に対して日本が賠償を支払うのか、と揶揄するほどであった。(2)

宋はコラが示した和平条件を日本の示唆によるものと受け取り、日本が和平を焦っている兆候と見なしたが、実際にはコラの行動は日本の依頼を受けていたわけではなかった。さらにコラは三月下旬、漢口駐在のイタリア参事官が汪兆銘や孔祥熙と接触したときの国民政府の反応なるものを、谷正之無任所公使に伝えた。この情報によれば、中国側が容認する和平条件は満洲国の無条件承認、内蒙の自治（外蒙と同じ）、中国の主権下における華北の自治、防共協定、華中の非武装地帯設定、経済提携、賠償などを含んでいたが、これは後に中国側の観測気球をコラが早合点したものではないかと判断された。(3)コラは六月中旬にも参事官を汪に差し向け、汪自身が渡日するか、あるいは近衛に和平を訴える私信を書くよう勧告した。(4)汪は蔣介石と協議せずにそうした行動はとれないと語り、それ以上の進展はなかった。(4)しかしその後もイタリア大使の行動はしばしば様々の憶測を生んだ。(5)

この時期には第三国の民間人も和平工作の舞台に登場した。そうした人物の一人に、上海での難民救済に活躍したフランス人ジャキノ神父がいる。二月末に彼がイギリスの外交官に語ったところによると、前年一二月にジャキノは中国側に日本との停戦ないし和平のために仲介者として働くことを申し出た。それは人道的な動機に基づいていたばかりでなく、このまま事変が続くと中国が共産勢力の支配下に陥ってしまうのではないかとの憂慮によるものでもあった。(6) 彼は和平工作のために自ら訪日することを提案したが、中国側は賛成しなかったという。その後ジャキノは香港を経て漢口に赴いたが、三月下旬に上海に戻ってから語ったところでは、漢口で彼の和平提案に耳をかす者は誰もいなかった。(7)

もう一人はアメリカ人で燕京大学学長のレイトン・スチュアートである。彼は北京の臨時政府首班王克敏の要請を受け北支那方面軍の了解の下に漢口に赴き、蔣介石に直接和平を説こうとした。彼が理解する日本側の和平条件とは、反日運動の取締、華北政治の改革、経済協力、損害補償といったきわめて抽象的なものであった。また日本は蔣介石の下野を求めないであろう、とスチュアートは判断していた。(8) 国務省はスチュアートの行動にアメリカ政府が巻き込まれることを懸念し、政府は彼の行動に無関係であることを中国側およびスチュアート本人にも通告するようジョンソン駐華大使に指示した。(9) 三月中旬スチュアートは漢口に到着し蔣介石と会見したが、後にジョンソンに語ったところでは、和平仲介の望みが全くないことにすぐ気づいたので王克敏のメッセージを蔣には伝えなかったという。(10)

後に汪工作につながる動きもこの時期に始まる。[11]その発端は一月中旬、外交部亜州司第一（日本）科長であった董道寧が上海に滞在していた西義顕（満鉄南京事務所長）を訪ねてきたことである。董は上司の高宗武（亜州司長）の命によりトラウトマン工作を側面から促進するために漢口から上海に出てきたという。

一方西は前年七月末、華北での事態拡大後、旧知の高宗武から、時局収拾に関して近衛を説得するため松岡洋右満鉄総裁の助力を要請されたことがあった。八月初旬、西は大連で松岡にこれを伝え、後に近衛にも報告したが、第二次上海事変の発生により、この工作は当時何ら進展を見なかった。[12]ただしそれ以来、西は松岡から和平工作に関する一切の費用と行動の自由を保証されており、高の部下である董の来訪を、和平につながる有力な糸口と捉えたのである。

西は董との接触を松本重治（同盟通信社中南支総局長）に連絡した。松本も実は事変勃発当初から様々の和平の試みに関与してきた人物であった。例えば前年七月下旬に西園寺公一が近衛の密使として宋子文と会見した際、その斡旋の労をとったのが松本であった。[13]また、八月の船津工作時に南京から上海に出てきた高宗武は旧知の松本とも接触していた。松本はその後徐新六と和平のための話し合いを続け、近衛ブレーンとして知り得た日本側の和平構想をしばしば徐に伝えていたのである。[14]

西と松本は、和平のため日本に乗り込むよう董を説得し、西はその準備工作のため一月一九日日本に向かった。西と松本が董の接触すべき対象と考えたのは陸軍であった。日本に到着した西は大本営陸軍部第八（謀略）課長の影佐禎昭大佐に根回しをし、これに基づいて董は伊藤芳男（中外興信所長・満鉄嘱託、実は満洲国の対華情報宣伝を担当）と同行して二月二六日長崎に着いた。東京に移った董は影佐の案内により多田（駿）参謀次長や本間（雅晴）第二部長と会見した。「単身敵地に乗り込んだ董氏の熱情と勇気とに対し感に打たれた」影佐は、何応欽と張群に宛てて和平を訴える書簡を書きそれを董に託したという。(15)三月一〇日董は西・伊藤とともに神戸から大連に向かい、大連で松岡満鉄総裁と会見した後、一三日伊藤と香港に向かった。

この間上海には高宗武が現れた。高は外交部亜州司長の職を辞し、二月香港に日本問題研究所を設立して蔣の命により対日情報の収集にあたっていたが、(16)三月五日頃上海の松本に接触してきたのである。二人の会談の中で松本は、「一日も早く和平をもたらすためには、国民政府を改組するか、あるいは形式的にでもこれらの傀儡政権〔臨時政府と維新政府〕を吸収合併し得るような第三政府というようなものをでも考えざるを得ないと思う」と語ったが、高は「第三政府」案に消極的であった。松本はまた董の赴日を高に打ち明けた。

一五日董と伊藤が上海に戻り、翌日松本と高は二人から赴日の報告を聞き、月末香港で西をまじえてもう一度会合することになった。五人が香港で会合したのは二七日である。

五人は和平実現のために同志的関係を結び、両国の和平運動や和平勢力について情報を交換したが、特に日本側に期待を抱かせたのは、国民政府内に低調倶楽部以来の和平派が存在し徐々にその勢力を拡大しつつある、と高が述べたことであった。また影佐書簡については、直接何応欽や張群に手渡すと蔣介石に届かないおそれがあるので、高が周仏海と相談して最も有効な処置をとることになった。

漢口で高は情報を周仏海（蔣介石侍従室第二処副主任・国民党宣伝部長代理）や陶希聖（北京大学教授）に伝えて協議し、蔣介石とも会見した。[17] 影佐書簡は周との協議によって汪に見せた後、陳布雷（侍従室第二処主任）を通して蔣に届けた。蔣は高に再び香港に行くよう命じ、和平に絶対反対ではないが、反共を実施した後和平に進むというのは不可能であり、停戦さえ実現すれば自然に反共に進むだろう、と語ったという。[18] 四月一四日高は「秘密の使命」を帯びて香港に飛んだ。[19] 一六日香港で西と会った高は、影佐書簡に対する返事として次のような蔣の和平条件を伝えた。

＊日本の目的は対ソ安全保障の確立と対華経済依存の確保にあると了解するが、この趣旨は原則として承認する

＊対ソ安全保障の問題は満洲、内蒙、河北・察哈爾に区分され、満洲と内蒙は今後の交渉に委ねるが、河北・察哈爾は絶対に譲れない

＊まず停戦し、その後に右の条項を基礎として細目交渉を行う

西は一九日に香港を出発し、二七日東京に着いた。彼は参謀本部首脳の前で蔣介石の返事と和平条件を説明したが、陸軍は徐州作戦遂行中で関心を示さなかったという。[20]西は五月一七日神戸から香港に向かい、この和平工作は一時中断した。

なおこの工作と並行して松本は三月初旬、イギリス上海総領事と会い、和平条件として華北五省の実質的分離（中国の名目的主権と日本軍の駐兵）、内蒙古の自治、上海周辺の非武装地帯などを列挙し、こうした条件を中国側が提示すれば日本側も受け容れるであろうと述べた。この会談にはジャーナリストのエドガー・スノーも同席しており、イギリス総領事によれば、松本はスノーを通じて和平条件が中国側に伝わることを期待したのだろうと観測された。[21]

さらに四月下旬、孔祥熙はイギリス大使に、最近日本から非公式の和平提案があったと語ったが、その和平条件とは事変前の状態への撤兵、相互の損害補償、満洲国問題の解決などであり、[22]孔はアイルランド自由国のような方式ならば満洲国問題を解決できるかもしれないと述べた。カー大使は、この和平提案も松本によるものではないかと推測した。[23]

この時期、松本と西以外にも幾人かの日本人が和平の糸口を見つけようとしていた。例えば、一月頃松井七夫（予備役陸軍中将、松井石根中支那方面軍司令官の弟）が人を派して宋

子文との接触を試みたという。[24]宋子文に対しては、上海に滞在していた日銀の宗像久敬も接触を試みていたようである。[25]さらに佐藤安之助（退役陸軍少将）は上海で元北平市長の袁良と会い、彼の連絡によって孔祥熙の秘書と香港で接触したが、四月に入って漢口には和平を唱える者がないとの返答を得たにすぎなかった。[26]

萱野長知の和平工作が始まったのもこの時期である。[27]中国革命の同志として孫文とも親交のあった萱野が、事変に関連して中国に渡ったのは前年の八月であった。[28]それは松井石根（当時、上海派遣軍司令官）の要請によるものであり、上海で華中の新政権樹立と和平の糸口を探るためであったといわれる。[29]翌年三月あたりから萱野は彼の右腕といわれた松本蔵次を介して、孔祥熙の秘書・賈存徳なる人物との接触を開始した。[30]萱野は賈に孔宛の書簡を託し、賈は五月中旬香港から漢口に飛んだ。五月末賈は萱野に宛てた孔の書簡を携えて上海に戻ってきたが、この書簡には、即時停戦、中国主権の尊重と撤兵声明、満洲と内蒙に関する日本の要求の原則的承認（具体的には今後の協議に委ねる）という和平条件が記されていたという。[31]萱野はこの書簡を持って本国政府に和平を訴えるため急ぎ帰国することになった。

第二節　宇垣外相の登場

宇垣一成が外相に就任したのは五月二六日である。彼は外相就任に際して四つの入閣条件を示し、近衛からその承諾を得た。その四条件はいずれも直接的あるいは間接的に事変処理に関係していたが、中でも注目されるのは「蔣政権を相手にせず云々に深く拘泥せず」という条件であった。[32]外相就任以前から彼が、和平達成のためには「対手トセス」声明の修正もしくは撤回が必要であると考えていたことも間違いはない。[33]

外務省内にも和平実現をはかる上で宇垣の手腕に対する期待があった。例えば東亜局長の石射猪太郎は外相就任直後の六月、「今後ノ事変対策ニ付テノ考案」[34]なる意見書を起草して早期和平実現を外相に訴えた。石射は時局収拾策として、「消極論」（漢口攻略後に戦線を縮小し要地の占領・防衛に専念するもの）、「新中央政権樹立論」（臨時・維新両政府と今後漢口に樹立さるべき政権とを合流させ、新中央政権の首班に唐紹儀や呉佩孚を据えるもの）、「三政権大合流論」（臨時・維新両政府と国民政府とを合流させるもの）、「国民政府相手論」（正統中央政権としての国民政府を相手として和平を実現するもの）の四つがあり得ると指摘した後、「消極論」と「新中央政権樹立論」を「下策」として斥け、第三案の「三政権大合流論」も、国民政府と既成政権とが本質的に両立せず蔣下野を前提とするが故に現実性がないと結論づけた。したがって、とるべき方策としては「国民政府相手論」以外にはあり得ず、石射は「政策ノ大展開ノ為ニ国内ニ生スルコトアルヘキ反動的波紋ニ直面」しても、国民政府を相手とする本格的和平交渉を漢口攻略までに開始する「勇気」を持つよう強く要請したのである。注目されるのは、五相会議が「新中央政権樹立論」もしくは「三政権大合流論」を採用していくのに対し、石射がこの二つの方策を否定していたことであろう。宇垣はこの意見書に原則的に理解を示したという。(35)

近衛が「国民政府相手論」までの政策修正を考慮していたかどうかは疑問である。ただ既に述べたように彼も「対手トセス」声明が失敗であったことは認めており、宇垣の入閣条件を容れたときにも、声明は「余計なことを言つた」のだから取り消してもかまわないが「うまく取消すやうに」と語っていた。(36)そして六月二日近衛は著名なアメリカ人ジャーナリスト、ジョン・ガンサーとのインタビューで、蔣介石が対日態度を変えれば日本政府としても彼と和平交渉に入る用意があると述べた。「対手トセス」はトラウトマン工作の反響に対処するために必要とされた措置であったが、失敗であることが明白になったからには、変更の余地がないわけではない、と近衛は語ったのである。後に宇垣も、もっと慎重な言葉で近衛発言の趣旨をガンサーに確認したという。(37)

さらに宇垣はやや公の席で政策修正の可能性を示唆した。一七日外相は外国記者団との会見で、中国側に重大な変化が生じれば日本としても「対手トセス」を再検討する必要があるだろう、と言明したのである。[38] 外相は「重大な変化」の意味については説明を避けたが、彼の発言は対外的に大きな反響を引き起こした[39]（ただし日本国内には報道されなかった）。当然それは中国側にも反響を呼び[40]、後述するように宇垣の和平工作が実際に始まるきっかけを作ることになる。

宇垣発言は彼の入閣時における近衛との了解に基づくものであったが[41]、実は中国側からの和平の探り[42]に対するメッセージとしての意味も持っていたのである。戦後の宇垣の回想によると、彼の外相就任直後、旧知の張群（行政院副院長）から外相就任を祝い宇垣の経綸に期待するとの電報が東京の中国大使館を介して届けられた。これに対して宇垣が東洋の平和克服に努力したいとの趣旨を伝えると、張群は、和平交渉に入るならば自分かあるいは汪兆銘が交渉相手になろうと答えてきた。宇垣は、張群や汪兆銘のような親日派の巨頭が交渉の矢面に立つと、親日派であるが故にかえって国民政府内での立場が微妙になり、和平交渉もうまくいかなくなるのではないかと懸念し、日本とあまり関係の深くない人物を交渉相手に選定するよう漢口に申し入れた。張群は宇垣の懸念を認め、逆に交渉相手として誰を望むかを問い合わせてきたので、宇垣は孔祥熙の名を挙げた、というのである。

この宇垣の回想のすべてに裏付けがあるわけではない[43]。ただ、外相就任直後に張群から祝電を受け取ったことはたしかであった。宇垣は小川平吉に、「極秘なれども張群は予の就任に際して電報を寄せ、予が兼て同人外交部長就任の際同人に寄せたる日支共同して白人に当り共に提携親善して東洋の平和を確保すべき旨の電報を繰り返へして、今や閣下の就任に当り此点に努力を乞ふとの旨を縷陳し来たれり」と語っている。[44] 一説によれば、張群に祝電を打たせたのは蔣介石であったともいう。[45]

さらに六月九日には萱野が東京に到着して小川平吉に次のように報告し、これを小川は翌日宇垣と近衛に伝えていた。[46]

孔等は愈々媾和の決心を定めたり、蔣介石は之を下野せしめ第三国を介せずして直接談判を開かんと欲す、媾和の上は国民政府は勿論之を解散し北京南京新政府と合して新政府を建設する見込みなりと彼の決意なり。

媾和派漸次勢力を得て団結せるもの、如し、又彼等は蔣の下野を希望するなり。

萱野の報告は国民政府の解散や既成政権との合流、蔣の下野など、かなり希望的観測を含んでいたように思われる。ただし、萱野が伝えた孔祥熙の和平の意思がその後の宇垣の和平工作に大きな影響を与えたことは否定できない。[47] 萱野は一一日に直接宇垣と会い、現地で工作を推進すべく一七日東京を離れた。そして同日宇垣は、外国記者会見で「対手トセス」修正を示唆したのである。

第三節　現地工作の進展

一般に宇垣工作と呼ばれる和平工作が現地で始まるのは、萱野が東京を離れた後であった。それは六月二三日夜、香港に滞在していた喬輔三[48]（孔祥熙の秘書）が総領事中村豊一を訪れたことによって開始されるが、これが宇垣の回想にあるように彼と張群との連絡から直接派生したものであったかどうかは不明である。外務省の記録[49]によれば、喬は、宇垣が外国記者会見で述べた「支那側ニ根本的変化アルニ於テハ和平ヲ考フルコトアラントノ趣旨」に刺激され、その「根本的変化」とは何を意味するのか確認するよう孔祥熙の密命を帯びて総領事を訪問したという。この外務省の記録は宇垣と張群との連絡に言及していないし、戦後の中村豊一の回想もそれには触れていない[50]。

さて喬は中村総領事との最初の会見で、「孔祥熙ハ汪精衛、何応欽等共良ク各党派ヨリ親マレ居リ今日迄変ラサル平和主義者ナリ」と述べ、「蔣介石自身モ内心ハ平和ヲ希望シ居ルコト勿論ナルモ立場上口外シ得サル」状況にあるが「今日ニテハ一部急進論者ノ反対ハアルモ之モ蔣介石ノ考如何ニ依リ抑ヘ得ヘキ情勢ニ立至リタリ」と中国側の和平の意向と国内状況を説明し、「講和交渉ハ第三国ヲ交ヘス極秘裡ニ両国間ニ於テ進行スルコト最モ望マシ」と直接交渉を希望した上で、「飽迄蔣介石ノ下野ヲ必要トスルヤ否ヤ」など日本側の和平条件の「最低限範囲」を政府に問い合わせてほしいと「懇願」した。

この第一回の会談に関する中村の報告と今後の折衝方針についての請訓を受けて、東京の外務省は、日本側の和平条件は既に前年末のトラウトマン工作のときに通告済みであり、「和平論ヲ切出スナラハ先ツ国民政府側ヨリ真ニ反省シテ誠意ヲ披瀝シ来ルヘキ筋合」であるので中国側から提示すべきだと応酬せよと指示した。また蔣下野問題については、これを交渉の絶対的前提条件にせよとの主張が依然政府内外で強力であり、今後政府の方針が変化するかどうかは今のところ断言できない、という東亜局長の見解が中村に説明された(51)。

六月二八日、二回目の会談で喬は早く日本政府の意向を知りたいと強調し、自分の行動は蔣介石の了解を得た上でなされているとも説明した。七月一日の三回目の会談では、喬はあらためて日本政府の回答を促し、中国側は和平、ことに戦闘行為の即時中止を「熱望」していると語った。

その後、中村・喬会談は一時中断するが、七月一三日に再開された第四回の会談で喬は、孔祥熙と直接面談するため近く漢口に飛ぶ予定だと述べ、一八日の会談(第五回)では、漢口で直接孔から聞いた中国側の意向として、漢口陥落前に合意を見るべきこと、休戦協定を早く成立させること、蔣下野は困難なのでその代わり孔が全責任を負って辞職すること、を中村に伝えた。さらに喬は、孔が蔣と協議した上で作成した和平条件案として、次

の七項目を挙げた。(52)

一　反日行為の停止
二　日満華三国条約締結による満洲国の間接承認（ただし満洲国は自発的に「満洲自由国」となることが望ましい）
三　内蒙自治の容認
四　華北の特殊地域化は困難（中国全体での平等互恵の経済開発は認める）
五　非武装地帯の問題は日本の具体的要求をまって解決する（非武装地帯には日本側も駐兵しないことを希望する）
六　共産党との関係清算（防共協定加入あるいは特別協定締結は未定）
七　賠償支払の能力なし

「満洲自由国」という考え方は、四月下旬孔がイギリス大使との会談で満洲問題解決の方式としてアイルランド自由国に言及したこととの関連を思わせる。

こうした中国側の条件案に対して中村総領事は次のように反論した。満洲国の国名変更などは今更考えられない。また「華北ハ既ニ特殊地位ヲ形成シ居リ」、これに国民政府が容喙したことこそ事変の原因である。さらに「単ニ支那全体ニ亘ル平等互恵ト言ヘハ日本ノ地位ハ列国ト同一ニ看做サレ到底満足ナラス」。賠償はその支払期日や条件は別として、中国はこれを原則的に承認しなければならない、と。

翌一九日も会談が継続され（第六回）、蔣下野問題以外すべての条件について合意が成立しても同問題で交渉が決裂する場合はどうするかと中村が尋ねると、喬は、そうした場合「蔣トシテモ居辛クナリテ下野スルニ至ルヘシ」と答えた。また臨時・維新両政府と国民政府とを合流させ新政権を組織する問題についても、喬は「案外容易ニ成立スルモノト考ヘラル」との私見を表明した。かくして以上六回の会談で中村・喬交渉の第一段階は終了し、二二日総領事は直接外相に経過を報告して指示を仰ぐため一時帰朝することになる。

その帰国の途中、中村は長文の意見書を執筆した(53)。その中で彼は和平論と、軍事的解決をはかる「実力居据リ論」とを対比し、後者を採用した場合、「蔣政権ヲ軍事的ニ崩壊セシムルニハ相当長期間ヲ必要トシ又崩壊後ニ於テモ支那民衆ノ信望ヲ獲得スルコト現状ニテハ甚タ困難ナリ」と観察した。「居据リ政策ハ中国ヲ疲弊セシメ日本ヲ疲弊セシメ」、「全然支那民衆ノ人心ヲ無視シ武力ノミニ依リテ外国人カ支那ヲ統治セントスルモノ」であり、たとえ軍事的に一時的な成功を収めたとしても「蔣軍崩壊セハ其ノ後ニ出現スルモノハ第八路軍ナリトノ危険アリ」と彼は断じたのである。

これに反して和平論を採用すれば、「媾和ニ依リテ得ヘキ利権ヲ獲得シ支那ノ共産化ヲ防止シ我軍資ヲ節約シ其ノ余力ヲ以テ経済建設ニ向ハシメ」、「日支関係ノ根本的融和ヲ試ムル機会」を摑み、「支那ヲシテ欧米依存ノ迷夢ヲ打破セシムル」こともできる、と中村は論じる。また和平によって事変解決をはかるのであれば、その相手は「其ノ何人タルカヲ問ハス取極ヲ実行シ得ヘキ能力ヲ有スルコトヲ前提条件トス」。とすれば「国民政府又ハ此レヲ含ミタル新政府ニ非ラサレハ媾和条件ノ履行ヲ期待スルヲ得ス」。和平後に必然的に生じる軍隊の整理や共産党問題に取り組むことのできる力と組織を有するのは、国民政府以外には見当たらないというわけである。

蔣下野問題については、中村は次のように結論づけた。

我国ニ於テ蔣ノ辞職ヲ絶対必要トスル結果ハ益々彼ノ地位ヲ高メシメ之ヲ英雄化シ支那国民ヲシテ彼ノ失敗ヲ忘却セシムルコトトナルヘシ……然レトモ辞職問題ハ我方ノ方針ト支那ノ内情トノ間ニ正面衝突ヲ来スニ付暫ク此レヲ回避スル為ニ先ツ媾和条件ヲ討議シ此等条件ニシテ受諾センカ蔣介石ハ必然辞職セサルヘカラサル環境ニ追ヒ込ムコト得策ナリ……蔣ヲ相手トセサルコトヲ標榜スルコトハ戦争ヲ遂行スル為ニ我民心ヲ統一スル見地ヨリ固ヨリ緊要ナランモ我方カ実質的ニ有利ナル媾和条件ヲ獲得シタル上ハ一蔣ノ辞職ニ懸リテ戦局ヲ永引カスコトハ絶対ニ避クヘキモノナリト確信ス

こうしてみると中村総領事は、国民政府との直接和平や「対手トセス」の実質的棚上げについて石射意見書とほぼ同じ見解を有していたことがわかる。蒋下野についても彼は柔軟であった。そして最後に中村は、喬の要請と他からの情報に基づき、「漢口陥落セハ蒋ハ此レ以上失フヘキ何物モナク又日本モ之以上追撃スルコトハ益々困難トナリ長期ニラミ合ヒノ形勢トナリテ遂ニ和平ニ依ル時局解決ノ機会ヲ失フ」ので、漢口陥落以前に和平を実現するよう強く訴えたのである。

一方、萱野も中村と同じような結論に到達しつつあった。六月一七日に東京を離れて上海に戻った萱野は、共産党の分離、蒋の下野、国民政府解消の三つの和平条件を、賈存徳を介して漢口に伝えたが、これに対して先方からは、蒋の下野は無理なので孔の辞職ではどうか、との回答があった。(54) 萱野は交渉の進展をはかるため、七月五日、松本蔵次や賈存徳らとともに香港に向かった。(55)

香港に移った後、萱野は馬伯援、居正夫人などと接触した。中国側は、蒋下野にはその後の政治的混乱と共産化の危険があることを強調し、漢口陥落後になれば和平がきわめて困難になろうと指摘した。結局萱野は、蒋下野問題以外についてはほぼ解決のメドがついたと見なし、残る蒋下野問題に関して国内の了解を得るべく、七月下旬帰国の途についた。(56)

この間、萱野からの情報は小川平吉によって逐一近衛や宇垣に伝えられていた。

蒋下野問題以外に関する萱野と中国側との合意が、共産党との絶縁を別として具体的にどのような内容のものであったかは不明である[57]。小川によれば「交渉開始前ニ於テハ媾和条件ヲモ成ルベク漠然タルモノトシテ、彼ノ面目上交渉ニ応ジ易カラシムルヲ要ス[58]」とされているので、萱野はあまり具体的なことを要求しなかったのであろう。また国民政府の解消について小川は、「媾和ノ結果、国民政府ヲ解消シ又ハ根本的変革ノ行ハルベキハ当然」であり、国民政府と臨時・維新両政府とを「合同若クハ聯合シテ有力ナル親日的政府ヲ建設シ、以テ支那全部ヲ統一スル」ことを中国側は望むであろうと述べている[59]。この点からすれば、小川・萱野の工作は、石射のいう「三政権大合流論」に近いものであったといえよう。

なお蔣下野に関して小川は、「媾和ノ前提トシテ共産党ヲ駆逐シ、且ツ蔣介石ヲ下野セシムルハ一般ノ希望ナルガ、両者ヲ同時ニ実現セシムルコトハ頗ル困難ナルガ故ニ、先ヅ蔣ノ力ヲ以テ共産党ヲ駆逐セシメ、彼ト媾和ノ交渉ヲ進ムルノ外ナシ[60]」と論じており、蔣下野を交渉開始の前提条件とすべきではないと主張した。ただし、講和後については「蔣介石ハ十数年来抗日ヲ鼓吹シテ今回ノ戦争ヲ挑発シ、且ツ之レヲ継続セル首領ナルガ故ニ、戦局ノ収拾ヲ終リタル以上新政府ヨリ彼ヲ排斥スルコト固ヨリ当然ナリ」とも小川は主張している[61]。したがって小川・萱野の工作では、蔣下野は和平交渉の前提条件ではないとしても、講和後に実施さるべき条件ではあった。

さて、香港では中村や萱野の他に、神尾茂（朝日新聞社編輯局顧問）が和平工作に従事していた。神尾は和平の糸口を探るため『朝日新聞』の主筆・緒方竹虎によって香港に派遣され（七月一日に到着）、かつての長年にわたる中国経験を生かして中国要人との接触を試みた。彼は中村や萱野と情報を交換するとともに、本国の緒方や、石射東亜局長、多田参謀次長にも状況を報告した。神尾が最初に接触したのも喬輔三であった。それは喬が漢口に飛ぶ前の七月一三日であり、そのとき喬は蔣下野問題に関して、「寧ろ蔣介石を相手にして全責任を彼に取らせるがよからずや、さすれば彼は評判を悪くして下野せざるを得なくなるだらう」（中村総領事に対しては、漢口から戻った後の一九日に述べた趣旨）を語った。(62)

神尾が最も有望な接触相手として最初からねらいを付けていたのは、同じジャーナリストで旧知の張季鸞であった。漢口『大公報』の張季鸞とはやがて連絡がつき、張の指示により香港『大公報』の胡霖がまず神尾のもとを訪れた（七月二〇日）。胡は、「蔣介石を相手にせずから改めなければ和議の余地はない」とし、日本側が和平のイニシアチヴをとって中国の領土・主権を侵害せず、中国に対して戦敗国に対するような態度を捨てれば和平は成立するが、「支那に対して寛大すぎるといふ批難を押切るだけの力が日本にあるだらうか」(63)と皮肉な疑問を投げかけ、漢口陥落後では和平交渉はきわめて困難になろうと付け加えた。

以上の接触を通じて喬輔三、賈存徳、馬伯援、胡霖、張季鸞など中国側から伝えられた意向で共通していたのは、蔣下野を正式交渉開始の前提条件にはできないこと、漢口陥落後では和平はきわめて難しくなること、の二点であった。これを受けて日本側にも、蔣下野を交渉開始の絶対的前提条件とはせずに早く本格的交渉に入るべきだとの主張が、中村総領事、萱野長知、小川平吉、神尾茂、緒方竹虎などに生まれつつあったわけである。しかし、こうした動きとほぼ並行して、東京ではまた別の工作が極秘裡に進行していた。それは、高宗武の来日である。

第四節　高宗武の来日

前述したように、四月中旬に高宗武は蔣介石の和平条件と称するものを西義顕に伝えたが、当時は丁度徐州作戦が進行中で日本側にはこれに呼応する動きが生まれなかった。西は香港に戻った後、日本側の事情を高に伝え、和平を促進するために近衛内閣の改造に応じて高自身が日本に乗り込むことを勧めた。(64)

高は五月末に漢口に行き、六月初旬また「命を奉じて」香港に戻ってきた。(65)彼が漢口でどのような指示を受けたのかは必ずしも明らかではない。一説によれば、蔣介石は高をもはや香港に派遣したくはなかったのだという。それは、高の香港・漢口間の往復が目立つと抗日的世論の疑惑・批判を招くおそれがあったからであり、また高の赴香を和平派が利用し独断で対日情報収集以上の行動に進むことが懸念されたからでもあった。これに対して周仏海は、日本が「対手トセス」を改めるならば和平の可能性は高いと見なし、高に日本へ乗り込むことを勧めた。高が蔣介石の支持が得られないことを理由に躊躇の姿勢を示すと、周は蔣の同意獲得は自分に任せよと述べ、とりあえず香港から日本に行くよう強く勧告した(66)。

香港に帰った高は六月一四日西と会い漢口の状況を伝えた。西の回想によれば、蔣の対日不信は根強く徹底抗戦の決意が固いので、高は周仏海との間で和平実現のための次善の策を立てた。それは、「汪兆銘を戴いて、相戦う日華の外にある『第三勢力』を構成し、この勢力を権威あるものたらしめるまでに成長させることによって、必ず、蔣介石と日本との間に、和平を媒介成功させてみせるという構想」であったという(67)。

高はなかなか渡日の決断がつかなかったので、その説得に松本重治があたることになった。六月一七日松本は上海から香港に到着し、連日高と懇談した。松本の回想によれば、日本軍の撤兵が和平の鍵であることに、まず両者の見解は一致した。彼が日本の撤兵声明と蔣の下野を抱き合わせにした和平構想を持ちかけると、高は蔣の下野は不可能と語り、上述した「第三勢力」構想に近いものを示唆した。それは、日本の撤兵声明に呼応して汪兆銘が下野し全国に和平を通電すれば、軍閥将領の中からこれに応じる動きが出て蔣介石も下野せざるを得なくなるであろうから、これを受けて汪は行政院長に復帰し、その後暫く時をおいてあらためて蔣・汪合作を復活し事態の処理にあたる、というものであったと

いう。(68)

結局高は渡日の決意を固め六月二三日香港を出発、上海を経て七月初旬日本に到着した。(69)日本滞在中、高は影佐（六月より陸軍省軍務課長）、今井武夫（参謀本部支那班長）の斡旋で、板垣陸相、多田参謀次長、犬養健、西園寺公一、岩永裕吉などと会見した。では、高と日本側との間でどのような協議がなされたのであろうか。

今井によると、高は「既に蔣介石を中心とした日華間の事変収拾策は之れを断念したらしく、改めてこの問題を主張することなく、専ら日本側の発言を熱心に聴取するだけだった」という。(70)西によれば、高が日本側に主張したのは、「日本が帝国主義的政策を放棄して、中国を日本と対等の国家として取扱」えば、「少なくともまず汪兆銘を首班とする中国内部の和平勢力は直ちに戦いをやめ、両国の和平を調停し、全面的和平回復の活動を開始するであろう」ということであったとされる。(71)

また影佐によると高は次のような趣旨を述べ、これに影佐は個人として同意を表したという。(72)

蔣政権を否認した日本の現状としては日支間の和平を招来する為には蔣氏以外の人を求めなければなるまい。それにはどうしても汪精衛氏を措いては他には之を求め難い。汪氏は予てから速に日支問題を解決するの必要を痛感し和平論を称道しては居るが国民政府内部に於ては到底彼の主張は容れられないので寧ろ政府の外部から国民運動を起し以て蔣氏をして和平論を傾聴せしむるの契機を造成するといふのが適当である。此汪氏の運動に対しては日本は絶対に之を支持して貰ひ度い。然し氏の方法に依りても尚且蔣氏を転向せしむること不可能なるに於ては汪氏自ら時局を収拾する外はない。

高の本来の任務は対日情報の収集にあった。したがって今井の言うように、高が「日本側の発言を熱心に聴取する」ことに専念したのは当然であったといえよう。また蔣の自発的下野が不可能であることは、高が一貫して日本側に言い続けてきた主張であった。問題は、汪を中心とした「第三勢力」の圧力によって蔣に「転向」あるいは下野を迫るという構想を、高があらためて日本側に伝えたことである。こうした構想が、高や周仏海など漢口の和平派の協議から生まれたのか、それとも実際には西もしくは松本の発案であったのかはよく分からない。高はもともと蔣の下野を必要としない和平の可能性を探ってきたが、日本側が下野要求を撤回しそうもないことを東京で確認すると、最終的に「次善の策」しかないと決意し、これを東京でも表明したのかもしれない(73)。

いずれにせよ、日本側が注目したのは、汪を中心とした和平派の結集によって蔣を下野に追い込む可能性であった。海軍省臨時調査課長の高木惣吉大佐が得た情報によれば、高は「日本の政府が汪兆銘を立ててこれを援けて行くといふことを保障してくれるならば、蔣介石は下野するであらう」と語ったという。(74) また松本は後に、「高らのグループは……抗日の結果の寒心すべきものであることに目醒め、蔣介石を犠牲にするにしても国家の大事には代へられぬと決心し、蔣の下野を、内面的圧迫によつて成し遂げようとしてゐる一派である」と神尾に説明している。(75)

そして、このように蔣下野を強制する可能性があるとの情報は、他の和平工作との交錯をさらに促進してしまう。例えば萱野は、その後自分の工作が東京でなかなか進捗しない原因の一つとして、次のような観測を上海の松本蔵次に書き送った。(76)

小生東上と同時頃に武漢政府の外交部司長の職に在りたる高宗武と云ふ者軍部関係者より運動して来京、蔣介石下野を汪兆銘、張群其他二三十名の共同一致を以て余儀なくせしむる方法ありとて申出ありたるを以て、小生等の提案よりは至便なるものなる故へ此の方に賛成して、我等の提案を後廻しにしたるもの、如し。

また緒方竹虎も神尾に宛てた書簡の中で、以下のような観察を示している。(77)

〔高来日の際政府は〕蔣介石の下野を力説し、その実現の場合に於ける、日本の態度のアウトラインをも示した模様にて、高は蔣の下野に可能性あるかを仄かしたらしく候。

……政府にては之あるが為に、而して蔣下野が可能なれば之に越したること無き故、萱野君に齎《ママ》したる意見にも、極めて気乗薄なりし訳に候。

中村総領事や萱野が蔣下野の困難さを伝えていたのに反し、高来日により日本の一部には、蔣下野の可能性ありとの期待が生まれたのである。

高来日に関してもう一つ指摘しておかねばならないのは、彼が宇垣外相とは会見しなかったことである。その理由は必ずしも判然としない。高自身は宇垣との会見を望んだが、影佐によって阻止されたという(78)。宇垣は中村総領事と喬輔三との交渉進展の可能性に期待をかけ、石射が示唆しているように、高の来日を「またしても陸軍式謀略」と見て(79)、これを無視したのかもしれない。いずれにせよこの結果、孔祥熙に通じるとされた中村や萱野の工作と、西、松本、影佐などによって推進されてきた高宗武工作とは統合されるチャンスを失い、ますます交錯の度合いを大きくしていくのである。

第五節　宇垣の訓令

宇垣外相は中村総領事から報告を受け、小川や緒方を通じて萱野や神尾の工作についても情報提供を受けていた。高宗武との接触についてもその概要を知っていた形跡がある(80)。

七月上旬の日記に彼は、「孔祥熙や汪兆銘や張群の一味から頻りに和平に関する探りを入れ条件や蔣の進退に関して瀬踏を試み居る様である」と書いている。(81)こうした情報を通じて宇垣は、蔣介石の自発的下野の余地がほとんどないことをよく知っていた。(82)彼は、蔣下野を絶対的条件と考えなくてもよい、との小川の意見に同意を表してもいた。(83)また、谷公使が現地の状況を伝え蔣下野の必要性を強調したときにも、外相は「何も蔣が頭をいれ代へあやまつて来るならば国民政府の頭を代へずとも可ならずやとの意見を漏らした」という。(84)

しかし、六月下旬喬との交渉を開始した中村から今後の折衝方針についての請訓を受けたとき、宇垣は自ら訓令を起草し、その中に蔣下野要求の一項を入れた。これに石射が反対すると、宇垣は「最後的には蔣氏の下野を条件としない腹であるが、国内の反蔣感情からして、最初からそう言い切りたくないとの意見であった」という。結局、宇垣と石射との妥協の結果、先述したように、依然政府内外で蔣下野の主張が強いため、政府の方針が緩和するかどうかは断言できない、との東亜局長の見解が中村に示されたわけである。(85)

何故宇垣は蔣下野が困難であることを知りながら、それを和平条件の一つとして要求するよう命じたのか。宇垣自身の説明によると、その理由の一つは、蔣の政治的責任にあった。つまり、「今次日支間に演じられて居る惨状は蔣が執りし政策破綻の結果であり少なくとも重要なる原因なりと断定し得る」(86)し、「蔣は愛国者である、然れども大局を誤りし

愛国者である」から、「此の責任は当然大義名分上彼の潔く負ふべきである」というわけである。(87)

もう一つの理由は、国内の「反蔣感情」への配慮であった。「蔣介石又は其一味の者を相手とする和平は、交戦相手とし又勝者と敗者との立場に於て交渉せらるべきであるから、相当に厳粛なる意味の含まれたるものでなければ勝者たる日本国民は承知しない」が、「排共親日の新政権を相手とする取極めは友好者又は同志者間の話合になるから、自然に寛大であり協和であり殆んど対等でも日本国民は納得する」と宇垣は考えた。(88)つまり、蔣が引責辞職すれば、講和条件を緩和しても日本国民はあまり強く反対せず、またそうした緩和された条件であれば中国側も受け容れやすい、ということになる。

さらに五相会議決定の拘束があった。前章で述べたように五相会議は、国民政府が「屈伏」すれば、これを「友好一政権」として新中央政権への参加を認めようと決定した。これは石射の分類に従えば「三政権大合流論」であったが、宇垣が国民政府との和平に進もうとすれば、この枠内で交渉を行わなければならなかった。おそらく宇垣は、表面的には「三政権大合流論」に依拠しながら、実質的には国民政府を主体とした新政権の樹立、もしくは国民政府による既成政権の吸収を容認しようとしたものと思われる。ただし、いずれにしても国民政府との和平を達成しようとすれば、その「屈伏」認定条件の一つとして蔣介石下野を獲得しなければならなかったのである。

その上高宗武の来日を契機として、蔣下野を強制実現しうるかのような期待が一部で高まっていた。蔣下野強制の可能性は、五相会議決定どおりに、蔣介石抜きの「屈伏」した国民政府を既成政権に合流させる最も手近な方法と見なされたし、また国民政府の内部を切り崩してその壊滅に導くという強硬派の期待にも合致した。こうした期待が高い以上、宇垣が蔣下野要求を取り下げるのはきわめて困難であったろう。

かくして、七月二七日、同時に東京に到着した中村総領事と萱野にとって、本国の状況は必ずしも好ましくはなかった。帰国翌日、報告のために宇垣と会見した萱野は、外相から工作を一時見合わせるよう要請された(89)。八月五日、宇垣は中村の帰任に際して今後の交渉方針を指示したが、そこでも外相は蔣下野に関する自説を繰り返し、しかも蔣下野の時機は「和平成立前ヲ可トス」と述べた。その他の和平条件に関する外相の指示も、喬輔三が伝えた中国側の意向と合致しない部分を含んでいた。例えば「北支特殊地域」に関して、日本には領土的野心はなく、また中国の主権を侵す意図もないが、華北は蒙疆と同じく防共障壁として確保しておかねばならず、具体的には「産業ノ開発、交通ノ整備確保、治安及軍隊ノ整備ニ付日本カ相当ノ力ヲ加へ得ル状態トシ置クコト」が必要である、と宇垣は指摘した。また賠償についても、「無賠償ハ今ノ所国民ヲ納得セシメ得ス」、金がなければ物でもよいが、「此ノ点モ蔣カ交渉ノ相手ナリヤ否ヤニ依リ軽重アルヘシ」と宇垣は論じた(90)。

この指示を受けた中村は、特に蔣下野問題について承服できないと反論したが、宇垣は自説を譲ろうとはしなかったという(91)。そして外相は、交渉が本格化して中国側から孔祥熙、張群、居正などが出てくる場合、日本も首相か外相が談判に臨むであろうし、その場所は台湾か長崎(雲仙)あたりがよいと付言した。

宇垣はかねてより講和条件の肥大化を憂慮していた。彼が中村に説明した和平条件も、五相会議決定の「支那政権内面指導大綱」で規定された国交調整条件ほどきびしくはなかったし広範でもなかった。しかし、それでも中国側の言い分をすべて受け容れていたわけではない。それはもちろん五相会議決定に拘束されていたからでもあろうが、宇垣自身の主張の反映でもあった。宇垣は、外相就任以前から、「全勝者たらざるも勝利者としての日本の立場を認識すること」を和平の原則としていた(92)。おそらく領土や賠償を要求しなければ、それだけで既に充分譲歩的であると考えられたのであろう。

さらに宇垣は、和平達成のために軍事的圧力の強化や謀略の実施を是認していた。例えば彼は、「漢口攻略は政略、軍略、経済上必要なり」とし、「蔣政権内部の攪乱を策すべし」とも日記に記した(93)。つまり漢口作戦や謀略工作は、国民政府に心理的圧力を加えて和平の方向に誘導する効果を期待されたのである。しかし国民政府を和平に誘導する心理的圧力として期待された謀略工作も、一旦開始されると自己運動を始め、必ずしも宇垣の思惑どおりには動かなかった。萱野は先に紹介した松本蔵次宛の書簡の中で、自分の工作が

進展しない原因として高の来日を指摘した後、次のように報告していた。(94)

又一方土肥原将軍関係者は唐紹儀を表面に推し立て、蔣政府を圧し潰ぶす計画を着手しつゝあれば、何れにしても我等の案よりは日本に取りて有利なるものと見做され、荏苒遂に今日と相成候次第也。

こうして蔣下野への固執と他の工作との競合のために、宇垣工作は様々の布石を打ちながらも、なかなか進展の気配を見せなかった。

第六節　現地工作の再開

宇垣が打っていた布石の一つは、谷公使の行動に表れた。一時帰朝した後上海に戻った谷は、七月下旬から精力的にイギリス人実業家（バタフィールド・アンド・スワイアーの代表者ミッチェル）と会い、日本の和平の意向を中国側に伝えるよう説き始めた。例えば、私見とことわりながら彼は、蔣介石がソ連との関係を断ち切り経済開発に関して日本の協力を受け容れるならば、日本としては国民政府との和平交渉を開始し蔣下野の要求も下ろすべきであり、宇垣外相はその方向で国内の根回しを行いつつある、と語った。(95) さらに谷は具体的な和平条件として、次のような項目を提示した。

一　満洲国の承認
二　日本軍による内蒙古占領
三　華北における日本の特殊地位
四　上海周辺の非武装地帯と租界行政の改革
五　経済・文化に関する国際協力
六　共産党およびソ連との絶縁

谷は、こうした条件に対する中国側の反応を非公式に確認してくれないかとミッチェルに持ち掛けたが、そうした行動をとるにはカー駐華大使の了解を得なければならない、というのが相手側の回答であった(96)。

八月に入って、この報告を受けたカー大使は谷の和平条件案に好意的態度を示した。蔣介石との交渉を前提とし傀儡政権・駐兵・顧問・賠償を要求しない谷の案は、これまでに聞いた日本の和平条件の中で最善のものであるとカーは述べ、自分が直ちに中国政府の意向を確かめてもよいと言うほどであった。しかしカーの意欲を伝えられた谷は、以前の態度を後退させることになる。以前提示した和平条件案は政府の公式提案ではなく谷の個人的な案であり、その後日本政府の態度は硬化したので、蔣が共産党との絶縁を明確に表明しない限り、政府は彼と和平交渉を始めようとはしないだろう、と谷は語った。また谷は、外交ルートを介さず非公式に中国側の反応を確認してもらうことを望んでいたのであって、今の段階でカー大使が動くことは好ましくない、と述べたのである。(97) かくして谷の試みは何ら成果を得ることなくして終わった。

一方、香港でも宇垣の布石が打たれつつあった。彼から和平の糸口を探るよう依頼された矢田七太郎（元上海総領事）が、香港・仏印の情勢視察を表向きの理由として、七月二八日香港に到着したのである。(98) ただし、香港滞在中の矢田の和平行動は神尾のそれとほぼ一致すると思われるので、ここでは両者の行動を一つのものとして扱うことにしよう。

この頃神尾の和平行動が重要性を帯びたのは、漢口『大公報』の張季鸞との直接接触が始まったからである。張が漢口から香港に出て来るとの情報を神尾から聞いた矢田は、「あの人なら蔣介石に真直に通ることは間違いないし……信用出来る」と述べ、張との会談に自分も参加したいと希望した。(99) 神尾・張会談は八月九日に始まり、二三日までの数度の話し合いには矢田も胡霖もしばしば参加した。張は、自分の行動は張群を通じて国民政府の許可を受けていると説明し、中国側の意向を以下のように伝えた。(100)

中国の態度は抗日一辺倒であり、このままでは「日支共倒レ」になる危険性がある。このような情勢の中で和平を実現するためには、日本が中国を対等の国家として扱い和平のイニシアチヴをとらなければならない。しかも事は急を要し、漢口が陥落すれば和平の機会はいっそう遠のくであろう。したがってまず停戦を実現し、その間に内交渉を始めるべきであり、中国からは汪兆銘か何応欽を出すので、日本からは宇垣外相が出馬してもらいたい。なお、実質的には日中間の直接交渉で進め、最後の仕上げとしてイギリスの調停という形式をとるのが望ましい。

具体的な和平条件について張は、「初メカラ条件ニツイテ逐条審議的ニ押ツケテ行カウトシタノデハ見込ガナイ」と述べたが、蔣下野問題に関しては、蔣が国民的英雄であり「和議ヲ遂ゲル場合ハ蔣ヲ措イテ外ニ人ガナイ」し、たとえ本人が下野を承諾しても、「周囲ガ聴クマイ」と論じた。また神尾が、国民政府は共産党に陝西の特別行政区を認めたのだから華北の臨時政府にも同じ扱いはできぬかと尋ねると、辺境の陝西と平津地域とを同列に論じることはできないと張は答え、政治的問題を除いた「日支経済提携」ならば妥協の余地があるかもしれないと語った。さらに防共問題について張は、中国側が日本の「ファッショ化」に容喙しないのと同様に、日本も中国の内政問題に干渉すべきではないと主張した。その他撤兵(駐兵)問題について神尾はあえてこれを持ち出さなかったが、張の態度から見て中国側の主張はかなり強いものと推測された。満洲国承認問題や賠償問題についても、突っ込んだ討議はなされなかったようである。(101)

張季鸞との接触は、旧友間の意見・情報交換という性格が強かった。張が伝えた中国側の意向はきわめて強硬であり、その報告を受けた緒方竹虎は、「今迄のところでは、高宗武の齎すところが一番点が甘く、張季鸞が一番辛く候」と神尾に書き送った(102)。一方、香港に帰任した中村総領事は、張季鸞の目的を「張群の旨を受けて宣伝に来たものだ」と見なしたようであった(103)。

中村が帰任したのは八月一七日である。帰任直後の神尾との意見交換で、総領事は本国の空気を「日本は強硬である、当局は十分の諒解を持つてゐるが、予備工作を要し、今直ぐ実行に移すわけに行かぬ」と説明し、和平のような「機微な問題を取扱ふチヤンネルは、……複雑にして混雑させぬ方がよい。オフイシヤル・ヴユーを送るものは一つで結構、二つも三つも作るのは却て妨げになる」と述べた。彼の不在中香港に現れた矢田が張季鸞や胡霖に日本政府筋の意向なるものを伝えることに、総領事は反対を表明したのである(104)。

さらに、その後も矢田とともに張や胡と接触を重ねた神尾が、マカオで非公式交渉を即時開始し日英会商（宇垣・クレーギー会談）を利用してイギリスに斡旋を求めるという構想を中村に伝えると、八月二二日総領事は次のように神尾や矢田の和平行動中止を強く要請した(105)。

此問題には、貴方はあまり深入りしないがよい。私は大臣から全権を任されてやつてゐるから、私のところには今まで貴方に打明けられない色々のことがある。無理か知らぬが日本は蔣介石が下野せねば収まらぬといつて突つ張つてゐる。今頃マカオで会ふなどといふことがあつたら大変なことが起る。それに支那は大分弱つてゐる。……支那はあせつてゐる。だからそんなことを言つて来るのだ。色々喰違が起ると困るから、私に一任しておいてください。

なぜ中村は神尾に和平行動中止を要請したのか。矢田のいうように「秀才型の人は大抵そんなものだ」[106]から、つまりエリート外交官的体質のせいだったのか。おそらくそれだけではあるまい。やはり、蔣下野の要求で暫くは押していけという宇垣の指示が[107]、必ずしも蔣下野を絶対的条件としない神尾の工作にストップをかけさせたのであろう。さらに、高宗武の来日が自分の和平工作（喬輔三との折衝）の大きな障害となっていたことを中村が知っていたとすれば、張季鸞を通じる神尾の和平工作の進展も喬との交渉に支障を与えるのではないかと総領事が危惧したとしても、無理からぬところがあったかもしれない。また、当時の漢口作戦の進行により、中村は中国側の立場が相対的に弱まりつつあると判断していたのであろう。八月下旬、張季鸞は漢口に戻り、その後も神尾・矢田と張・胡との連絡・接触は続いたが、それが和平工作と称し得るまで発展することはなかった。

では、中村・喬交渉はどうなっていたのか。残念ながら、この時期の両者の会談記録は見当たらない。もちろん、中村は宇垣の指示に従って喬との折衝を続けていた。八月二七日神尾と会った喬は、一七日以来総領事とは二、三回会談したと述べている。[108]

ところが九月一日、中村は矢田に、日本側が蔣下野先決に固執したため、喬から交渉は打ち切るとの通告があったと語った。「電話の線はつながつてゐるが、話は切れてしまった」というのである。[109] また八日には喬自身が神尾に、少なくとも当面は交渉不成立、「一切打切り」と告げたが、いずれまた「談判再開」があるだろうとの期待も表明し、[110] その後も喬はしばしば日本側と接触した。こうしてみると中村・喬会談は決裂というよりもむしろ一時中断というべき状態になったのかもしれないが、その後に中断状態から復元することはなく、やはり実質的には、喬を通じる和平工作はこの時点で終了したと見てよいであろう。宇垣は、外相辞任直後の一〇月一日ではあるが、「香港の中村は蔣の下野を求めて不調となれるが如し」と小川平吉に語った。[111]

さて、ではこの間、高宗武を通じる工作はどうなっていたであろうか。実は、七月に日本から香港に戻った高と日本側との連絡は一時不通となっていた。影佐軍務課長は「高宗武氏の運動は其後暫時進展を見なかつたので自分は高氏の計画の蹉跌を信じてゐた」という。[112] 八月中旬、ようやく松本重治に連絡してきた高は、胸部疾患悪化のため上海の病院に入院中であった。[113]

ただし、高は帰国後間もなく周隆庠（外交部情報司科長）を漢口に派し、蔣介石宛の書簡を含む訪日の報告書を周仏海に伝えていた。周仏海の日記には、日本側が蔣下野に固執しているとの報告を聞いて、一同失望したと記されている。(114) 周仏海は、高の報告書が汪を相手にして和平を行いたいとの日本の意向を明記していたため、まず汪兆銘にこれを見せたが、汪は一読した後、そのまま報告書を蔣介石に見せるよう指示した。蔣は報告書については何も述べなかったが、高が許可を得ずに渡日したことに激怒し、彼に対する機密費の交付を打切るよう命じたという。(115) 周隆庠は七月下旬香港に帰った。

八月下旬、高の要請によって上海から香港に赴いた松本は、病み上がりの高に代わって低調倶楽部のメンバーであった梅思平（元江寧実験県県長）と交渉を行うことになった。(116) 香港で松本は緒方の書簡を神尾に手渡し、神尾から香港での和平交渉の状況（中村と喬との交渉、(117) 神尾・矢田と張季鸞との会談）を聞くとともに、高との工作について次のように説明した。

高らのグループは四十台《ママ》の新官僚四十二名より成る秘密結社である。……高宗武は日本から帰つて来て漢口へ行けなくなつた。蔣介石一派の不興を買つたので危いとて、周仏海等から漢口行を止めて来た。それで高は乾児をやつて、私《ひそか》に汪兆銘に板垣の意向を伝へさせた。そこで秘密にこれを受けて研究中であつて、蔣介石一派に内密になつてゐる。汪に伝えさせた板垣の意向とは、「日本は従来の因縁によつて、どうしても蔣介石とは両立せぬ、若し蔣に代わって汪兆銘が出るならば、条件を寛大にし、十分面子を立てるやうにして、決して漢奸に終わらしめることをしない」というものであったという。(118)

松本と梅との会談は通訳の周隆庠を交えて八月二九日から五回にわたって開かれた。それまで日本側に接触してきた董道寧も高宗武も日本留学生出身で日本語を解したが、梅は日本留学の経験がなく日本語を解さなかったので、通訳が必要とされたものと思われる。松本の回想によれば、彼が和平の成否は日本軍の撤兵にかかっているとし、撤兵のためには蔣介石の下野が必要だと述べると、梅は、日本が蔣下野を要求したのでは和平は成り立たないと反論した。これに対して松本は、蔣下野要求には固執しないが、その代わり日本の撤兵声明に応じて中国側は和平運動を強化し蔣を下野に追い込むこと、満洲国を承認することの二条件を提示した。また撤兵問題について松本は、治安維持のため撤兵には一年半ないし二年を要し、しかも華北および蒙疆には防共のため一定期間日本軍の駐兵が必要だと論じると、梅はこれを原則的に了解したが、揚子江下流地域での駐兵には絶対反対を主張した。なお最後に梅は、日本が撤兵を声明した場合中国の和平運動は汪の領導の下になされるはずであり、汪と雲南の龍雲や四川・広東の将領とは既に連絡があると語ったという。(119)

一方、神尾が松本から聞いた梅との合意内容は以下のようなものであった。(120)

漢口が陥落し長沙が取れて、日本の軍事行動が一段落した時を移さず、日本は新たに声明書を発表し、対支目的を述べて、蔣介石の下野を迫る。……自衛的停戦の宣言を発表する。これを機会に汪兆銘の一派が内部から策応して、蔣介石の下野を余儀なくせしめ、国民政府の改造を断行して、日本の声明に順応する。

松本はさらに、「この計画は極めて秘密に進められてをり、蔣介石の幕僚（張群一派は除外さる）と汪兆銘の一派とが、一致してやつてゐることが特色」であり、先方の言い分では、「西南各省の軍人に働きかけて、大規模な組織となりつゝある」ので、「日本軍が漢口、長沙を取り西安もやるさうだから、一二回重慶の空襲を試み、恐怖のドン底に陥れた後なら相当の見込みがあるだらう。自分は近く日本に帰り、このラインに添うた運動を試みるつもりである」と語った。これを聞いた神尾は、「日本政府が高宗武一派の運動に望みを嘱してゐることは明白で、戦勝国として一種の内応者を発見したやうな気持ちであらうと思ふ、果たして然らばこれがメーン・カレントとなり時局終結か、……張季鸞などの不下野説は……日本政府の心を捉えることは、先づ当分あるまい」と判断するに至ったのである。

松本の工作の核心は、日本の撤兵ないし停戦声明に国民政府内の和平派が策応して蔣介石の下野を強制し和平を達成する、という点にあった。これが可能であれば、「対手トセス」声明を表だって否定しなくても、「三政権大合流論」に依拠して和平を実現する、との五相会議決定の趣旨に合致するはずであった。(121) 神尾は、こうしたねらいを持つ松本の工作がやがて日本政府に採用されることは間違いないだろう、と考えたわけである。ところが、このように順調に見えた松本の工作も、この直後に一時中絶してしまう。九月八日に上海に戻った松本は間もなく腸チフスで入院、重態に陥り、一二月の初めまで退院できなかった。梅との合意メモは、東京から駆けつけた西義顕と伊藤芳男に伝えられ、さらにそれは上海出張中の参謀本部支那班長・今井中佐に伝えられた。(122) これがいつ頃のことであったかははっきりとしないが、おそらく九月下旬以降であったと思われる。(123) 暫くの間中国側からも何ら連絡はなかった。そしてその間、東京では別の和平工作に対する期待が高まっていた。

第七節　宇垣工作の進展

まず九月上旬までの主要和平工作の状況を整理しておこう。萱野の工作は七月末、宇垣から一時見合わせを要請され、暫くその中断状態が続いていた。神尾・矢田と張季鸞との接触は八月下旬、中村総領事から深入りを警告され進展を見なかった。中村・喬会談は九月一日以降中断し、実質的には終了した。高宗武につながるルートは一時途切れ、八月末から松本重治と梅思平との会談に進んだが、松本の入院により、その会談内容は東京にまだ伝わっていなかったと考えられる。したがってこの工作も、少なくとも東京から見る限り休眠あるいは停止状態にあったといえよう。

こうした状況において宇垣外相は九月四日、石射東亜局長に対して和平問題に関する自己の所信を次のように語った。(124)

事変ノ収局ニ付テハ君ノ提案ノ如ク蔣介石相手ノ和平ヨリ外ナカルヘシト思フ、自分モ大臣就任ノトキ近衛首相ニ対シ一月十六日ノ声明ハ場合ニヨリ乗リ切ルコトトノ了解ヲ得テ居ルノタ、只急ニ蔣相手ノ和平ヲ提案シテハ騒カレルハカリタカラ潮時ヲ見テ居タノタカ最近ノ状勢カラ見テ最早其工作ニ取掛ツテ然ルヘキ時ト思フ、出来ルナラハ漢口攻略前ニ蔣ト話ヲ付ケ度シト考フ

宇垣は、蔣下野問題に対する国内の態度が緩和してきたと判断したのである。宇垣によれば、「今ノ所蔣ヲ相手ニセヌト云フコトカ前提トナツテ居ル」けれども、多田参謀次長は蔣相手の和平交渉に同意を表明したし、米内海相もそれに異存なく、「セメテ和平成立後蔣カ下野スルコトニシテ貰ヒ度イトノ意見」であったという。また強硬論者の板垣陸相も、土肥原機関の新中央政権樹立工作に依然として期待をつないではいたものの、「此頃

ハ大分蔣介石ヲ相手ニセヌト云フコトノ間口ヲ広クシテ来タ様テアル」と見られた。

事実、多田は九月三日、宇垣に対し、「一日も早く時局を片付けて貰ひたし、蔣相手にても差支なし」と語っていた。(125) 八月下旬、木戸厚相が近衛から得た情報では、「参謀本部の一部に、場合によりては〔蔣を〕対手と為しても纏めたしとの意向もある」とされている。(126) 参謀本部の秩父宮が蔣を相手とする早期和平実現を天皇に訴え、これを天皇が閑院宮参謀総長に確認すると、参謀総長は政府がそのように決心するならば蔣相手の和平でも異存はないと奉答したといわれる。また蔣を相手とする早期和平に関し参謀次長から軍令部次長に申し入れがあったともいう。(127)

同じ頃木戸が得た情報によれば、参謀本部は一般に「蔣を対手とするも日支の間に和平を持ち来さゞるべからずとの論」であり、「板垣陸相は最初は之に反対の意向なりしが、最近は略之に同意するに至れり。東条、影佐が反対の意向を有する為め、行悩の状態なりとのことなり」とされている。(128) もしこの情報が正確であれば、一時期待された高宗武工作が順調に進捗してはいなかったが故に板垣陸相はその態度を軟化させたのに対して、影佐軍務課長はまだ高工作の進展に望みを託し、国民政府否認論者の東条次官は依然として蔣下野先決に固執していたといえよう。

かくして宇垣は、このような国内情勢の変化により、中村総領事に対する新しい訓令を起草するよう石射に指示した。その趣旨は、「日本国内ノ情勢ハ和平後蔣カ支那国民ニ対シ自発的ニ下野スルナラハ蔣ヲ相手ニ和平スルモ可ナリトノ空気カ濃厚トナリツツアル旨ヲ喬《ママ》ニ告ケ孔トノ話ヲ繋キ再ヒ先方ノ意向ヲ打診セヨ」というものであった[129]。蔣下野を正式交渉開始の前提条件とせず、講和後に蔣が自発的に下野すると確約するだけでよい、とされたのである。かつて宇垣が蔣下野を要求した理由の一つ、つまり蔣介石の「政治的責任」は、必ずしも蔣下野先決を必要とはしなかった。和平成立後の辞任でもよかったのである。また、国内の反蔣感情に対しても、講和後の下野確約によって対処することができないわけではなかった。既に米内海相や多田参謀次長は、講和成立後の蔣下野で差し支えないとの意向を述べていた[130]。そしてさらに、蔣下野強制が可能であると主張する高宗武工作は中断状態にあった。九月三日、小川平吉と会った宇垣は、「媾和は蔣が下野不能ならば媾和前に約束だけするも可なり」と述べ、「外相は意気軒昂万難を排して国の大策を断行せん〔と〕するなり」という印象を小川は受けた[131]。

　ところで、前述したようにこの時点では既に、喬から中村総領事に対して、蔣下野先決は受け容れられないとして交渉打ち切りの通告があったはずである。中村はこれを本省に報告していたであろう。ただしその報告はおそらく中村・喬会談の一時不調を述べ、交渉再開の可能性を示唆していたのであろう。宇垣は新訓令による中村・喬会談の再開、和平工作の進展に大きな期待をかけていたのである。

　ではその後の中村と喬との折衝はどうなったのか。実はこれについての記録も回想も、今のところ見当たらないのである。新訓令は実際に発せられたのか。中村は訓令を執行し、喬にあらためて蔣下野要求の変更を伝えたのか。戦後の中村の回想手記も新しい訓令には触れていない。あるいは中村が日本の新しい意向を喬に伝えても、喬からは全く返事がなかったのかもしれない。いずれにしても、中村と喬との交渉は九月に中絶状態に陥り、その後の進展はほとんどなかったと思われる。

ところが、戦後の宇垣の回想では、この頃に彼の和平工作が大きな進展を見せたように記述されている。つまり、香港に仲介者を置いての交渉は隔靴掻痒の感があるので直接談判をやりたいとの申し入れが孔からなされ、台湾もしくは長崎で孔・宇垣会談を行うため、そこまで孔を日本の軍艦で運ぶ計画も立てられた、と宇垣はいうのである。[132] 既にその頃、中村・喬ルートは中断状態が続いていた。となると、宇垣工作の九月における新たな展開は別のルートからもたらされたことになる。それは、八月中休眠状態にあった萱野ルートであった。

萱野が東京を離れたのは九月初旬である。彼はまず上海に向かった。九月八日上海の萱野から小川に暗号電が入り、孔祥熙らが反共を約して停戦を申し出た場合、日本はこれに応じるかとの問い合わせがなされた。小川が早速この電報を宇垣に示すと、「外相意気軒昂決意頗る固きもの、如」く、「外相の発意」によって返電が作成された。返電の趣旨は、反共と和平後の蔣下野を確約することが必要であり、停戦には出先軍が面倒な条件を言い出すおそれがあるので、孔と宇垣が直接談判に乗り出した方がよい、というものであった(133)。宇垣が「意気軒昂」であったのは、萱野が伝えてきた中国側の意向を、自分が指示した中村への訓令に対する中国側の反応と受け取ったからかもしれない。翌日、再び萱野から電報があり、交渉には孔自身が乗り出すので和平条件は宇垣との直接折衝で協議すべきであるとの先方の意向が伝えられ、さらに会談場所をどこにするかとの問い合わせもなされた。小川は会談場所を長崎（雲仙）とするよう通知したが、これはおそらく宇垣の指示を受けてのことであろう。既に八月初旬、中村総領事の帰任に際して外相は、直接談判になった場合場所としては台湾か長崎（雲仙）が適当であると語っていた。しかし、これに対して萱野は、雲仙までの乗換に伴う困難を指摘し、日本海軍の軍艦上での会談を提案してきた(134)。

こうした経緯を見ると、孔・宇垣直接会談には、中国側よりもむしろ宇垣自身が積極的であり乗り気であったことが分かる。また蔣下野問題について宇垣や小川は、蔣が下野の意思を表明し和平成立後に自発的に下野すれば差し支えないと主張したが、萱野の観測によれば、中国側は和平成立前に下野の意思を公式に表明することすら困難としており、孔らが和平後の蔣下野を非公式に保証するくらいがせいぜいのところであろうと見られた(135)。

このような中国側の意向を詳しく報じる萱野の書簡が小川のもとに届いたのは九月二〇日である。翌日小川はこの書簡を宇垣に示し、孔が日本軍艦上での談判に臨むということは日本に「来り降る」形になるであろうし、たとえ孔の蔣下野保証が蔣の反対によって履行されない場合でも、それは必然的に蔣と孔の分裂をきたすであろうから、孔と交渉を開始しても日本にとって不利にはならない、と論じた。外相はこれに同意し、会談場となる軍艦のことは海相に相談してみると語った(136)。

そして九月二三日、近衛は五相会議の模様を次のように小川に伝えた。すなわち、外相は先の萱野書簡を五相会議に提出して「孔等と会見を提案し且つ談判の内容は如何もあれ彼等の来る場合に之と会談せざるの理なきを述べたるに、一同賛成にて、孔等が軍艦に来り之と会見することは板垣も賛成」し、さらに「此事は外相より陛下にも上奏し御内諾ありたり」、と。これは小川の期待を上回る事態の進行であった。「軍艦云々の件は未だ彼より正式に提案したるものに非るが故に、且又時機少しく後れたるが故に、果してすら〳〵運ぶべきや否多少の懸念なきに非ず」ではあるけれども、「五相会議に於て外相が孔祥熙迎接の提案に一人の反対なきに至れるは、国家の為真個一大慶事にして予の欣快に勝へざる所なり」と小川は日記に記した。彼の日記には「国民政府と交渉開始、五相会議賛成!!!」とも記されている(137)。小川の興奮が伝わってくるようである。

ところが九月二九日、突如宇垣は辞表を提出し、翌三〇日正式に外相を辞任してしまった。小川は近衛（外相兼任）の了解のもとに、宇垣辞任によっても日本側の方針は変わらず軍艦上の直接談判を希望する旨、香港の萱野に連絡したが、やはり宇垣の辞任のために中国側の態度は硬化し後退したようであった(138)。その後も萱野を通じる中国側との接触は継続されたが、和平工作としては見るべき進展を示さなかった。(139)宇垣・孔祥熙工作は宇垣の辞任とともに終了したのである。

第八節　宇垣辞任の経緯

宇垣はなぜ辞職したのか。(140)一般には興亜院設置に対する不満がその最大の理由とされている。少なくとも近衛首相に辞職を申し出たとき、宇垣はこれをその理由とした。(141)しかし宇垣は戦後の回想の中で、興亜院設置は陸軍が彼の和平工作に反対するために持ち出した陰謀であり、これに近衛首相やその他の主要閣僚も反対しなかったが故に辞職の決意を固めたのだと説明し、辞職の理由が興亜院設置反対だけにとどまるわけではないことを示唆した。(142)

たしかに、蔣下野を交渉開始の先決条件とはしない宇垣の和平工作に対しては、少なからぬ抵抗が存在したであろう。依然として国民政府の壊滅を目指し和平そのものを無用とする強硬論も強力であったろう。また、宇垣工作と競合する高宗武工作推進者の一人、影佐軍務課長は興亜院設置を推進する一人でもあった。(143)それ故、宇垣が興亜院設置と彼の和平工作に対する反対との間に関係があると見たことには、それなりの理由があったといえるかもしれない。あるいは、板垣陸相が宇垣・孔直接談判に承認を与えた後、松本・梅の合意に関する情報が伝えられ、再び高宗武工作に傾斜して宇垣工作に反対を始めた、という可能性も考えられないわけではない。しかしながら、興亜院設置と宇垣工作反対とを直接結びつける証拠、つまり宇垣工作を妨害するために興亜院設置を急いだという確証は、少なくとも今のところ発見されていない。したがって、おそらくこの両者の間に直接の関係はなかったのであろう。ただ、この両者の間に関係があると推測した宇垣の疑惑そのものは、たとえその根拠が薄弱であったにせよ、彼の辞職を促した要因の一つとして作用していたのかもしれない。

　宇垣辞職のもう一つの理由として、国民政府との和平交渉に絶望したことが考えられるのではないか、という解釈もある[144]。たしかに中村総領事と喬輔三との交渉は九月初めに実質的に終了した。しかし前述したように、その後萱野を通じる工作が進展を示し、宇垣は孔祥熙との直接談判に関し五相会議の同意と天皇の承認を得たのである。もちろん、この工作進展への宇垣の期待は過大であり、期待したほど急速に和平工作が進みそうもないことに、やがて宇垣自身も気づいたかもしれない。けれども、それは絶望するほどのものではなかったはずである。事実宇垣の回想によれば、興亜院設置問題で彼が抵抗を続ければ近衛内閣は総辞職せざるを得ないが、そうなれば折角ここまで漕ぎつけた孔との和平工作もご破算になってしまうので、そうした事態を避けるために彼が単独辞職し、後任外相による和平工作継続に期待したのだという[145]。

和平工作への絶望を辞職理由とする解釈では、『宇垣日記』の九月二七日の記述がその間接的な証拠として注目されている。つまり、「蔣政権及其一味に強圧を加へ壊滅を期すること」とか「謀略に依り蔣一味の切崩し攪乱を図る事」といった記述は、国民政府との妥協によって和平を達成しようとしたこれまでの宇垣の考え方からの重大な変化を示しているという。しかし、彼の外相就任直前の頃の日記にも、「(一)軍事的には蔣政権及蔣軍の壊滅する迄徹底的に遣る、(二)外交的には一面前(一)の行為を支援することの他面には光栄ある平和を招来する工作を為せ」という記述がある。(146) したがって、蔣政権への「強圧」とか「壊滅」というのは、宇垣にとって同政権を和平に誘導するための軍事的圧力を意味したのであり、前述したように、こうした意味での軍事的圧力や謀略に宇垣は反対ではなかった。国民政府との和平に関し、彼の考え方に重大な変化があったわけではないといえよう。

宇垣の辞職理由に関して、より重視すべきは、辞表を提出したときの近衛首相との問答である。このとき宇垣は、興亜院設置問題に関して彼の所見と辞意を表明したのであったが、近衛が「貴案〔興亜院に関する宇垣案〕通りになれば在任して呉れるか」と問うと、宇垣はこれを「ハツキリと断り」、「此事丈けでなく近時余の閣内に在ることが何となく政府内の平和を害するのではないかとの感も抱いて居る所でありますから仮令愚案通りになりたとて断じて翻意することは出来ぬ」と答えたという。(147)

この点で注目されるのが八月末に宇垣が起こしたといわれる舌禍事件である。小川が近衛から聞いたところによると、このとき宇垣は葉山の別邸で新聞記者相手にオフ・レコの談話として、「一月の蔣を相手とせずとの声明を罵り、又板垣の強硬論を攻撃し末次をも誹謗し」国民政府との和平を説いたところ、これを板垣陸相に内報する者があった。板垣は五相会議で外相を詰問しようとして米内海相に慰藉され思いとどまったが、末次内相は外相罷免まで主張したという。[148] 宇垣は彼の失言を捏造と否定したが、[149] この事件の波紋は意外に大きかった。

例えば木戸は原田熊雄に次のように語った。[150]

一月十六日の声明を非難する外務省側の或る意見として、外務省の中堅階級が書いた文書〔石射の意見書ではないかと思われる〕を宇垣が近衛に見せて「自分はこの意見に同感だ」と言つたといふことで、これは結局近衛のやり方を非難して、間接に「まあ辞めろ」と言はんばかりな話で、「辞めた後は自分がならうといふのぢやないか」と批判する者もあり、これには近衛もよほど腐つておつた。

木戸によれば、九月初め近衛は「南京攻略の見透し、一月十六日の声明の結果、新政府樹立の効果、成績等に顧るに、常に事志と違ふ処少からず、此上愈々蔣を対手とすると云ふことにならば、其責任も重大なるを以て挂冠するの外なし……最近宇垣方面より、首相の方針等につき悪声の伝へらる、は、結局此の内閣を倒さんとの意図の下に行はる、やにも推せらる」と語った。これに対して木戸は、「此の際蔣を対手とすると云ふことを以て首相が退き、其新政局を宇垣外相の方針にて処理せむとするが如きは、到底思もよらざることにて、其の結果は国内に恐らく一擾乱を起し、結果より見て我国の負となるの虞十分にあり」と論じ、「今一応勇気を起して邁進するの必要を力説」した。[151]九月下旬にも木戸は興亜院設置問題の紛糾について、「宇垣に私心があつて、そのためになか〳〵うまく行かぬ。やはり宇垣は野心家で、困つたもんだ」と述べている。[152]

近衛およびその周辺のこのような宇垣不信の声は、外相の耳にも入ったであろう。近衛に取って代わろうとする「野心」が宇垣にあったかどうかはこの際問題ではない。「野心」があろうとなかろうと、自分に対する近衛の批判や不信を伝え聞いた宇垣が、逆に近衛に対する不信・不満を強めたのは当然であった。興亜院設置が自分の和平工作に対する妨害・陰謀であり、これを近衛が黙認しているかのように見えたのも、おそらくこうした不信がその背後にあったからであろう。宇垣の辞任後、その経緯を聞いた元老・西園寺公望は、「まあ、結局近衛が宇垣をいやになつたんだな」[153]と、むしろ近衛が宇垣を辞任に追い込んだのではないかとの感想を述べたが、案外これが事の真相を的確に衝いていたかもしれない。

さらに、「蔣政権を相手にせず云々に深く拘泥せず」という宇垣の入閣条件を了承したはずの近衛が、必ずしもこの了解と合致しない意向を表明したことも外相の不信を強めたのではないかと思われる。前述したように、六月初め近衛はジョン・ガンサーとのインタビューで蔣介石との和平の可能性を示唆したが、公の場での首相の態度はその後も依然として強硬であった。例えば七月初旬、事変一周年にあたって近衛は記者会見で次のような所信を表明した。(154)

国民政府を対手にしないのは国民政府が容共抗日政策を採つてゐるからである、従つて国民政府が共産党と手を切り共産党分子を排除し、また抗日政策を放棄するならば、……国民政府は容共抗日の国民政府でなくなるのだからこれを対手とすることも考へられるわけである、これは国民政府を対手とせずと云ふことを理論的に見た場合である、然し実際は国民政府の中心となつてやつてゐるのは蔣介石である、……〔容共抗日政策を追求している〕蔣介石が中心となつて動いてゐる国民政府を対手として安んじて和平の話を進めるわけに行かぬ、これが「国民政府を対手とせず」といふことを実際的に見た場合である、且仮に蔣介石が下野して日本と真に提携する誠意を持つた他の有力な人物が国民政府内に立つて、日本との講和を希望した場合があるとしてもその場合蔣介石無き国民政府はこれを支那の中央政府として取扱ふことは出来ぬ、事実上現に北支には臨時政府があり中支には維新政府があるからこれに国民政府が合流して支那に新しい中央政府が出来た場合にはその中央政府を対手とすることは考へられる、要するに実際問題として今後いかなる事態が起つて来ても国民政府を対手とすることはあり得ない

これは何と明快さを欠いた談話であることか。五相会議決定に応じて、蔣が下野すれば国民政府を新中央政権の一構成分子と認めるとの趣旨を示唆しようとしているようではあるが、談話の重点はむしろ従来どおり国民政府を「対手」にしないことにあるとの印象を与え、実際に中国側の和平派を失望させた。(155)

また近衛は九月中旬、元老を訪ねた帰りの車中で次のように語った。(156)

漢口攻略戦は順調に進展してゐるが漢口の陥落で事態の結末がつくかどうかは疑問だ、……我方としては飽迄容共抗日を標榜する蔣政権の徹底的壊滅に邁進するのみだ、……漢口攻略前後には色色と重大な動きや問題も生ずると思はれるので帝国政府の態度を闡明する声明を発するつもりで目下声明の案及び其の時期に付て研究を進めてゐるが……結局蔣政権が一地方政権に堕したといふ烙印を押すといふことになるであらう

この談話も、当時宇垣が萱野を通じて進めていた和平工作（この工作について近衛は小川

から詳しい報告を受けていた）を、側面から妨害するとはいえないまでも、決して支援するものではなかった。

結局宇垣は、自分の和平工作に対する近衛の支持を期待できなくなったのではないだろうか。蔣下野を和平の絶対的条件とはせず、しかもそれほど苛酷ではない講和条件で和平を達成しようとすれば、まさに石射意見書が予見したように、また木戸が予想したように、強硬論者を中心として国内に大きな反動・抵抗が生じるのは避けられなかったであろう。石射はそうした抵抗を乗り切るだけの「勇気」を持つよう訴え、木戸は逆にそうした事態を招かぬよう近衛を勇気づけたわけである。それはともかく、宇垣がこうした反動・抵抗に抗して和平を実現するためには、首相・近衛の全面的バック・アップが是非とも必要であった。その支持を、首相は宇垣の入閣条件容認によって約束した、と宇垣は信じていたのであろう。しかし九月に入ると、萱野工作の進展がありながら、宇垣は閣内での孤立が目立ち、近衛の支持にも確信が持てなくなったのではないかと思われる。[157]しかもその上、一時過剰なほどの期待を寄せた萱野工作も、その期待ほど急速かつ円滑には進まないことに宇垣は気づき、辞職を決意するに至ったのであろう。したがって、宇垣の辞職理由が彼の和平工作に何らかの関連を持っていたとすれば、それは中国側との交渉に対する絶望というよりも、むしろ日本の国内事情、特に近衛の支持に対する失望であったと考えられよう。

第九節　宇垣工作の評価

宇垣工作で注目されるのは、「対手トセス」を清算し克服しようとした点である。宇垣の和平構想は五相会議決定の「三政権大合流論」に依拠しつつ、それを乗り越えようとするものであり、蔣下野先決要求も最終的には取り下げようとした。五相会議決定では蔣下野が国民政府「屈伏」の認定条件とされ、「屈伏」した国民政府は既成政権と同等もしくはそれ以下のものとして扱われることが想定されていた。これに対して宇垣構想は、講和後の蔣辞職を要求しながらも、蔣在任のままで国民政府との講和を実現し、実質的には国民政府が既成政権を吸収することを容認しようとするものであったと考えられる。

宇垣の和平工作でもう一つ注目されるのは、別掲の「和平工作ルート」[158]に示されているように、宇垣が様々なルート、チャネルを通じて情報の収集、中国側の真意把握に努めたことである。宇垣が最終的に蔣下野先決要求を取り下げたのは、国内の態度が緩和したからだけではなく、ほとんどすべてのルートを通じて中国側が蔣下野は不可能だと主張し続けたからでもあった。他方、様々な和平ルートの存在は、しばしば諸工作の乱立、諸工作間の競合・交錯を招いた。その最も代表的な例が、高宗武工作との競合であったわけである。

これまでたびたび指摘してきたように、宇垣工作にはまだ不明の部分が少なくない。戦後の宇垣の回想は、彼が演じた役割の大きさと和平の実現可能性を実体以上に誇張しているため、かえって彼の和平工作の理解を難しくしている面もある。工作発端の経緯、八月と九月における中村総領事と喬輔三との接触の詳細、宇垣の辞職の真相など、まだ推測に基づかざるを得ないところも多い。さらに、軍艦上での宇垣・孔直接談判については、日本側の期待がいかにも過剰であったように思われる。宇垣の外相辞任がなくても、直接談判が実現したかどうかは疑問である。また、たとえそれが実現しても、交渉がうまく妥結し得たかどうかは分からない。和平条件について日本側と中国側との間には、蔣下野問題を別にしても、まだ相当の開きがあった。

宇垣工作に関して最も不明の部分は、やはり中国側にある。まず、ピース・フィーラーとしての喬輔三の資格や能力についての疑問がある。例えば、上海総領事館の岩井副領事は喬について、「彼ハ要スルニ香港ニ於ケル孔ノ情報員テ日本側ノ出方ヲ研究シテ居リ其ノ材料ニ和平問題ヲ持出シ居ルモノニ過キナイノヂヤナイカトノ印象ヲ深メタ」と報告し[159]、矢田も、喬は「頻に日本側と接触を図り招待し居る人物故重大なる両国の内部接触に当るシロ物とは思は」れない、と述べた[160]。また松本重治は、「喬輔三はよい人物だが、大任を果せる力量は疑わしく、おそらく孔のメッセンジャーだけだろう」と見た[161]。喬を孔の密使として高く評価したのは中村総領事だけだったのである。

さらに、同じ孔の密使としての喬と賈存徳や馬伯援との関係も不明である。[162]七月中旬には孔の部下の樊光が北支那方面軍特務部長のもとに使者を派遣し、蔣介石下野、共産党弾圧、反共政府樹立という条件を伝えたとの記録もある。[163]これらすべてのルートを孔は掌握し、様々のチャネルを用いて日本側に和平を働きかけていたのだろうか。それとも、孔の部下が相互に何の連絡もなく動いていたのであろうか。あるいは、これらの接触は、和平を直接目的とするものではなく、単なる対日情報収集のためであったのか。九月初旬孔祥熙は、日本には和平を望む健全な分子が存在しており、中国が漢口を保持している限り和平の可能性がある、と重慶駐在のイギリス外交官に語っている。[164]これは孔のねらいが和平であろうと情報収集であろうと、宇垣の意向が孔に届いていたという点で、宇垣工作の効果と見ることができるかもしれない。

また、孔の諸工作は蔣の了解のもとになされたのか、それとも孔の単独行動であったのか、という疑問もある。梅思平によると、孔の和平行動も、張群による張季鸞の香港派遣も、蔣の暗黙の了解のもとになされたとされているが、[165]これにも確証があるわけではない。こうした疑問の核心には、和平に対する蔣介石の態度が摑みにくいという事情がある。例えば、七月下旬外交部長王寵恵はアメリカ大使とイギリス大使それぞれに和平斡旋を要請し、蔣も外交部長の要請を確認した。その要請とは、(一) 日本が中国の傀儡政権を承認する前に、英米が協同して(可能であればフランスも加えて) 日中両国に和平斡旋の提供を

和平工作ルート

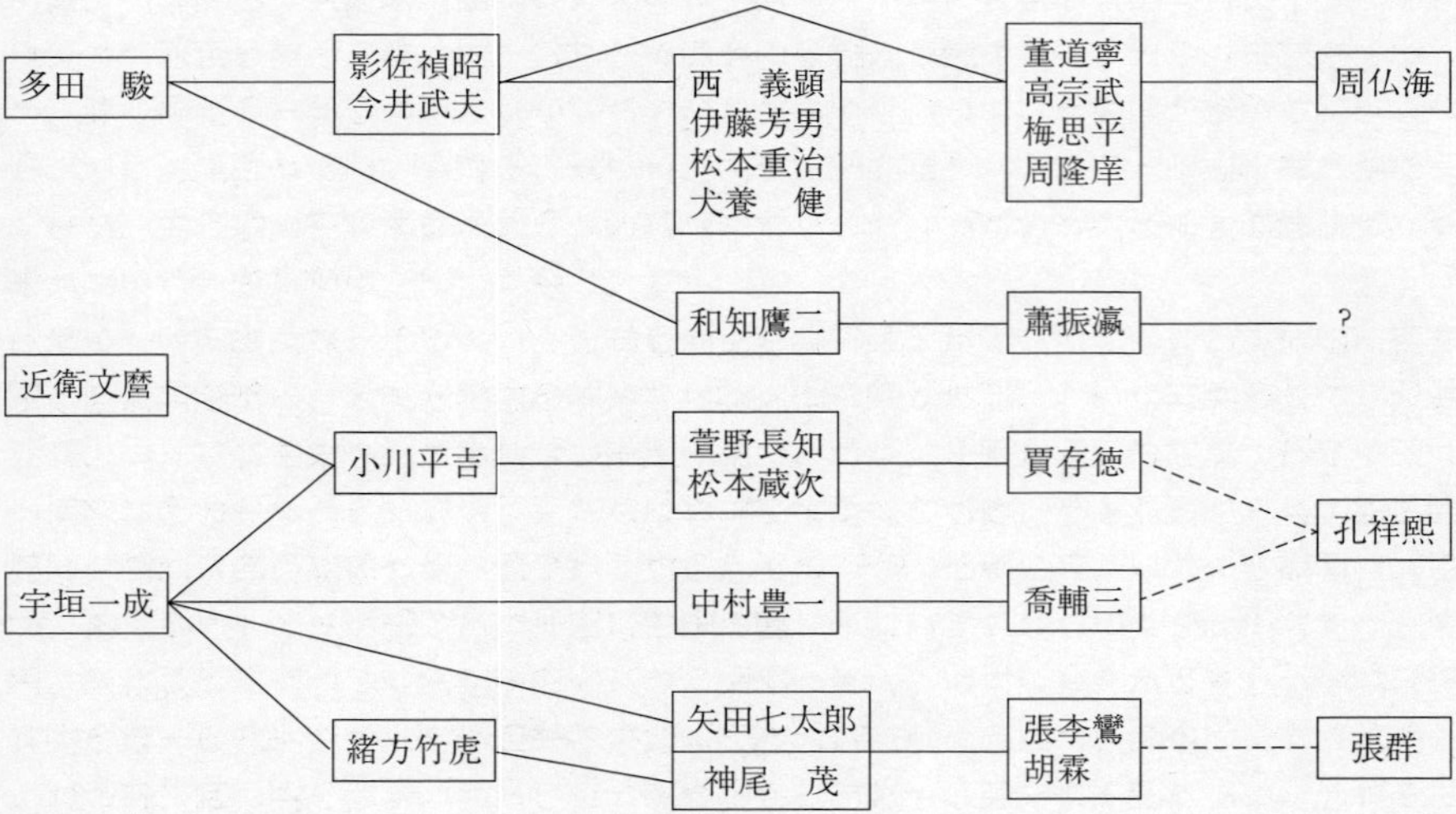

多田　駿
影佐禎昭
今井武夫
西　義顕
伊藤芳男
松本重治
犬養　健
董道寧
高宗武
梅思平
周隆庠
周仏海
和知鷹二
蕭振瀛
?
近衛文麿
小川平吉
萱野長知
松本蔵次
賈存徳
孔祥熙
宇垣一成
中村豊一
喬輔三
緒方竹虎
矢田七太郎
神尾　茂
張季鸞
胡霖
張群

申し出、(二) 日本がそれを拒否した場合、英米(仏)は事変の結果中国に生じた新事態を承認しないことを日本に通告する、というものであった。[166] 結局、英米とも和平斡旋にはまだ時期が熟していないとして中国の要請を断ったが、[167] 果たしてこうした要請を行った中国の真意はどこにあったのだろうか。アメリカのジョンソン大使が観察したように、中国は、日本が国力の限界に達しつつあり張鼓峰事件などのために事変解決を急いでいるので、列国の斡旋があれば中国側の和平条件に応じると考えたのであろうか。[168] それとも、この直前イギリスに経済援助の要請を拒否されていたので、それに対する何らかの反応であったのか。あるいは、英米の不承認政策を引き出すことが真のねらいだったのか。

一〇月上旬、漢口駐在のイギリス外交官が彼独自の判断で和平条件を作成し蔣介石に見せたところ、蔣は原則的に同意し、それを大使とロンドンに伝えるよう要請したという。その和平条件とは、蔣下野と賠償を規定せず、満洲国の承認、天津・北京・青島・上海での日本軍駐屯(ただし一定期間)、華北における経済的特権の付与(日本人顧問の採用、日本資本の導入、関税上の優遇措置)、海関管理に関する日本の発言権拡大、などを中国に要求するものであった。[169] このエピソードでも蔣介石の真意は不明である。こうした条件ならば、彼は和平に応じる用意があったのか。また、イギリスの宥和政策によるミュンヘン危機の回避というヨーロッパ情勢の推移が、蔣の態度に何らかの影響を及ぼしていたのだろうか。

和平に対する中国側の態度には常に不明確さ、曖昧さがつきまとう。中でも最もそれが際立つのは高宗武の行動であろう。特に問題となるのは、高宗武が渡日し蔣下野強制の可能性まで示唆したことである。それは周仏海などとの了解・連繫に基づいていたのか、それとも高個人の判断によるものであったのか。高工作に関係した日中両国人の回想では、既に高の来日以前から周や汪との連繫があったとされている。しかし、周仏海の日記には、早期和平達成の願いは記されていても、蔣下野強制の計画が進行していたとの示唆はない。むろん、あまりにも危険な行動計画であったので、周はあえて日記にも記さなかったのかもしれない。他方、汪が早期和平実現を願っていたことは事実としても、自ら和平運動の先頭に立って蔣を下野せしめるという構想に、汪はまだ少なくとも表面的には同意を表してはいない。日本側からそうした要請が伝えられても、彼はそれを常に蔣介石に報告していた。(170)

蔣下野強制による和平招来という構想については、中国和平派の間にあってもまだ確固たる合意と具体的な計画があったとは思われない。他方、日本側にとってこの構想は、甚だ魅力的である反面、かなりの危険性を含むものでもあった。敵の内部分裂をねらう「謀略」に堕す危険性と、中国側に「裏切られる」危険性があったからである。宇垣工作が終了した後、日本はこの魅力的でありながら曖昧かつ危険な高宗武工作に傾斜していくことになる。

第六章　「日支新関係調整方針」の策定と汪工作

第一節　「調整方針」をめぐる疑問

一九三八年一一月三〇日、御前会議で決定された「日支新関係調整方針」（以下「調整方針」と略す）は、同年一月一一日の御前会議決定「支那事変処理根本方針」を引き継いで、事変の処理・解決に関する最高方針を定めたものである。この決定は一般に、一一月三日に発表されたいわゆる「東亜新秩序」声明の実体を示すものと見なされ、また日本の権益思想や中国管理の発想を色濃く反映した方針としてきびしく批判されてきた(1)。

批判の矛先は決定の内容だけでなく、この決定策定と並行して進められた汪兆銘工作との関係にも向けられている。例えば、この決定と汪工作の合意文書たる「日華協議記録」とはその内容があまりに隔たっているので、「日華協議記録」の「謀略的性格もまた客観的には見のがすわけにはゆかない」とされる(2)。また、「汪兆銘との和平条件として」作成された「調整方針」の内容が中国側には意図的に隠されていたとも指摘されている(3)。

ところが、「調整方針」の策定にかかわった人や汪工作に関与した人々の間では、この決定が肯定的に評価される。「調整方針」原案の起案者、堀場一雄少佐（参謀本部作戦課戦争指導班）によれば、この方針は「支那事変の戦争目的及其限度を最終的に律し、以て事変処理及将来の建設に亘り百般の準縄たらしめんとせるもの」で、「戦績及犠牲の増大より生ずる慾望の累加を予め戒め、……戦時的要求と基本的建設とを混同して全面的把握の弊に陥らんとするの傾向を是正する」ために作成されたが、「思想統一のために合議に附したる結果、本来の趣旨に非ざるものを介在せしむるに至」ったという。(4)また、堀場案を支持した影佐軍務課長は、「日支間の心からなる提携による共存共栄」こそ起案の趣旨であったが、当時は事変に伴う犠牲の代償を求める声が強く「一見軟弱に見えるこの大乗的な対支処理方針を決定するといふことは相当の苦労を要した」と述べている。(5)西義顕は、「調整方針」が本来は「帝国主義政策の放棄を内容とする」ものであったと主張する。(6)

一方、汪工作との関係については、今井参謀本部支那班長が「本方針は汪工作の基礎となったが、同時に汪工作の発展に伴い、本方針を決定的にすると共に現実に実践の歩を進め得たもので、其関係密接で表裏をなした」と指摘している。(7)松本重治によれば、「調整方針」のポイントは「日華協議記録」の内容、特に協定区域以外からの日本軍撤退という条項を修正付加したことにあり、これを御前会議決定とした結果、「これまで有志の同志的な民間の運動だった撤兵条項づきの日中和平運動は、完全に公式のものとなった」とされている。(8)

「調整方針」とはいったいどのような性格のものであったのだろうか。それは一般に批判されているように当時の権益思想の集大成にすぎないのだろうか。それとも当事者たちの回想にあるように、そうした権益思想の抑制と日中和平を目指すことが、その本来のねらいであったのか。彼らの回想には、起案から御前会議に至るまでの「不純思想の介入」[9]が当初の意図と最終的決定との乖離をもたらした、との共通した指摘が見られる。はたしてそれは事実として確認できるであろうか。また、「調整方針」と汪工作とはどのような関係にあったのか。汪工作関係者は、「調整方針」に日本の真の意図が含まれつつあるのを知りながら、それを隠して中国側との合意を作り上げたのか。

こうした疑問を解明するためには、「調整方針」が起案され御前会議決定に収斂していく過程をできるだけ正確に捉え直す必要がある。堀場少佐は一九三八年四月に原案を作成したという。[10]したがって一一月末に正式決定を見るまでこの策定過程は半年以上にも及んだことになるが、おそらくこの半年という長い時間にこそ、様々の疑問解明の鍵が潜んでいるであろう。

第二節　「調整方針」の原案

一九三八年四月に堀場が作成したという「調整方針」原案は、残念ながら現在までのところ発見されていない。ただし堀場は、この原案が「(昭和)十二年十月の解決処理方針より十三年一月支那事変処理根本方針を一貫せる思想」に基づいていたと述べているので、[11]こうした方針やその他に彼が起案したと思われるいくつかの文書の内容から、堀場原案の輪郭を描くことはできるであろう。

一九三七年一〇月の解決処理方針とは、同月六日戦争指導班が作成したもので、その後関係各方面に回覧するうちに行方不明になってしまったという。したがって具体的な内容は不明であるが、その趣旨は、「善隣友好、共同防衛、経済提携の原則下に日満支を結合することを以て戦争目的」とするものであったといわれる。[12]やがて講和問題の浮上に備えて陸軍中央部の意見調整がなされ、一二月一日に「支那事変解決処理方針案」が大本営陸軍部案として纏められるが、その基礎となったのが戦争指導班による一〇月の解決処理方針であったと思われる。[13]この大本営陸軍部案は、「東洋の道義文化」や「亜細亜民族の復興」を謳い、善隣友好・共同防衛・経済提携の三原則をいかにも堀場好みのレトリックで説明していた。

その後こうした文言は、翌年初頭、陸海外三省事務当局が御前会議議題の原案を作成した際、その基本方針の部分に採用された。[14]ところが一月九日に開かれた連絡会議で基本方針の前文は約三分の一に縮小され、さらに同日の閣議は「イデオロギー的部分」を削除した。これに対して陸軍は翌一〇日の連絡会議および閣議で原案の復活をはかり、その結果一一日の御前会議決定では、事務当局案にあった部分、つまり大本営陸軍部案にあった部分がかなり回復されたのである。

例えば、「日支両国間過去一切ノ相剋ヲ一掃シ、両国国交ヲ大乗的基礎ノ上ニ再建シ、互ニ主権及ビ領土ヲ尊重シツツ、渾然融和ノ実ヲ挙クル」という文言が、一旦削除されながら復活した。しかし、一二月一日の大本営陸軍部案に掲げられた「東洋ノ道義文化ヲ再建設シ亜細亜民族ノ復興ヲ期ス」とか、「東洋道義ノ文化ニ対スル侵略破壊ハ其武力的思想的経済的政治的ノ何レナルヲ問ハス日満支協同シテ之カ芟除ニ当ル」といったレトリックは、既に三省事務当局案の段階で姿を消していた。堀場は、「東洋道義文化」が欠落したことに不満であった[15]。

堀場の言う「東洋道義文化」とはいったい何を意味したのであろうか。半年後、おそらく彼もしくはその周辺が起案したと思われる六月二〇日付・参謀本部第二課「戦争指導上速ニ確立徹底ヲ要スヘキ根本方針[16]」では、次のような論理が展開されている。まず、「事変ハ消極的ニハ満洲事変ノ終末戦タルト共ニ積極的ニハ東亜解放ノ序幕戦タルノ意義ヲ有シ……道義日本ノ確立ト東洋文化ノ再建設」がその目標である。そして、「道義日本ノ確立ハ……北支ヲ日満ト一環ノ国防圏ニ包含スルコトニ依リ概ネ之カ実践力具有ノ基礎ヲ概成」し、「東洋文化ノ再建設ニハ先ツ東亜ヲ物心ニ於ケル欧米依存ノ状態ヨリ解放スルヲ要」す。つまり、華北は「皇国ノ自存竝日満国力結成即チ道義日本ノ大局的生存ノタメ絶対不可欠ノ範域」なので、「北支ニ在リテハ軍事及資源上支那主権ニ対スル我優位ノ設定ヲ基本観念」としなければならない。また、欧米依存からの解放のためには、中国は特に英ソの不当な影響力を排除しなければならないが、当面はソ連勢力の排除に努力を集中し

「国内ノ治安開発ニ邁進スルノ要」がある。

要するに、「道義日本ノ確立」からは華北における日本の優位の設定が、「東洋文化ノ再建設」からはソ連の影響力の排除（防共あるいは共産勢力との絶縁）が、具体的方針として導き出されたわけである。この文書は、「東亜ニ於テ日本ハ先覚指導者トシテ又支那ハ大ナル実在トシテ夫々天賦ノ使命実相ヲ有」すと述べるなど、いささか独善的な発想を示している。また、華北に関する要求はいかにも軍人の起案らしく、かなり強引である。ただし、華北以外については「日支平等互恵ノ観念ニ於テ便宜ヲ得ル程度ヲ以テ満足スヘキモノトス」と説き、柔軟性を示している点が注目される。

さて、三八年四月に堀場が作成した「調整方針」原案は、その後暫く陸軍省軍務課の川本芳太郎中佐に審議を妨害されたが、六月に影佐大佐が軍務課長に就任し七月に川本が中国に出張して本国不在となった頃、ようやく協議の促進がはかられたという。[17]「調整方針」の策定に直接関連する文書で、最も日付が古いものとして確認できるのは七月一二日付の参謀本部第二課「日支関係調整方針案」[18]であり、これが今のところ堀場の原案に最も近いものと見なされるが、ここにも「東洋文化ノ再建」が登場する。すなわち、この文書の「要旨」は次のように述べているのである。

日支ハ東洋文化ノ再建ヲ以テ共同ノ目標トナシ互助共栄以テ相互ニ善隣ノ関係ニ置カル

ヘキモノナリ
之カ前提タル本事変直接ノ結果トシテ北支ハ国防及経済上ニ於テ又上海ハ主トシテ経済上ニ於テ夫々両国ノ関係ハ緊密ニ調整結合セラルヘキモノナリ　即支那ノ求ムル所ハ領土ノ保全ト可及的旧状復帰トニ存スヘク、又日本ノ求ムル所ハ北支ニ在リテハ戦略並資源上ノ要求ニ基ク日満北支ノ高度結合ニシテ又中支ニ在リテハ上海ニ於ケル日支経済結成上ノ結節点設定ナリトス
日支関係ノ要諦ハ日本ノ支那ニ対スル強制ヲ一般提携ノ原則ノ外上述要求ノ範囲内ニ制限シ日支協力ノ立場ニ於テ之ヲ処理シ爾余ハ一切支那自体ニ於テ処理セシムルニ在リトス

注目されるのは、中国側の要求が領土の保全と事変前の旧状回復にあると正確に受けとめ、日本の要求を一定範囲内に限定しようとの姿勢が示されたことであろう。堀場自身のレトリックを用いれば、日本の要求を「東洋文化ノ再建」に関連したものだけに限定しようとしたわけである。問題はそうした範囲、つまり日本の具体的な要求がどの程度のものであったか、ということになろう。この文書は日本の要求を善隣友好、共同防衛、経済提携の三分野に区分して列挙しているが、この後の修正と対比するために、ここで重要な部分をピック・アップしておこう。

［善隣友好］

＊日満両国ハ支那中央政府ヲ又支那ハ満洲国ヲ正式承認シ三国ハ茲ニ東亜復興ノ理想下ニ新国交ヲ修復ス　満洲国ハ既成ノ事実トス　支那ハ其領土及主権ニ変化アルコトナシ　北支ハ国防及経済上ニ於テ日満支三国ヲ強度ニ結合スル地帯トス　蒙疆ハ外蒙程度ノ自治区域トシ概ネ既成ノ日蒙関係ヲ認ム　上海ハ経済上ニ於ケル日支結節点タルノ実質ヲ備ヘシメ新中央政権下ノ特別市トス

＊日本ハ新中央政府ノ政治、経済、教育、軍事ニ関シ少数適任ノ顧問ヲ派遣シ新建設ニ協力ス特ニ北支及上海ニ在リテハ所要ノ機関ニ日本人顧問ヲ配置シ日満支強度結合地帯タルノ実ヲ具有セシム

＊日満支善隣関係ノ具現ト共ニ日本ハ漸次既得権益（租界、治外法権等）ノ返還ヲ考慮ス

［共同防衛］

＊共同防共ノ実行ニ関シテハ日支協同シテ特ニ北支ヲ粛正スルト共ニ日本ハ蒙疆方面ヨリ又支那ハ新疆方面ヨリ共産勢力駆逐ノ措置ヲ講ス　右ノタメ日本ハ所要ノ軍隊ヲ北支ニ駐屯シ特ニ蒙疆ニ在ル日支軍ハ軍事行動ニ関シ当該方面日本軍司令官ノ一指揮下ニ置ク

＊別ニ日支防共軍事同盟ヲ締結ス
＊北支及上海付近ニ対シテハ日本ハ該地方ノ治安確立ニ協力ス　右ノタメ日本ハ治安ノ確立ニ至ルノ間所要ノ軍隊ヲ左ノ地域ニ於テ治安保持上ノ要地ニ駐屯セシム
北支　北支五省（黄河以北河南省ヲ含ム）
中支　南京、上海、杭州三角地帯
別ニ広東ニハ情勢ニ応シ一時的ニ軍隊ヲ駐屯セシムルコトアリ　支那ハ本項ノ駐兵ニ対シ日本側財政上ノ負担軽減ニ付協力ス
［経済提携］
＊日本ハ特定資源ノ開発ニ関スル事業ニ対シ協力ス　特ニ北支資源ノ開発利用ニ関シテハ現地ノ福利増進ヲ顧念シツツ国防上ノ見地ヨリ日満ノ不足資源就中埋蔵資源ヲ求ムルヲ以テ施策ノ重点トシ其他ハ一般ニ平等合作ニ依ル
＊交易ニ関シテハ日満支就中日満北支間ノ物資需給ヲ便宜且合理的ナラシムル如ク通商貿易等ノ関係ヲ律ス　現行排日高率関税ヲ是正シ輸出税及転口税ヲ整理ス
＊北支鉄道幹線（隴海線以北）ト航空トハ日支交通協力ノ重点ナリ　日本ハ駐兵間北支ニ存在スル両者ニ対シ軍事上ノ要求権及監督権ヲ保留ス
この文書は、一月一一日の御前会議決定に基づき「新興政権ト日支両国ノ関係ヲ調整ス

ル場合ニ於ケル準拠ヲ示スモノ」であった。したがってここに列挙された日本の要求は必ずしも和平条件を意味するわけではない。例えば賠償、非武装地帯、華北の特殊機構などに関する要求を掲げていないのも、和平条件ではないからかもしれない。しかし、故意にそれを明記していないとすれば、和平条件緩和の何らかの意図があったとも考えられる。租界や治外法権など既得権益放棄の可能性は明記されているのである。

この文書を和平条件構想と見た場合、最も注目されるのは、地域的な重点を華北と内蒙に置き、かなり強引な要求を列挙していることであろう。その点は、先に紹介した「戦争指導上速ニ確立徹底ヲ要スヘキ根本方針」にも共通する特徴であった。華北は国防上・経済上の「強度結合地帯」とされ、資源開発・交易・交通などに関して日本の優位が規定された。蒙疆には防共特殊地位を設定し、外蒙古程度の自治区域にするとされた。さらに防共軍事同盟を締結し、日本は華北と内蒙から共産勢力を駆逐するため軍隊を駐屯させ、内蒙の中国軍は防共駐屯日本軍司令官の指揮下に置かれるものとされた。華北五省と華中三角地帯には治安駐兵が規定され、その費用負担について中国側が協力するとも謳われた。

華北・蒙疆に関する要求が強引である反面、その他の地域に関してはそれほど強硬ではなかった。華中の経済的「強度結合地帯」は上海だけに限定された。華中三角地帯にも治安駐兵が規定されたが、それ以外の点では、華中については「平等合作」「共同互恵」「互助共栄」を目指そうとした配慮がうかがわれる。

この七月一二日付の文書が四月に作成された堀場の原案からどの程度修正されたものであるかは判然としない。ただしその内容と、後年の堀場の回想[19]から見て、堀場原案も特に華北・内蒙についてはかなり強硬な要求を掲げていたと思われる。七月一二日付の文書は日本の「強制」を一定範囲に限定しようとしたが、その一定範囲は必ずしも中国の許容範囲ではなかったともいえよう。

同じ頃作成された外務省の石射東亜局長の意見書[20]では、次のような和平条件が列挙されている。すなわち、満洲国の承認、防共政策の確立、反満抗日の取締、臨時・維新両政府の地方特殊政権としての存続（ただし一定期間後には国民政府による任意の改組を認める）、内蒙における自治的現状の維持（ただし中国の主権が前提）、長城南辺と上海周辺の非武装地帯（ただし期限付き）、一定地域での日本軍駐兵（ただし一年以内）、資源開発での経済合作、直接被害の賠償（戦費賠償は要求せず）などである。これと七月一二日付文書の要求を比較すればどうなるであろうか。やはり、華北関係の要求や駐兵について堀場構想の方が強硬であることは否めない。

しかし、これほど強引ではなくても、華北での「経済提携」や防共についての協力が、事変前から日本の対華政策の目標であったことも想起しておく必要がある。またこの文書が、大きな犠牲を出しつつある最中に、強硬論の横行する軍の内部で作成されたものであることも忘れるべきではないであろう。堀場の「東洋（道義）文化」は、そうした強硬論に対抗し日本の要求を彼が適正と考える一定範囲に限定するためのキーワードであった。

第三節　「調整方針」の修正

七月一二日付の文書が作成された頃、前述したように五相会議は事変処理に関し一連の決定を打ち出していた。では、「調整方針」案の審議と五相会議決定案の協議とはどのような関係にあったのだろうか。既に述べたとおり五相会議決定案のうち事変処理方針関係の起案担当は陸軍であり、これには参謀本部の戦争指導班も関与していた形跡がある。(21) また五相会議決定の案文の一部には「調整方針」に言及したものもあり(22)、少なくとも当初は両者の審議が同時並行的に進行していたことをうかがわせる。「強度結合地帯」という表現が両者に共通しているのも二つの審議過程が重複していたことを示すものであろう。

ただし、「調整方針」の内容に最も直接的な関係がある五相会議決定は「支那政権内面指導大綱」(第四章第三節参照)であり、これは陸軍省の起案に基づくものであった。したがって国交調整ひいては講和条件の具体的内容については、「調整方針」案が陸軍統帥部側の構想であり、五相会議決定(「支那政権内面指導大綱」)は陸軍省を含む政府側の構想と捉えることができよう。そしてこの五相会議決定がやがて「調整方針」案の審議・修正に影響を及ぼしていくのである。

「調整方針」の修正に関連する記録はすべてが現存しているわけではないが、現存する記録から判断すれば、修正過程はこれを三つの時期に区分すると、五相会議決定による影響など、その特徴をよく捉えることができよう。すなわち、第一期は八月中旬あたりまで、第二期はそれから一一月三日の近衛声明まで、第三期はそれ以降御前会議決定（一一月三〇日）までである。以下、それぞれの時期の特徴を見てみよう。

（一）第一期(23)

七月一二日付案の「要旨」の重要部分、すなわち日本の要求を一定範囲に限定しようという意図を表明した部分は、既にこの時期に姿を消している。また、国防上・経済上の強度結合地帯が「北支」から「北支及蒙疆」に拡張され、経済上の強度結合地帯も上海から揚子江下流地域に拡大された。

この時期の最も注目される修正は、防共駐兵と治安駐兵以外の早期撤兵が謳われたことである。ただし駐兵の費用負担については中国が「財政的協力ノ義務ヲ負フモノトス」と規定された。華北資源の開発に関しては、日本に「特別ノ便益ヲ供与ス」という表現が用いられるようになった。さらに、居留民に対する損害補償の要求が付加された。

このように八月中旬までの段階では、「調整方針」は要求をやや拡大しながらも五相会議決定ほどには至っていない。それは五相会議の諸決定がまだ閣議でも説明されておらず(24)、おそらく正式には「調整方針」の修正・審議の場に持ち出されてはいなかったからであろう。この時期については早期撤兵の趣旨が明記されたことを重視すべきではあるが、他方、要求を限定させようとした趣旨の「要旨」がなくなったことも軽視すべきではない。これを欠くことによって、起案者堀場のねらいはかなり希薄になってしまったのである。

(二) 第二期[25]

この時期の修正でまず注目されるのは、「東洋文化ノ再建」という文言が完全に姿を消したことである。[26]そのかわり、「日満支三国ハ文化ノ融合、創造及発展ニ協力ス」との一項が設けられた。しかし堀場が「東洋文化ノ再建」をキーワードに使って、日本の要求を一定範囲に限定しようとしていたことを想起すると、同じ「文化」でもその意味するところは全く違っていたといえよう。

また、この時期になって初めて「調整方針」に「分治合作」が謳われたことも注目される。もともと先に紹介した「戦争指導上速ニ確立徹底ヲ要スヘキ根本方針」も、「当分北中支分治ノ形態ヲ存続」すると述べていたが、その主旨は現地既成政権を新中央政権成立後も暫くは解消せず地方政権として存続させることにあったと思われる。五相会議決定「支那新中央政府樹立指導方策」の初期の草案でも、分治合作には「当分ノ間」という限定が付いていた。ところが、七月四日にこれが陸軍省部決定となったときに「当分ノ間」

は削除されてしまった。分治合作主義は恒久的原則と謳われ、七月一五日の五相会議決定にも引き継がれたのである。この時期の「調整方針」はこの五相会議決定をそのまま受け継いだといえよう。

さらに、華北と南京・上海・杭州三角地帯の治安駐兵の他に、「共通ノ治安安寧維持ノタメ揚子江沿岸特定ノ地点及南支沿岸特定ノ島嶼ニ若干ノ艦船部隊ヲ駐屯ス」との一項が加えられた。一時は、「支那ハ原則トシテ海軍及ヒ空軍ヲ保有セス」とか陸軍の制限を要求する項目も設けられたが、五相会議決定「支那政権内面指導大綱」の立案段階でその陸軍省案や海軍案にもこれと類似した軍備制限要求が見られたことは先に触れたとおりである。ただし、軍備制限要求は「支那政権内面指導大綱」の審議過程で削除されたし、「調整方針」の協議過程でも一〇月二九日に陸海外蔵四省主任者案が作成されたときに削られた。なお、この四省主任者案では、防共のための内蒙の中国軍が日本軍司令官の指揮下に入るとの項目が消え、華南沿岸の特定島嶼に特殊地位を設定することが審議未了となった。

華南沿岸特定島嶼への特殊地位設定は既に五相会議で決定済みであったから、この時点で「調整方針」が五相会議決定のすべてを受け容れていたとはいえない。しかし、それに大きく影響されていたことは明らかである。要求の肥大化を促したのは陸軍だけではなかった。上述の修正には海軍の意向が反映されている。おそらく海軍の主張によって、要求を地域的に限定しようとの発想はなくなったといえよう。また外務省も必ずしも穏健であったわけではない。外務省の課長クラスの協議では、軍の駐屯は北方だけに重点を置かず「全面的考慮」の下に「長江線」と「海岸線」にもなされるべきであるとか、治安確立まで駐兵を続けるのだから治安駐兵は半永久的なものになるとか、租界・治外法権の撤廃は明言しない方がよいとか、「鞏固ナル統一中央政権ノ出現ハ考ヘ物」であるといった意見さえ聞かれた(27)。

こうした「不純思想の介入」によって「調整方針」の趣旨が修正されていくのに対し、堀場はあらためて「調整方針の内容を洗練して本来の思想を純粋簡明に実現せる」方針、「日支新関係調整に関する原則」なるものを立案したが(28)、「調整方針」そのものを元に戻すことはできなかった。しかも、広東陥落(一〇月二一日)や漢口陥落(同月二六日)により、駐兵地域の拡張や特殊地位の対象拡大は一般に当然のことと考えられるようになっていくのである。

(三) 第三期(29)

この時期の修正で最も注意すべきは、第二期から実質的な変更がなされていないことである。たしかに、一一月三日の東亜新秩序声明を受けて、「東亜ニ於ケル新秩序ノ理想」という表現が、かつての「東洋文化ノ再建」のように冒頭に大きく掲げられた。しかしそれ以外には、審議未了であった華南沿岸特定島嶼への特殊地位設定を確定させ、上海・青島・廈門を「特別行政区」とし、揚子江と中国沿岸における艦船の自由航泊を要求したことくらいが目立つ程度である。

つまり、東亜新秩序声明によっても、あるいは汪工作の進展によっても、「調整方針」の内容は重大な影響を受けなかった。要求が何らかの修正を加えられたとすれば、それはその緩和ではなく、むしろ拡大の方向を向いていたとさえいえよう。

最後に、七月一二日付「日支関係調整方針案」との比較のため、一一月三〇日御前会議決定「日支新関係調整方針」の重要部分を抜萃しておこう。

〔基礎事項〕

*北支及蒙疆ニ於ケル国防上竝経済上（特ニ資源ノ開発利用）日支強度結合地帯ノ設定
　蒙疆地方ハ前項ノ外特ニ防共ノ為軍事上竝政治上特殊地位ノ設定

*揚子江下流地域ニ於ケル経済上日支強度結合地帯ノ設定

*南支沿岸特定島嶼ニ於ケル特殊地位ノ設定

〔善隣友好〕

*支那ハ満洲帝国ヲ承認シ日本及満洲ハ支那ノ領土及主権ヲ尊重シ日満支三国ハ新国交ヲ修復ス

*新支那ノ政治形態ハ分治合作主義ニ則リ施策ス　蒙疆ハ高度ノ防共自治区域トス　上

海、青島、厦門ハ各々既定方針ニ基ク特別行政区域トス

＊日本ハ新中央政府ニ少数ノ顧問ヲ派遣シ新建設ニ協力ス特ニ強度結合地帯其他特定ノ地域ニ在リテハ所要ノ機関ニ顧問ヲ配置ス

＊日満支善隣関係ノ具現ニ伴ヒ日本ハ漸次租界、治外法権等ノ返還ヲ考慮ス

［共同防衛］

＊日支協同シテ防共ヲ実行ス　之カ為日本ハ所要ノ軍隊ヲ北支及蒙疆ノ要地ニ駐屯ス

＊別ニ日支防共軍事同盟ヲ締結ス

＊第二項〔防共駐屯〕以外ノ日本軍隊ハ全般竝局地ノ情勢ニ即応シ成ルヘク早期ニ撤収ス　但保障ノ為北支及南京、上海、杭州三角地帯ニ於ケルモノハ治安ノ確立スル迄之ヲ駐屯セシム　共通ノ治安安寧維持ノタメ揚子江沿岸特定ノ地点及南支沿岸特定ノ島嶼及之ニ関連スル地点ニ若干ノ艦船部隊ヲ駐屯ス尚揚子江及支那沿岸ニ於ケル艦船ノ航泊ハ自由トス

＊支那ハ前項治安協力ノタメノ日本ノ駐兵ニ対シ財政的協力ノ義務ヲ負フ

＊日本ハ概ネ駐兵地域ニ存在スル鉄道、航空、通信及主要港湾水路ニ対シ軍事上ノ要求権及監督権ヲ保留ス

［経済提携］

＊資源ノ開発利用ニ関シテハ北支蒙疆ニ於テ日満ノ不足資源就中埋蔵資源ヲ求ムルヲ以

テ施策ノ重点トシ支那ハ共同防衛竝経済的結合ノ見地ヨリ之ニ特別ノ便益ヲ供与シ其他ノ地域ニ於テモ特定資源ノ開発ニ関シ経済的結合ノ見地ヨリ必要ナル便益ヲ供与ス

＊交易ニ関シテハ妥当ナル関税竝海関制度ヲ採用シ日満支間ノ一般通商ヲ振興スルト共ニ日満支就中北支間ノ物資需給ヲ便宜且合理的ナラシム

＊全支ニ於ケル航空ノ発達、北支ニ於ケル鉄道（隴海線ヲ含ム）、日支間及支那沿岸ニ於ケル主要海運、揚子江ニ於ケル水運竝北支及揚子江下流ニ於ケル通信ハ日支交通協力ノ重点トス

第四節　参謀本部の和平構想

「調整方針」の修正と並行して、堀場およびその周辺では和平達成のための構想が模索されていた。既に一月下旬、参謀本部戦争指導班は「情勢の推移に伴ひ蔣政権の翻意、数国の協同調停竝新興政権及蔣政権間の妥協等の事態発生したる場合には之を利導して対支戦争を政略的に終局に導くことに努む」と述べ[30]、「対手トセス」修正の方向に踏み出していた[31]。また七月初旬の五相会議で、蔣政権が「屈伏」した場合は、これを「友好一政権」として新中央政権の構成分子と認めるとの決定が打ち出されたとき、堀場はこの決定を「対手トセス」の修正だとして歓迎した[32]。

堀場らの和平構想は、七月末から八月初旬にかけて彼の所属する参謀本部第二課で作成された「秋季作戦を中心とする戦争指導要領」(33)にも示されている。これは秋に予定された漢口・広東作戦の軍事目的を明確化するとともに、漢口攻略直前と広東攻略の直後の二度にわたって国民政府側から和議の提唱がある可能性を予期し、「此の二波を利導し日支関係を一新調整し適時本事変を終幕することに努む」との方針を掲げた。さらにこの文書は、「一般戦争指導方針就中新日支関係調整方針を確立徹底せしむ」と、当時審議中であった「調整方針」に言及し、「戦争指導上の根本方針に関しては御前会議を仰ぐ」とも述べていた。後に「調整方針」が御前会議に掛けられる伏線は、おそらくこのあたりにあったのであろう。

次いで第二課は八月中旬から九月初めにかけて、「戦争終結に関する最高指導案」(34)を作成した。ここでも「日支関係調整に関する根本方針を確定し御前会議に於て之が聖断を仰ぐ」とされ、講和の「第一波」と「第二波」に備えた具体的方針が立てられた。

堀場もしくはその周辺の起案によると思われるこの文書は、「対手トセス」をほぼ完全に清算していた。そこでは次のような論理が展開されている。事変の目的は「皇国国防圏の設定と日満支結合のための一歩前進」にある。したがって日本が中国に求めるのは「戦略上竝経済上に於ける北支及上海の範域」であり、これは対ソ戦に備え日中再戦を防止するためである。中国全体を第二の満洲国化するのは不要であるだけでなく、日本の国力からして不可能でもある。情報によれば、日本のこうした真意は中国側に伝わっているはずだが、和平の機会がなかなか到来しないのはむしろ日本側に原因があり、いつまでも蔣下野にこだわっているからである。「対手トセス」も蔣下野も、方便であって本質ではない。

この文書は、蔣下野の解釈にも大きな幅をもたせた。蔣が反共の態度を明示すれば、公然かつ事前に下野を確約しなくても、下野に関する暗黙の約束か一時的隠遁もしくは外遊でも構わないとされた。そしてそうした保証が得られれば、一部の改組や現地既成政権との合流を経た国民政府は、新中央政権と見なされることになった。またこの文書では、和平の場合「解決条件の内容は日支関係調整要項に準拠す」とも規定され、「調整方針」はここに和平条件としての意味も持つようになった。前節で述べたように、この時期の「調整方針」はまだそれほど要求を肥大化させていなかったのである。この文書はさらに第三国の斡旋を容認するなど、和平への積極性と柔軟性において五相会議の諸決定を凌駕していた。蔣を相手とする参謀本部の和平論として近衛や木戸が大きな関心を寄せていた(前章第七節参照)のは、こうした内容を持つ和平構想であった。

一〇月に入ると堀場の和平構想はいよいよ現実性を帯びてきたように思われた。当時、新中央政権樹立工作や謀略工作に従事していた土肥原機関の和知鷹二大佐が推進する蕭振瀛(元天津市長)工作を、[35]堀場は国民政府による講和の働きかけの第一波と見たのである。[36]

一〇月七日、第二課戦争指導班は「第一波利導方策」を立案し、国民政府との直接交渉に臨む方針とスケジュールを定めた。和知が伝えた情報によれば、中国側の態度は「蔣曰く我過てり」ということに要約され、日本側の要求をほぼ受け容れると観測されたが、ただ事前撤兵と駐兵地域の問題が難点だと見られた。このため事前撤兵に関しては、やむを得ない場合華北・華中三角地帯・広東上陸地点に戦面を縮小することとし、駐兵地域については華北北部の駐屯は戦略上どうしても譲れないが、これも事変前の駐兵地域の一部拡張と解釈できようし、華北・上海付近の駐兵は治安確立までの保障のための一時的なものであるとした。

予定された停戦条件は、その頃堀場が「調整方針」修正案から「不純思想」を排除して立案していた前述の「日支新関係調整に関する原則」に基づいていた。すなわち、「日満支三国ハ東洋文化ノ再建ヲ以テ共同ノ目標トナシ相互ニ善隣トシテ結合シ東洋平和ノ枢軸タルヘシ」と謳い、次の五条件を掲げたのである。

一　三国は善隣友好・互助共存・経済提携の実を挙げること

二　「支那ハ満洲国ノ実在ヲ確認シ日本ハ支那領土及宗主権（行政権）ヲ尊重スルコト」

三　華北における日本軍の防共駐屯を認め、蒙疆を防共特別地域とすること

四　華北・上海付近の経済合作については、特に華北埋蔵資源の開発利用に関し日本に「便益」を供与すること

五　以上の条件の保障として、華北・上海三角地帯に治安確立まで日本軍が駐屯し中国側の武装を制限すること

注目されるのは、ここでも「東洋文化ノ再建」という文言が用いられていることであろう。また、あえて満洲国の正式承認を要求しなかったのも注目されよう。

さらに、この五条件が受諾されれば一〇日間の停戦を実施し、和平交渉の最終談判には政府首脳が乗り出すこととされたが、その際の最終的な解決条件とされたのが「調整方針」であった。そして、できれば最終談判に臨む前に「調整方針」を御前会議決定とするスケジュールが立てられたのである。

戦争指導班の蕭振瀛工作に寄せる期待と停戦・和平にかける熱意はきわめて高かった。それはむしろ焦慮に近かったとさえいえよう。蕭振瀛工作は当初、高宗武工作などと並んで蔣政権切り崩しの一つと数えられたが、(37)やがて本格的な和平工作と見なされていくようになる。例えば、一一月に入って参謀本部で作成された文書の中では、「和知工作ヲ利導シテ帝国ノ真意ヲ重慶政府ニ通達シ受諾セハ之ヲ翻意屈伏ト認メ停戦ニ導ク」(38)とか、「直接交渉ニ依リ帝国ノ真意ヲ重慶政府ニ通達シ我カ要求ヲ受諾セシムル」場合は「差シ当リ蕭振瀛ヲ通スル工作ニ依ル」(39)と位置づけられることになった。(40)しかし、こうした期待とは裏腹に、蕭振瀛工作は間もなく立ち消えになってしまうのである。

蕭振瀛工作が立ち消えになりつつあった頃の一一月上旬、陸軍では一週間にわたって連日省部の首脳会議が開かれた[41]。広東・漢口を失って重慶に本拠を移した国民政府にどう対処するかが検討の課題であり、その結論が一一月一八日に省部決定となった「十三年秋季以降戦争指導方針[42]」である。この決定は「十三年秋季以降のため戦争指導に関する一般方針」、「抗日政権の屈伏乃至潰滅要領」、「蔣及国民政府の処理に関する準拠」、「停戦許容条件」、「日支新関係調整に関する原則」の五つの部分からなり、その多くが戦争指導班の起案に基づくものであった。

このうち「一般方針」では、秋季作戦の成果を利用して事変の早期解決に努力することが謳われ、事変解決の目標としては「日満北支を一環とする国防圏の自主的確立」と日中再戦の防止が掲げられた。堀場ら戦争指導班の主張が反映されたものと見られよう。また、ここでも「日満支間の自主的調整及建設に関しては日支新関係調整方針に準拠す」と、「調整方針」への言及がなされている[43]。「抗日政権の屈伏乃至潰滅要領」では、作戦行動の他に政略・謀略・外交措置などを用いて抗日政権を「崩壊」に導くとし、そのための諸工作が列挙された。しかし重点は、「崩壊」よりも「屈伏」、つまり交渉による早期事変解決に置かれていたと見ることができる。「崩壊」を導くための諸工作を促進することによって重慶政府内に和平機運を誘発させつつ、他方では日本の「真意」を伝えて「我が要求を受諾屈伏せしむることに努む」と、蔣政権との和平の可能性が指摘されていたのである。

なお、前述したように当初は蕭振瀛工作が日本の「真意」を重慶に伝える工作と明示されていたのであったが、一一月一八日の陸軍省部決定では和知工作・蕭振瀛工作への言及が消えてしまった。おそらく一八日までには蕭振瀛工作の不調が明らかになり、それへの期待が失われたのであろう。(44)

「蔣及国民政府の処理に関する準拠」によれば、「蔣を相手にして全面的に日支新関係を調整すること」はないが、「蔣が共産党と絶縁し之を討伐する場合」は、「国民政府を翻意屈伏の意志あるものと認め之を停戦に導く」とされた。しかも停戦の相手としては、「蔣に代るべき者を望むも已むを得ざる場合に於ては蔣又は其の代理者を相手とすること」が認められた。約一年前のトラウトマン工作のとき、日本側の条件をすべて承諾しなければ停戦を議さないとの強硬な態度を示したのに比べると、停戦に関してはかなり態度が緩和したと見るべきであろう。また蔣を相手とする停戦を許容したことも注目される。もちろんこれも五相会議決定の枠を大きく踏み出したわけではない。国民政府が「屈伏」の条件を実行しても、臨時・維新両政府と並立する地方政権と認められるにすぎなかった。ただし、新中央政権に国民政府要人の参加を認めるかどうかの問題については、「抗日容共系の人物は之を拒否するも其の他は内政問題として支那側に委す」とやや柔軟性が示された。「停戦許容条件」としては、抗日容共政策の放棄と所要の人的改替、既成政権との協力による新中央政権の樹立、新中央政権樹立後「日支新関係調整に関する原則」に準拠した正式の国交調整、などを確約することが規定された。こうした条件に加えて蔣介石下野問題をどうするかについてはかなり激しい論争があったといわれる。[45]たしかに当初作成された案には蔣下野の条件はなく、これに対して「蔣ハ即時下野スルコト」との条件を付加せよとの反論が加えられた。[46]次いで「停戦ノタメ已ムヲ得サレハ蔣ト交渉スルモ之カ成立ニ伴ヒ遅クモ新中央政府樹立迄ニ蔣ハ責任ノ地位ヨリ去ルモノトス」という案が作成され、[47]最終的には、停戦成立後「蔣は直に責任の地位より去るものとす」という文言に落ちついたが、これも本文中には入れられず当初は「備考」、最終的には「附帯条件」とされるにとどまった。蔣下野についても、五相会議決定を上回る柔軟性が示されたといえよう。

最後に「日支新関係調整に関する原則」を見ておこう。これこそ実質的には和平条件と見なされるべきものであった。前述したように、この原案と目されるのは一〇月七日付「第一波利導方策」の停戦条件であった。その後一〇月二一日付「第二使派遣ニ関スル件（第二案）」の停戦条件では、満洲国についてその「実在」を確認するだけでなく正式承認が求められ、中国の領土・宗主権（行政権）の尊重から「行政権」が削除された以外、変化はなかった。一一月に入ってからは、堀場が重視した「東洋文化ノ再建」の代わりに「新東亜建設」という表現が用いられ、既得権益（租界・治外法権）返還の考慮が付加された。[48]

一一月一八日の最終決定では、「新東亜建設」が「東亜新秩序の建設」に、領土・宗主権の尊重が領土・主権の尊重に修正され、防共に関して日華防共協定の締結が付加されている。また、保障条件としての治安駐兵地域に「南支沿岸特定島嶼」を加えたが、協約外の兵力は短期間内に撤収することが規定された。さらに付帯条件として、日本人顧問の招聘、中国内地における居住営業の自由容認、日本居留民の損害補償が列挙されている。(49) このように見てくると、「日支新関係調整に関する原則」も堀場原案からかなりの修正をこうむったことが分かる。そしてその修正は、この「原則」を「調整方針」に近づけ両者を整合させる方向でなされた。

結局「原則」は「調整方針」を簡略化したものとなった。しかし、簡略化されていただけ、「原則」はまだ柔軟性を帯びていた。例えば、華南特定島嶼は治安駐兵地域に含まれたが、特殊地位設定は規定されなかった。もちろん分治合作への言及はない。経済合作についても、「調整方針」のような具体的かつ詳細な要求は一切省略された。かくして少なくとも陸軍に関する限り、和平条件としては、「調整方針」よりも簡略化され柔軟性を帯びた「原則」が前面に出ることになったのである。他方、「調整方針」は「日満支間の自主的調整及建設」の準拠とされ、あらためて早期解決と長期持久の双方の場合に適用される基本方針と位置づけられた。

さて、以上のような「十三年秋季以降戦争指導方針」が最終的に陸軍省部決定となったとき、先に触れたように蕭振瀛工作は立ち消えとなっていた。それならば、「十三年秋季以降戦争指導方針」は当面、新しい和平構想として現実に適用し得る可能性がなくなっていたのだろうか。そうではなかった。実は、蕭振瀛工作に代わって、また新しい和平工作への期待が高まっていたのである。前述したように(第四章第四節)、この頃陸軍は新中央政権樹立工作を一時見合わせるよう現地に指示しており、その理由の一つは現地軍と土肥原機関との間の新中央政権の主体をめぐる対立にあったが、もう一つの理由は、「現段階ニ於テハ改組重慶政府ヲモ包含セシムル予定ノ下ニ工作スルヲ要シ現ニ右工作進捗中」[50]ということにあった。そして改組重慶政府を新中央政権に包含せしむべく「進捗中」の工作こそ、高宗武工作(汪工作)であった。堀場によれば、高宗武工作は、蕭振瀛工作が立ち消えとなった後の和平提議の「第二波」と見られたのである。[51]

第五節　高宗武工作の進展

先に述べたように(第五章第六節)、松本重治が梅思平と会談した直後に病に臥して以来、高宗武工作は暫く消息が摑めなかった。それが再び動き出すのは、一〇月参謀本部の今井中佐がこの工作に直接関与してからである。今井によれば、彼は一〇月一五日上海に出張し、そこで伊藤芳男から松本・梅会談の模様を聞き、「時機愈々熟したことを感じたので」[52]、二五日一旦帰京して陸相と参謀次長に高工作推進を強力に建議したという。同月下旬梅思

平が香港から重慶に行き周仏海など和平派と協議を重ねたのも、今井の動きと関連したものであったと思われる。(53)

高工作は一〇月上旬、五相会議で蕭振瀛工作とともに蔣政権切り崩し工作の一つと位置づけられていた。ところが一一月に入ると、陸軍の文書は高工作を、蔣政権を「崩壊」に導く工作の一つとしながら「高宗武一派ヲ利用スル新官僚及民衆獲得工作」と表現するようになる。(54) かつて松本が高グループについて「新官僚四十二名より成る秘密結社である」と説明したことを想起すると、陸軍の文書のこうした表現は、今井が現地から持ち帰った情報によるものと考えられる。

では一一月三日、日本政府が発表した第二次近衛声明、いわゆる東亜新秩序声明も、高工作の進展と何らかの関連があったのであろうか。

よく知られているように、この声明の中心は事変の目的として次のような東亜新秩序の建設を謳ったところにある。(55)

コノ新秩序ノ建設ハ日満支三国相携ヘ、政治、経済、文化等各般ニ亘リ互助連環ノ関係ヲ樹立スルヲ以テ根幹トシ、東亜ニ於ケル国際正義ノ確立、共同防共ノ達成、新文化ノ創造、経済結合ノ実現ヲ期スルニアリただし、こうした東亜新秩序の理念よりも一般に注目されたのは、武漢・広東の陥落により「国民政府ハ既ニ地方ノ一政権ニ過キス」としながらも、「国民政府ト雖モ従来ノ指導政策ヲ一擲シ、ソノ人的構成ヲ改替シテ更生ノ実ヲ挙ケ、新秩序ノ建設ニ来リ参スルニ於テハ敢テ之ヲ拒否スルモノニアラス」と主張している部分であった。同日のラジオ放送でも近衛首相は、「支那における先憂後楽の士は、速かに支那をして本来の道統に立還らしめ更生支那を率ゐて東亜共通の使命遂行のために蹶起すべきであります」「国民政府と雖もこの支那本来の精神に立還り従来の政策と人的構成を改め全く生れ変りたる一政権として支那再建に来り投ずるに於いては日本は素よりこれを拒むものではないのでありま す」と述べている(56)。

こうした文言はよく「対手トセス」を修正し汪に決起を促したメッセージであるといわれる(57)。たしかに、これは「対手トセス」の修正を曖昧ながら示唆してはいる。しかし、その修正は五相会議決定の枠内であったことにも注意しなくてはならない。国民政府は既に地方政権にすぎないと断定されている。したがって、正統政府としての国民政府との講和を呼びかけたわけではなく、国民政府が従来の「抗日・容共」政策と人的構成を改めれば、新中央政権樹立への参加を拒否はしない、ということを意味したにすぎなかったのである。

この政府声明は少なくとも当初において、高工作の進展とは直接関係しない考慮の下に準備されていた。実は、漢口陥落を機として事変処理に関する日本の態度をあらためて表明するという構想が、既に八月下旬の五相会議で決定されていたのである。[58]この五相会議決定に基づき内閣情報部の案を基礎として、[59]具体的内容が一〇月二一日に閣議決定されたが、[60]この閣議決定は国民政府の取扱いについて次のように述べている。

国民政府ガ解散シ或ハ改称及改組ヲ行ヒ、抗日容共政策ヲ放棄シテ新日満防共政策ヲ採用シ、蔣介石ガ下野スル等屈服ノ実ヲ認ムルニ於テハ、之ヲ新中央政権ニ合流若ハ之ガ樹立ニ参加セシムルヲ妨ゲザル旨取決メタルモ、依然抗日容共ノ態度ヲ続クル限リ帝国ハ飽ク迄之ガ潰滅ヲ図ルコト固ヨリ言ヲ俟タザルトコロナリ

一見して明らかなように、これは七月の五相会議決定をほぼそのまま掲げていた。この閣議決定は「各庁ノ枢要ナル官吏」に政府の意図を周知徹底させるためのもので、新聞・雑誌・放送など一般向けの態度表明ではなかった。一〇月中旬の五相会議決定によれば、[61]一般向けの発表のためには別案を作成し、首相が発表することになっていた。第二次近衛声明の文案は中山優が書いたといわれているが、[62]彼が関与したのはおそらくこの別案作成であったろう。声明に東亜新秩序理念を盛り込んだのは中山のアイデアであった。問題は、この声明とその直後の近衛のラジオ放送が、高工作の進展と直接関連し汪に決起を促したものであったのかどうかである。今のところ、これを直接裏付ける証拠は見出

されていない。もう一度当時の状況を整理してみよう。高工作については暫く音沙汰がなく、一〇月中旬上海に出張した今井中佐が伊藤から松本・梅思平会談の詳しい情報を得て帰国したのは同月二五日である。しかし陸軍統帥部でその頃最も期待されていたのは蕭振瀛を通じる工作であった。高工作は「高宗武一派ヲ利用スル新官僚及民衆獲得工作」とされていたにすぎない(63)。政府声明も、最終的文言はともかく、その骨子は二一日の閣議、つまり今井の帰国前に決定されていた(64)。もちろんその前後に今井の情報が陸軍を経て近衛にも伝わり、それが声明やラジオ放送の内容に影響を及ぼしたということもありえよう。ただし他方、日本は以前から漢口陥落による国民政府の分裂もしくは改組を予想ないし期待していたから、これに基づいて、誰と特定することなく（高工作とは無関係に）国民政府内の和平派に「決起」を呼びかけた、という可能性もあるだろう(65)。前章で紹介したように近衛首相は既に九月中旬、「漢口攻略前後には色色と重大な動きや問題も生ずると思はれるので帝国政府の態度を闡明する声明を発するつもりで目下声明の案及び其の時期に付て研究を進めてゐる」と語っていた。

いずれにせよ、この政府声明は内外に様々な反響を引き起こしたが、実は高工作の進展に対してはほとんど効果を及ぼさなかったのである。むしろそれは逆効果ですらあった。近衛声明を検討した周仏海は、これには国民政府を傀儡政権たる臨時政府や維新政府と同列に扱う言外の意味が含まれている、と慨嘆したのである(66)。また、今井中佐によれば、一〇月下旬香港から重慶に戻った梅思平は、周仏海らと協議の結果、初めて汪兆銘にそれまでの経緯を詳細に報告し、その決起を促した。結局汪も「最終的決意」を固め、梅と高を代表として日本側との交渉を命じたという。(67)梅が重慶を離れたのは一一月二日であるから、今井の言葉が正しければ、汪が「最後的決意」を確定したのは一一月二日以前であり、やはり近衛声明が効果を及ぼしたわけではなかったといえよう。さらに汪の「最後的決意」に基づき梅が日本側との交渉のために香港から上海に赴く旨の連絡が今井のもとに入ったのは一一月六日である。(68)このときには既に近衛声明が発表されていたのであるから、汪の決意や中国側の動きに呼応して近衛が声明を発表したのでもなかった。

今井は中国側からの連絡に応じて再び上海に出張した。上海での交渉は、土肥原機関が使っていた重光堂と呼ばれる建物で、一一月一二日夜から一四日夜にかけて行われた。(69)この交渉は、同月下旬に同じ場所で開かれることになる重光堂会談の予備会談的なものであった。これに参加したのは日本側では今井の他に西義顕と伊藤芳男であり、中国側では梅と高、そして通訳の周隆庠であった。ただし、交渉はもっぱら今井と梅の間で行われたようである。日本側の交渉の主導権は西や松本など民間人の手から今井に代表される軍の手に移っていた。他方、中国側でも高は交渉の正面から退いていた。今井によれば、「高は、終始批判的態度で、虚無的とも思われ、時として極めて手軽に日本側の主張に同調したりするので、私は却て彼の真意に疑惑を抱くこともあった」という。(70)

この交渉ではまず次のような中国側の「挙事計画」が合意された。

一　日中代表間に交渉が成立すれば、日本政府は和平条件を確定し、これを重慶の汪に連絡する

二　この連絡を受けて汪は同志とともに口実を設けて昆明に赴く

三　汪の昆明到着後、時機を見て日本は和平条件を公表する

四　これを受けて汪は蔣との関係断絶を表明し、ハノイ、次いで香港に赴く

五　香港到着後汪は正式に時局収拾と反蔣の声明を発表し、和平運動を開始する

六　汪の声明に呼応してまず雲南軍が反蔣独立し、次いで四川軍がこれに呼応する（雲南の龍雲や四川の将領とは既に「同志トシテ堅キ盟約」があるが、四川には中央軍が入っているので雲南の独立を先にする。また、広東軍とも連絡があるが、中央軍に監視されているため起義は遅れる）

七　日本軍はその軍事行動によって、雲南や四川の起義・独立に対する中央軍の討伐を困難にする

また、挙事計画の第二段階として、日本軍が占領していない雲南・四川・広東・広西の四省を基盤として汪が新政府を樹立する、との構想も立てられた。なお中国側は、汪の挙

事実行前に日本が和平条件を公表することを強く要望した。今井はこれを困難としたが、結局は中国側の要望を容れ、ただ和平条件は「甚シキ辞句修正ナキ限リ多少日本側ニ都合ヨク一部修正シテ発表スルハ敢テ差支ナシ」ということになった。

和平条件については、それまでに松本と梅との間の合意メモがあったが、今井はこのときに初めてそれを一読する機会を得たという。今井は従来の行きがかりにとらわれることなく梅と激論を交わし、六時間に及ぶ討論の結果以下の六条件が日中双方の了解事項となった。

一　防共協定の締結（その内容は日独防共協定に準じる）
二　満洲国の承認
三　中国は日本に中国内地での居住・営業権を許与する
　　日本は治外法権を撤廃し、租界返還も考慮する
四　経済合作は互恵平等の原則に従い、日中の合資・合弁とする
五　日本軍は内蒙に一定期間駐兵する（その駐兵期間は防共協定の有効期間とする）
六　内蒙以外の日本軍は、和平協定締結後撤退を開始し、中国の治安回復とともに撤兵を完了する

こうした条件が合意されるまでには次のような経緯があった。まず中国側は、防共協定の締結に異存はないが、国民の疑惑を避けるため日独協定の内容に準じることを明記するよう要望した。また治外法権撤廃、租界返還の考慮も当然中国側の希望によるものであった。華北の経済開発について中国側は、日本の独占事業となることを警戒し、日中合弁を主張した。内蒙の駐兵に関しては、これを一定期間とし、期間満了後撤退する原則を明記するよう要望した。内蒙以外の日本軍撤兵について中国側は当初、数カ月以内の完了を主張した。しかしこれは認められず、中国側はあらためてその完了時期を明示するよう要請した。暫定的には、二年以内が適当であろうと考えられたようである。

このときの交渉でもう一つ論争の焦点となったのは、「秘密条約」の取扱いであった。これは、親日・親華ならびに反共・排ソ・排英教育の実施、対ソおよび対英軍事攻守同盟の締結、経済開発での日本に対する「優先権」付与などを内容とするものであったが、中国側はまだ汪の了解を得てはおらず、また内容も検討の余地があるので、両国正式代表が調印する文書の中にこれを含むことはできないと主張した。論争の結果、両国の代表は正式代表ではなく「個人ノ資格」で和平条件六カ条と秘密条約に調印し、これに対する日本政府と汪の同意を得た後、合意は効力を発し挙事計画の実行に着手する、ということで妥協がはかられた。

さらに中国側は、汪の新政府が成立した場合、臨時・維新政府のような傀儡政権は解消を約束することはできないと反駁した。これに対して今井は「帝国ノ信義」上、両政府の解消を約束することはできないと反駁した。結局、両政府の解消については中国人の間で妥協工作を行い、日本側は両政府をことさら支援しない、というところに日中双方の意見は落ちついた。そして、この点に関して今井は、「本件ハ既ニ謀略ノ範囲外ニシテ謀略上ノ観点カラスレハ彼等ノ起義ヲ以テ満足シテ可ナリ従ツテ此際飽クマテ論議ノ要ナカルヘシト思考ス」と報告したのである。

以上の交渉経緯と合意内容から見て明らかなように、この時点で高工作（汪工作）の性格は微妙に変化した。それまでは、汪を中心とした「第三勢力」の結集によって蔣下野を強制し、それを通して和平を招来することが目標であった。ところが、この今井と梅との交渉では、国民政府内部での蔣下野強制・和平転換は既に不可能であることが前提とされ、「第三勢力」・和平勢力は一時国民政府を離脱して外部から蔣下野を強制し国民政府を和平に転換させることに方針が一定していた。したがって工作の中心は、汪の重慶離脱、雲南・四川の反蔣独立に据えられることになったのである。「謀略ノ観点カラスレハ彼等ノ起義ヲ以テ満足シテ可ナリ」という今井の報告は、当面の目標が汪の重慶離脱に置かれていたことをよく示している。それにもともと陸軍では、高工作は和平を直接目標とするものではなく、蔣政権切り崩しのための工作の一つと位置づけられていた。(71)

今井は一一月一五日上記の合意を携えて帰国し、折から陸相官邸で開催中であった省部首脳会議（前節参照）に臨んで交渉の経緯を報告・説明した。会議では、中国側に騙されているのではないか、との疑問も呈されたが、最終的にはこの工作を推進することに省部の意見が纏まった。[72]かくして、汪工作は中国側による和平の働きかけの「第二波」と見られたのであり、この工作の見極めがつくまでは新中央政権樹立工作は一時中止と決定されたのである。

影佐大佐の回想によると、汪工作推進が決定された後、今井が持ち帰った合意はその頃概成していた「調整方針」に基づき若干の修正を加えられたという。[73]その修正の内容は必ずしも判然としないが、「日支協議記録案」（日付なし）[74]と題する文書が残っており、おそらくこれが陸軍内での修正の跡を伝えるものと見て差し支えないだろう。ここでは、その中の次のような和平条件の部分だけを検討しておこう。

＊日支両国ハ善隣友好、共同防共、経済提携ノ実ヲ挙クルコト

＊日支防共協定ヲ締結ス　其内容ハ日独防共協定ニ準シテ相互協力ヲ律シ且日本軍ノ防共駐屯ヲ認メ蒙疆地区ヲ防共特殊地域トス

＊満支両国ハ相互ニ承認シ日本ハ支那領土及主権ヲ尊重ス

＊支那ハ日本人ニ支那内地ニ於ケル居住営業ノ自由ヲ承認ス　日本ハ在支治外法権ノ撤廃並租界ノ返還ヲ考慮ス

＊日支経済提携ハ互恵平等ノ原則ニ立チ密ニ経済合作ノ実ヲ挙ケ日本ノ優先権ヲ認メ特ニ北支（五省）資源ノ開発利用ニ関シテハ日本ニ特別ノ便益ヲ供与ス

＊協約以外ノ日本軍ハ日支両国ノ平和克服後即時撤退ヲ開始シ支那内地ノ治安回復ト共ニ完全ニ撤兵ヲ完了ス

撤兵については、治安回復後一年以内、あるいは「治安回復ト共ニ」二年もしくは三年以内、という案も考えられていたようである。

この和平条件は、当時陸軍省部で審議中であり一八日に決定を見る「日支新関係調整に関する原則」とほぼ同じである。つまり、和平条件としては「調整方針」を簡略化し、やや柔軟性を帯びた「原則」が適用されていた。堀場によると、一五日に今井の伝えた和平条件が既に「原則」に近似しており、それをさらに「原則」に即応するよう若干修正した上で省部首脳の了承を得たという(75)。ただし、予備会談の合意に比べれば、条件がやや加重された観があるのは否めない。例えば、防共駐兵の期限は必ずしも明確ではなく、それ以外の日本軍の撤兵も期限を明示しなかった。治安回復後一年以内という案ではきわめて曖昧で、実質的には無期限になるおそれさえあった。蒙疆を「防共特殊地域」にするというのも予備会談の合意にはない条件であった。また、「治外法権ノ撤廃並租界ノ返還ヲ考慮ス」というのでは、両方とも「考慮」されるだけで実行には至らない可能性があった。経済提携での日本に対する優先権付与、華北資源開発での便益供与も予備会談の合意にはなかった（ただし「秘密条約」には優先権付与が規定されていた）。やがて始まる重光堂会談で中国側が問題としたのも、こうした予備会談の合意と日本側修正案との差だったのである。

重光堂会談に日本側代表として派遣されたのは、参謀本部から今井支那班長と陸軍省から影佐軍務課長である。これに西、伊藤、犬養健が同行した。会談は一一月二〇日に梅思平、高宗武を相手として始まり、同日夕刻「日華協議記録」が日中代表者間に調印された。今井によれば、交渉は一切彼に任され、しかも既に議論すべき案件もなく、字句の修正だけで簡単に終了したという(76)。

しかし中国側が何ら異を唱えなかったわけではない(77)。例えば、善隣友好・共同防共・経済提携の原則を謳った条項は、中国側の主張により前文に譲ることになった。また中国側は防共駐屯を内蒙に限定するよう要請したが、内蒙の他に連絡線確保のため平津地域も駐兵区域に含むことが了解事項となった。さらに中国側は駐兵期限の明確化を求め、これは予備会談での合意と同様、了解事項で防共協定の有効期間内とすることが合意された。なお「蒙疆」という字句では蒙古と新疆を含むと誤解されるおそれがあるとされ、あらためて「内蒙」に修正された。

中国と満洲国との相互承認については、中国側の主張により「中国ハ満洲国ヲ承認ス」という元の形に落ちついた。中国領土および主権の尊重は、東亜新秩序建設の理想の下では自明のことであると中国側が主張し、削除された。治外法権の撤廃と租界の返還について中国側は「考慮」ではなく「実行」を要求したが、結局治外法権撤廃は「許与」し租界返還は「考慮」することになった。予備会談の合意の線に戻ったわけである。さらに中国側は、経済提携での日本に対する「優先権」付与に強く反対した。国内的には日本の侵略主義と誤解され、対外的には列国を刺激する、というのがその反対理由であった。このため了解事項では「列国ト同一条件ノ場合ニ日本ニ優先権ヲ供与スルノ意トス」との一項が設けられた。華北資源の開発・利用に関する「特別ノ便益」供与は、これも中国人にとって語感がよくないと指摘され、「特別ノ便利」に修正された。

問題は協約以外の日本軍の撤兵であった。日本側は当初、撤兵に期限を付けるのは困難であることを強調したが、中国側は撤兵は協定の「眼目」であると主張し、日本側が治安回復後一年以内の撤兵完了を譲歩案として提議しても、受け容れなかった。協議の結果、「中国内地ノ治安恢復ト共ニ二年以内ニ完全ニ撤兵ヲ完了シ中国ハ本期間ニ治安ノ確立ヲ保証シ、且駐兵地点ハ相方合議ノ上之ヲ決定ス」との合意が成立した。なお、日本側は居留民が受けた損害への補償を新たに要求し、これを受け容れさせた。ただし、中国側の希望により、日本は難民救済に協力する、との一項が了解事項に加えられた。

「日華秘密協議記録」(予備会談のときの「秘密条約」)は、排ソ・排英教育や対英軍事攻守同盟の規定を削除し、親日・親華教育および政策の実施、対ソ軍事攻守同盟の締結、「東洋ノ半殖民地的地位」の漸次解放、中国の不平等条約撤廃に対する協力、「東洋ノ経済復興」を目的とする経済合作、などを内容とすることになった。ただし、これは日本側の「日支協議記録案」の一部をほぼそのまま確定したものであり、重光堂会談では意見一致が確認されただけで、日中代表の署名調印の対象とはならなかった。

その他重光堂会談では、中国側が雲南・四川の起義を援助する日本軍の行動をあらためて要請し、日本側は汪の挙事に呼応して発表する政府声明案を示した。また、日本が政府声明で和平条件を公表したならば汪は「蔣介石ノ下野ヲ要求」するとの日本案に対し、そうした場合蔣は汪が後任になればよいと宣言し汪を不利な立場に陥れるおそれがある、と中国側は論じ、結局中国側の主張により「蔣介石トノ絶縁を闡明」するということになった。おそらく中国側は、汪は蔣に取って代わらんとする政治的野心のために重慶を離脱した、と蔣が内外に宣伝することを恐れたのであろう。あるいはこれは、和平派が国民政府内部からの和平転換を全く断念していたことの表明であったかもしれない。万が一蔣が下野し汪が重慶に戻ってその後任になったとしても、蔣の下野は一時的かつ表面的なものにとどまって彼は隠然たる力を持ち続けるであろうし、抗戦派の勢力が圧倒的な現状では、汪が真正面から国民政府を和平に転換させるのも無理であろう、と考えられたのかもしれない。

それはともかく、交渉の経緯と結果を見ると、中国側はかなりよく抵抗したように思われる。たしかに予備会談での合意以上に和平条件がやや加重されたことは否定できない。また、重光堂本会談で中国側は再び臨時・維新政府の解消を持ち出したが、この問題には決着がつかなかった。しかしながら、日本側が要求した修正のすべてが実現したわけではない。特に撤兵期限を明示したことは中国側にとって大きな成果であった。協定で国名を「中国」と表記したことも注目されよう。

実際、交渉の結果成立した「日華協議記録」の和平条件は、「日支新関係調整に関する原則」より一部軽減されていたのである。例えば日本人顧問の招聘は規定されなかった。治安駐兵地区は華北・上海三角地帯・華南沿岸特定島嶼と特定されず、「相方合議」によって決定されることになった。撤兵期限についてはここで繰り返すまでもない。

では、こうした条件緩和は「謀略上ノ観点カラ」なされたのであろうか。つまり日本は、汪の重慶離脱を実現させ蔣政権の内部分裂を策するために、履行する意思もないままに中国側の要求に応じたのだろうか。

汪工作は当時も、そしてその後もしばしば「謀略」と表現された。例えば、汪工作を側面援助するために高宗武の要請によって香港総領事に任命された田尻愛義が、「重慶との和平を考えているのか、それとも戦略をたすけるための謀略工作であるのか」を影佐に尋ねたところ、答は「謀略」であったという(78)。しかし、この場合「謀略」というのは、和平を直接の目的とはせず当面は蔣政権切り崩しをねらいとすることを意味していた。相手側を騙す、欺くという意味が込められていたわけではないのである。重光堂会談での和平条件緩和も、少なくとも当事者の理解では、履行の意思を欠いた口約束ではなかった。

汪を中心とした和平勢力の圧力によって蔣の下野を強制するという汪工作本来のねらいは、もともと「対手トセス」を否定せず国内の反動を招かずに和平を達成しようとする苦肉の策であった。蔣が下野し和平派の汪が政権を握れば、それは五相会議決定の「屈伏」条件を充たし、「屈伏」した国民政府を和平の「対手」とすることが可能になるはずであった。たとえ国民政府内部で蔣下野強制を実現できないとしても、国民政府の外に和平勢力を結集して間接的に蔣下野・国民政府の改組・和平転換を迫ることは、少々時間がかかり迂遠ではあるけれども、和平招来の一方法であることを失わないと考えられた。和平実現に成功しない場合でも、汪が重慶を離脱し国民政府の外に強力な反蔣勢力が結集されれば、それだけで少なくとも蔣政権切り崩し工作としての効果は絶大であろうと期待された。

影佐大佐は一一月一七日つまり重光堂会談に赴く直前にクレーギー・イギリス大使と会談し、「蔣介石が下野しなければならないと主張する我々の態度は不合理であるかもしれないし戦争を長引かせるかもしれないが、一億の日本国民がこれを要求していることも紛れもない事実である」と語っている(79)。おそらく影佐は、国民政府との和平を望みながら、近衛や木戸と同様に、蔣下野を条件としない和平では国内に大きな反動が起きることを恐れていたのであろう。あるいはかつての宇垣外相と同じように、蔣が下野すれば、それほど苛酷でない和平条件でも国民は納得するだろうと考えたのかもしれない。そして彼は和平実現のための迂遠な方法、すなわち国民政府外に和平勢力を結集し和平運動を展開することによって蔣下野・国民政府の改組を迫り和平転換を促すという方法、の効果をまだ信じていたようである。重光堂会談後でも彼は、「汪氏ノ運動ハ第三者的運動ヲ主眼トシ政府樹立ハ運動奏功セザル場合」と考えていたという。[80] 重光堂会談で和平条件緩和を求める中国側の要請を受け容れたのも、そうした「第三者的」運動が中国人一般に和平の妥当性を説得するために必要だと認めたからであった。ところが彼が帰国して重光堂会談の経緯を報告すると、「政府筋ニハ政府樹立促進論相当有力」であった。[81] つまり政府では(そしておそらく軍でも)汪を重慶から離脱させ雲南・四川などを基盤とする反蔣政府を作らせることを直接の目的と見なす者が多かったのである。影佐も汪工作の短期的効果が蔣政権切り崩しにあることを否定しなかった。かくして汪工作は、迂遠な和平工作と効果絶大を期待された謀略(蔣政権切り崩し)工作という二重のねらいを帯びたまま推進されることになったのである。

第六節　汪工作の変質

一一月三〇日の御前会議で「日支新関係調整方針」が決定されたとき、平沼枢密院議長は「我国民中犠牲の大なるを思ひ此の要綱以上の事を期待し不満の餘常軌を逸して不穏の挙に出てんとするものなきを保せす」との懸念を表明した。[82]最終決定の「調整方針」でさえ一般には譲歩的だと批判されるおそれがあると考えられたのである。たしかに、「調整方針」の原案には日本の要求を一定範囲に抑制しようとの考慮が働いていた。最終決定でも、領土や賠償を要求せず、防共駐兵や治安駐兵以外の早期撤兵を謳い、既得権益の廃棄という譲歩条件を保持していた。

しかし、そうした「調整方針」の特徴は、御前会議に至るまでの修正で分治合作主義が加えられ駐兵地域や特殊地位設定区域が拡大すると、かなりの部分有名無実となった。もともと「調整方針」原案にも、中国側の理解を得ることが困難だと思われる一方的要求があったが、その上後から修正・付加された、より強硬な要求も御前会議決定という権威付けを得てしまったのである。

このような修正に対抗するため堀場少佐らは「調整方針」とは別に「日支新関係調整に関する原則」を作成し、和平条件としてはこの「原則」の方を優先させようとした。堀場は和平の機会が到来した場合、「調整方針」の実行に関して「裁量」と「圧縮」による柔軟な運用を予定していたという。[83]ただし問題は、そうした柔軟な運用を発揮する機会が到来するかどうかであり、また機会が到来しても柔軟な運用が可能かどうかであった。

一一月二一日、重光堂会談を終えて帰国した影佐と今井はその結果を板垣陸相、多田参謀次長、土肥原中将、その他陸軍の関係者に報告した。また翌日には五相会議のメンバーに対して報告がなされ、汪の重慶離脱に呼応して「日華協議記録」の内容を近衛首相が公表することに関し了承が得られた(84)。今井は二六日上海に引き返し、香港の西とともに中国側の連絡を待った。一方梅思平は二六日香港から重慶に到着し、重光堂会談の結果を周仏海や汪兆銘に報告した。その報告を聞くと汪は一時それまでの決意を覆し、逡巡・躊躇の態度を繰り返した。二九日ようやく汪は重光堂会談の合意を受け容れ、これに伴い翌日梅は重慶から香港に飛んだ(85)。今井によると、このとき梅がもたらした中国側の回答は次のようなものであった。

＊汪は「日華協議記録」を承認した。ただし、「秘密協議記録」については汪独自の見解もあるのでまだ交渉の余地がある。日本側の声明には、経済的独占と内政干渉を行わないことを明示する必要がある。
＊汪は一二月八日重慶を出発し成都を経て一〇日昆明に到着する予定なので、機密保持上日本側の声明発表は一二日頃が望ましい。
＊汪は昆明・ハノイ・香港のうちどこかで下野を表明する。

この中国側の同意回答を受けて、日本側も政府が「日華協議記録」を了承したことを通告した(86)。

日本では、中国側の回答と要請により、丁度西下する予定になっていた近衛首相が大阪で「日華協議記録」の内容を盛り込んだ演説を行うことになった(87)。ところがその直前になって、中国側から声明発表延期の要請が入った。前線にあった蔣介石が突如重慶に戻ってきたため汪は予定どおり重慶を離れることができなくなったからである(88)。近衛首相は急病を理由にして大阪行きを中止し、中国側に騙されているのではないかとの不安を漏らした(89)。中国側の同志の間では事が露見したのではないかとの憂慮が高まった。しかし、やがてそれも杞憂であることが判明し、汪は一八日に重慶を離れ、昆明を経て二〇日ハノイに着いた(90)。これに呼応して日本は二二日夜、近衛首相談の形式をもって声明（第三次近衛声明(91)）を発表した。

第三次近衛声明は「更生新支那トノ関係ヲ調整スヘキ根本方針ヲ中外ニ闡明シ以テ帝国ノ真意徹底ヲ期ス」とし、その根本方針を次のように説明した。

＊中国は満洲国と「完全ナル国交」を開くこと。

＊日独伊防共協定の「精神ニ則リ」日華防共協定を締結し、同協定の継続期間中、特定地点に日本軍の防共駐屯を認め、内蒙を特殊防共地域とすること。

＊日本は経済的独占を行わず、あくまで経済提携・合作を目指す。中国は日本人に内地

の居住・営業の自由を容認して両国民の「経済的利益ヲ促進シ」、また「日支間ノ歴史的経済的関係ニ鑑ミ」華北・内蒙では資源の開発上日本に「便宜」を与えること。

＊日本は領土や戦費賠償を求めない。中国の主権を尊重するだけでなく、中国の独立完成のために治外法権を撤廃し租界の返還をも考慮する。

これは「日華協議記録」の和平条件をほぼそのまま掲げたものであった。異なっているのは、居留民の被害に対する損害補償と防共駐屯以外の撤兵を述べなかったことである。問題は撤兵に言及しなかったことであろう。重光堂会談で日本側が中国側に示した声明案は、「両国ノ国交調整セラレ支那ノ治安確保シ且締約ノ実施ヲ保証シ得ルノ事態実現シ帝国軍カ協定区域以外ノ地区ヨリ迅速且完全ニ撤退シ得ル時機ノ到来スルコトハ東亜新秩序建設ノ為メ同慶措ク能ハサル所ナリ」と述べていた(92)。また、中止された大阪での演説のために用意された声明草案も、撤兵についてほぼ同じ文言を用いた(93)。同じ頃、陸軍省は現地軍に首相談話を予告し、「談話ノ中ニ治安ノ為永久ノ駐兵等ヲ要セサル事態ノ到来ヲ希望スルカ如キ口吻アリトスルモ」動揺を来さぬよう警告していた(94)。

大阪演説の草稿は堀場少佐が原案を書き、それに中山優が手を入れたもののようである(95)。堀場が政府声明の基礎として「日支新関係調整に関する原則」を提示すると、近衛首相は、「戦果及犠牲共に莫大なる今日に於て、斯くの如き軽易なる条件の表明は対内問題として甚だ危惧する所」があり、躊躇を示したという。[96] ただし、近衛が躊躇したのが撤兵に関する規定であったのかどうかは分からない。影佐によれば、防共駐屯区域を「特定地点」として曖昧にし撤兵に関する言及を省略したのは陸軍の要求によるものであったという。[97] おそらく陸軍は、重光堂会談前の予備会談で和平条件については「甚シキ辞句修正ナキ限リ多少日本側ニ都合ヨク一部修正シテ発表スルハ敢テ差支ナシ」との了解がなされたことに依拠して、撤兵についての言及を避けたのであろう。そして近衛は陸軍の要請を受け容れたわけである。しかし、少なくとも松本・梅会談以来、撤兵がこの和平工作の中心的条件であったことを考えると、声明でそれに触れなかったのは背信行為に近かった。一二月二九日汪は重慶に向けて通電を発し、[98] 近衛声明を基礎として和平に応じるよう呼びかけたが、この通電は和平実現にとって撤兵が重要であることを強調しており、対日メッセージとしての意味も帯びていた。

もう一つ背信的行為であったのは、翌年一月四日の近衛内閣総辞職である。汪の起義に対する方針の継続性を示すため近衛自身は後継の平沼内閣に無任所相として入閣したが、近衛内閣との合意とその支持を前提として重慶を離れた汪らにとって、内閣の交代はやはり失望を招くものであったろう。総辞職の直前、政変によって中国側が日本の態度に疑惑をいだく危険性を小川が指摘すると、近衛は「今回は陸軍がやつて居るゆえ先方も予の挂冠の為に疑を生ずることなからん」と答えた。[99] 近衛の考えでは、汪工作はあくまで陸軍主体の工作で、政府は必ずしも全責任を負わなくてもよいと見なされたのだろうか。あるいは、これが「謀略」なるものの限界であったかもしれない。

さて、汪の重慶脱出について、日本政府では当初、蔣介石との暗黙の了解の下になされたのではないかとする解釈が有力であった。一月初め、孔祥熙の代表と称する賈存徳と馬伯援は駐華大使館付海軍武官の野村直邦を訪れて、蔣汪間には暗黙の了解があると語り、米内海相はこの情報を信じたようであった。[100]またこの頃萱野長知が帰国し、[101]宇垣外相辞任以降の和平工作の経緯を小川平吉とともに有田外相や平沼首相に直接報告した。一月一九日五相会議が次のような「孔工作ニ関スル件」[102]を決定したのは、汪の行動をはじめ中国側の動向が確実に摑めなかったからであろう。

孔ノ代表ノ資格並ニ汪トノ関係未タ明瞭ナラサルヲ以テ孔ニ対シテハ暫ク不即不離ノ態度ヲ持シ差当り（一）孔ノ蔣ニ対スル真意、（二）孔ト汪トノ関係、ニ就キ探査逐次五相会議ニ報告セシム

平沼内閣は汪工作について静観の態度をとりつつあった。[103]それは中国側の動向が不明であったからだけではなく、汪の「挙事」が計画どおりに進んでいなかったからでもある。汪の和平運動に参加すると予定されていた龍雲など有力政治家や軍人には何ら動揺の兆候

が見られず、従来から汪一派と目されていた人物でも重慶にとどまる者が少なくなかった。[104]年末に今井のところに入った連絡によれば、雲南・四川の挙兵には三カ月ないし六カ月を要すと説明され、それまでの間日本からの財政援助や和平運動を支援するための作戦行動、重慶への徹底的爆撃などが要請されていた。[105]

こうした中で二月初め高宗武はハノイに赴いて汪と直接協議し、その結果次の三つの案を汪の意向として今井に連絡してきた。[106]第一案として、日本が蔣介石との妥協を選択する場合、汪としては蔣と政治的に事をともにすることはできないが、個人として最善の援助を与える。第二案として、日本が王克敏、梁鴻志、呉佩孚などによって統一政権を樹立させようとする場合、汪は野にあってこれを援助する。第三案としては、日本が汪を時局収拾の最適任者と認める場合、以下の条件を方針とする。

＊反共救国同盟会を組織して国家再建にあたる。

＊日本軍が西安、宜昌、南寧に迫ったとき（おそらく四月中旬もしくは五月頃）、汪は再声明を発表し、これまでのように蔣に和平を呼びかけるのではなく自ら時局収拾・和平実現の当事者であることを表明する。次いで龍雲が態度を表明し、西南諸将もこれに呼応する。

＊一二月二二日の近衛声明と二九日の汪声明を基礎にして日華共同宣言を発表する。

＊双十節（一〇月一〇日）を期して南京に新国民政府を組織する。これに応じて反共救国同盟会を解体し、臨時・維新両政府も即時解消する。新国民政府は孫文の衣鉢を継ぎ、修正三民主義を遵奉する。
＊日本は新国民政府組織までの間、月三〇〇万円を援助する。

汪の意図はおそらく第三案にあったのであろう。(107) ただし高が汪の第三案の内容をどの程度正確に伝えたかは分からない。ある解釈によれば、この頃汪は雲南・四川の決起が計画どおりになされず今後の見通しが不確実であった上、第三次近衛声明の内容もすべてが期待どおりではなく、しかも日本に内閣の交代があったので、日本側の意向を再確認するために三つの案を提示したのだが、その内容を高は勝手に脚色してしまったとされている。この解釈が正しいとすれば、高は汪工作に対する日本側の期待と熱意が冷めていくのを食い止めるために、そうした非常手段に訴えたのかもしれない。あるいは、それまでの高の行動パターンを見ると彼は相手によってその耳に入りやすいように発言や報告の内容を微妙に変える傾向があるので、ここでもそうした傾向がまた出たのかもしれない。(108)

いずれにせよ、問題は高の伝えた第三案がこれまでの計画からの重大な変更を含んでいたことにあった。つまり重光堂の予備会談以来、日本軍未占領地域の西南四省を基盤として政権を樹立することは既に挙事計画の第二段階として予定されていたが、この第三案では、未占領地域に「第三勢力」としての和平政府をつくるのではなく、南京（すなわち日本の占領地域）に中央政権としての新国民政府を樹立する、との意図が示されたのである。

二月下旬、高は西や伊藤の案内で周隆庠とともに再び来日した。[109] 来日の目的は平沼内閣の対汪方針を確認することと、汪の三つの案について日本側と協議することであった。後者については高と影佐の会談記録が残っている。[110] これによると、影佐はまず「第三案ヲ以テ時局収拾ノ基準工作トス」と日本側の方針を明確に表明した上で、「一般ノ情勢ハ時日ノ遷延ヲ不利トス」と指摘して工作のスピード・アップを強調した。反共救国同盟会は「重慶政府内部ヨリ同志ノ獲得」に努め、「新中央政府樹立ヲ準備」するものとされた。作戦行動によって中国側の工作に協力する件については、「日本軍ノ作戦ハ統率ノ大権ニ属シ政略ノ為之ヲ左右スルヲ得ス」とし、なるべく中国側の希望にそうようにはするが、「支那側ハ自ラノ力ヲ以テ謀略ヲ促進」することに努めるべきである、と影佐は述べた。

汪の再声明は日本軍作戦の効果と龍雲の決起が確実となったときに行うものとされ、その時機を影佐は三月末から四月中旬の間と予定した。日華共同宣言も七月頃と予定された。八月には既成政権をその傘下に含む新中央政府籌備委員会を設立し、これを中国側の当事者として日中間の国交調整を行いたいと影佐が述べると、高は国交調整は中央政府成立後に行うべきであると応酬した。また影佐は、中央政府樹立の前提として雲南、広西、広東、福建などに地方政権を設立することが工作進展の地盤を作るために必要であると主張し、高の同意を得た。さらに、影佐が日華共同宣言と前後して、懸案の日華秘密軍事同盟の仮締結を要望すると、高はそれも中央政府成立後に行いたいと述べ、その内容について対ソ限定ならば同意するが、対英の意味を帯びることには否定的態度を示した。

汪の重慶離脱について、影佐は「両者〔蔣と汪〕の黙契の下に汪氏の運動が行はれることを心窃かに望んで居た」という。また彼によると、「当時は日本政府は汪氏の計画は中央政府を成立することによつて和平運動を招来するのではなく重慶政府外部に於て国民党中心の和平運動を発展し一般の与論延て重慶の意向を転換して日本と和平提携するに至らしむるにありと理解して居た」ともいう。[11] 彼が汪による政権樹立よりも「第三者的運動」を望んでいたということも先に紹介したとおりである。ところが影佐はこの高との会談で、新中央政権樹立を認めそのための具体的措置に関する交渉を行っている。また小川平吉の日記には、「影佐氏の意見は汪を中心として白〔崇禧〕、李〔済深〕を連衡し南北政府、呉佩孚等を含みて新政府を作らんと欲するに在り」との記述がある。[12]

おそらく影佐は、高が伝えた汪の第三案の主旨を、汪による時局収拾と捉えたのであろう。汪は反共救国同盟会によって和平のための「第三者的運動」を展開し、その上で新中央政権樹立に進むものと、影佐は理解したのではないかと思われる。既に指摘したように〔第四章第四節、本章第四節〕、陸軍は一一月に新中央政権樹立工作の一時中止を決定したが、その主たる理由は、重慶政権を「屈伏」に導く工作、すなわち改組国民政府を新中央政権樹立に参加させるための工作が進行中だったからであり、その工作の見極めがつくのは翌年の一月ないし二月とされていた。そして汪工作は当初、大量の反蔣派を重慶政権から離脱させ、間接的に国民政府の改組を促す工作としての効果を期待されたのである。しかし二月に入ってもそうした汪工作に期待された効果は生まれなかった。当面、国民政府の改組は無理と判断するほかなかった。とすれば、改組国民政府抜きの新中央政権樹立に進まねばならなかったが、おそらく影佐の判断では既成政権も呉佩孚も中央政権の主体となり得る存在ではないと見なされたであろう。影佐は汪を中心とした勢力に「第三者的」和平運動を展開させ、その延長線上に「在野有力者」としての汪を中央政権の首班に据えようとしたのであろう。

影佐・高会談の後、高はあらためて中国側の意向を文書の形で日本側に提示した。(113)「時局収拾ノ具体弁法」と題するこの文書では、雲南や四川の決起時機はもはや設定されず、「救国反共同盟軍」の組織に多くの説明が費やされている。また日華共同宣言の内容としては、「国民政府成立シテ其軍隊警察カ地方秩序ヲ維持シ得ルニ到レハ該地方ノ日本軍即時完全ニ撤退スル」こと、「中国ノ独立ヲ尊重シ且自ラ一切ノ不平等ノ条約及協定ヲ取消スコト」が要求された。さらに共同宣言発表後、既成政権は自ら解散を宣言し、反共救国同盟会が国民議会を組織して南京に国民政府を樹立する、という中央政権樹立までの手続(114)きが主張された。共同宣言の内容や既成政権の解消に、中国側の要求がよく反映されているといえよう。

これに対して日本側は概ね中国側の意向を受け容れたものの、いくつかの点には留保の態度を示した。[115] 例えば、撤兵に関する中国側の主張は協定地域外からの撤兵原則と理解すると述べ、防共駐屯には適用されないことを強調した。また既成政権は「夙ニ帝国ト協力シ東亜新秩序ノ建設ニ当レル同憂具眼ノ士ノ構成セルモノ」なので、これを日本は無視し得ないと論じた。さらに「現国民政府ハ帝国カ之ヲ公敵トシテ否認セル事実ニ鑑ミ新政府ニ之ト同種ノ名称ヲ附スルハ一考ヲ要ス」とも主張された。したがって、既成政権の解消、新中央政権の名称、その所在地についてはさらに研究の必要があるとされたのである。

このようにまだ相互の検討を要する難題が残ってはいたが、汪派の和平運動を支援し、その上で汪を中心とする新中央政権を作ることについては、高と日本側（汪工作の当事者としての陸軍）との間に合意が成立した。[116] かくして陸軍は以下のような方針案を五相会議に掛けようとしたのである。

一　「汪」及其一派ヲ支持シテ抗日政権切崩シ及為シ得レハ時局収拾ニ資スル従来ノ方針ニ基キ本工作ヲ鞏化ス

二　先ツ和平救国同盟会ノ運動ヲ鞏化促進シテ速ニ気運ノ醞醸ヲ策ス機到ラハ一挙ニ再声明、雲南及西南諸将蹶起、共同宣言等ヲ実施シ秋期頃迄ニ為シ得レハ新中央政権ノ

樹立ヲ期ス

この方針案では、和平救国同盟会援助のための毎月三〇〇万元支出、雲南や西南諸将の決起時機の延期を認めていたが、これは高の要請に応えたものであろう。また、責任者を汪のもとに派遣し汪と直接意見を交換する、との措置が掲げられたことも注目される。逆にいえば、これだけ工作が具体化しながら、日本側はまだ汪と直接接触はしていなかったのである。さらにこれは、後に汪をハノイから救出するために影佐が現地に赴くことの伏線の一つであったかもしれない。

この陸軍の方針案が実際に五相会議に付議されたかどうかは分からない。ただ、たとえ付議されたとしても、五相会議は陸軍が望む決定を打ち出さなかったと思われる。三月中旬、小川平吉が蔣との直接和平を目指し香港に赴こうとしていたとき、有田外相は「汪が蔣と共同して和平に従事するやうになれば最好都合なり」と語り、平沼首相も汪には時局収拾の力はないので「蔣との平和の外なしとの意見」であった。(17) かくして汪を中心として新中央政権を樹立する工作は、当面陸軍限りの工作として推進されねばならなかった。

第七節　汪工作のその後

三月二一日ハノイで汪と同居していた側近の曽仲鳴が重慶の特務工作員によって暗殺された。汪の身辺が危うくなったため板垣陸相は影佐大佐に汪の救出を命じた。四月上旬影佐は犬養らとともにハノイに向かい、同月下旬汪をハノイから脱出させることに成功した。影佐の回想によると、このとき汪は、言論を主体とした和平運動を行うとの従来の計画を変更し新しい中央政権としての「和平政府」を樹立するという決意を打ち明け、これに影佐は大きな衝撃を受けたとされている。(118) しかし前述したように、影佐は中国側に中央政権樹立の構想があることを既に承知しており、それを原則的に認めた上で具体的な方針に関する交渉を自ら高と行っていた。日本は「和平政府」樹立を支持してくれるかとの汪の問に対し、影佐は「何れ政府の意見を照会した後に何分の回答を致したいと思ふ」と答えたが、それは初めて打ち明けられた新中央政府樹立構想に対して回答の用意がなかったからではなくて、政府が汪による新中央政権樹立案をまだ認めていなかったからだと思われる。

影佐が汪との会談で衝撃を受けたのは、おそらく政権樹立の意図そのものではない。汪が第三者的和平運動を展開することよりも、一気に中央政権樹立に進むという意図を表明したことに、影佐は衝撃を受けたのであろう。汪は「和平政府を樹立し日本との間に和平提携の活模範を造ることに依て重慶政府及一般民衆に対し和平論は決して根拠のないものではないことを事実に依りて証明し仍て以て重慶政府を和平論に誘導し之と相携へて日本との間に全面的和平提携を齎さう」という構想を述べ、将来和平が実現して重慶政権が合流してくるならば、目的を果たした自分は断然下野すると語った。このように語る汪の「崇高なる精神、高潔なる人格」に感銘を受けた影佐は、まず汪による中央政権樹立に、次いで汪政権を日本の傀儡とせず和平提携のモデルとすることに努力を傾けていくわけである。

しかし、汪政権の樹立までには、まだ多くの紆余曲折があった。ここではその経緯について簡単に触れておくだけにとどめたい(119)。まず政府は汪による中央政権樹立に消極的であった。それは、彼に従って重慶を離脱した者がごく少数にとどまり、西南諸将の起義独立も実現しなかったため、汪に時局収拾の力はないと判断したからであったが、四月を過ぎ五月に入っても汪一派が約束した西南独立の兆候は見られなかった。こうした状況の中で、陸軍の一部には、呉佩孚をもって新中央政権を樹立させようとの動きが再浮上してくる。そしてこの呉工作は従来から現地の臨時政府と複雑な対立関係にあったばかりでなく、今度は汪工作とも競合することになった。

一方、参謀本部の堀場少佐らは、事変解決の鍵は重慶政権との直接交渉にあり、汪の役割は日本と重慶との仲介をすることにあると論じていた。この点で彼は汪の行動を、漢口陥落に伴う国民政府側からの和議の「第二波」と捉える考え方を変えてはいなかったのである。堀場は、重慶側に和平に応じる可能性が全くないと見極めがつくまでは新中央政権樹立を控えるべきだ、と主張し続けた。彼の判断では、汪の第三案を受け容れて新中央政権を樹立すれば、それは重慶との対立政権に堕し和平の機会を遠のかせるばかりであった。[120]

六月初旬、五相会議は「支那新中央政府樹立方針」[121]を決定したが、それは、「新中央政府ハ汪、呉、既成政権、翻意改替ノ重慶政府等ヲ其ノ構成分子トナシ支那側ノ問題トシテ此等ノ適宜協力ニ依リ之ヲ樹立スヘキモノナリ」と述べ、前年一一月に陸軍省部が決定した方針をほぼそのまま受け継いでいた。依然として重慶政権の「翻意改替」「屈伏」に対する期待が示唆され、汪は新中央政権の中心ではなくて他と対等の一「構成分子」とされるにとどまった。この五相会議決定の直前に来日していた汪と板垣陸相との会談では、既成政権解消問題について相変わらず双方の間に意見の食い違いが見られた。また、帰国した汪に対して呉は会見を避け、汪と呉の合作は容易に成立しなかった。既成政権側も汪一派だけで中央政権をつくろうとする動きに反発を示した。

それでも、事態はやがて汪を中心とする新中央政権樹立の方向へ進んでいく。それはおそらく重慶に「翻意改替」「屈伏」の兆しがほとんど見えなかったからであり、呉が日本の思惑どおりには動かなかったからであろう。汪政権樹立を進める影佐の努力がようやく実を結び始めたともいえるかもしれない。既成政権の側に新中央政権の主体となり得る力量は既になかった。一一月、新中央政権発足に備えて、日中間の国交調整に関する交渉が始まったが、そこでその基礎とされたのが約一年前に御前会議で決定された「調整方針」である。しかし「調整方針」は堀場が期待したように柔軟には運用されなかった。より正確にいえば、汪政権との交渉は「調整方針」を柔軟に運用すべき機会とは捉えられなかった。柔軟な運用は、今後到来するかもしれない重慶政権との和平交渉に備えて留保されていたともいえよう。

汪側は「日華協議記録」の内容をはるかに上回る日本の要求に衝撃を受けたが、汪の挙事自体が約束を大きく下回る規模のものに終わり、汪政権も名目的には中央政権とはいうものの実質的には占領地政権として発足する以上、戦時の必要を振りかざす日本の要求に最後まで抵抗することはできなかった。交渉の結果、一二月末に「日支新関係に関する協議書類」が調印されたが、その内容はまさに「調整方針」そのものであった。「調整方針」策定に至る過程で修正・付加され御前会議決定という権威づけを得た権益要求が、「協議書類」の重要な部分を占めたのである。それでも、この交渉の任にあたった影佐が陸軍省部の首脳会議で結果を報告すると、その結果に満足せずより強硬な要求を主張する声が聞かれたという。

「協議書類」が調印された直後、高宗武と陶希聖はひそかに汪陣営を離脱して香港に逃れ、日本側の提出条件を公表暴露するという挙に出た。西義顕は、占領地に政権をつくれば傀儡になるばかりだと嘆いて、既に工作の第一線から退いていた。汪の挙事が見込み違いに終わったことに失望した今井武夫は、今度は重慶との直接和平を目指していた。そして今井が関与した桐工作の進展のために、汪政権の正式発足は一週間ほど遅らされた。一九四〇年三月末にようやく汪政権は国民政府の南京還都という形式をとって発足したが、その後日本が汪政権を承認するまでには、また別の重慶との直接和平工作（銭永銘工作）が展開されていた。一一月三〇日日華基本条約を締結して日本が汪政権を正式承認したのは、銭永銘工作に見込みがないと判断された後のことであった。しかも基本条約締結に至る交渉で、日本は前年の「協議書類」以上の要求を新たに付け加えた。汪政権を和平提携のモデルとして重慶政権を和平に誘導するという影佐の試みは、結局達成されなかったのである。

汪工作は、和平工作としてはきわめて込み入った筋書きの上に成り立つものであった。当初は、和平派の圧力によって蔣を下野に追い込み国民政府を内側から和平に転換させる、というのが本来のねらいであった。それが不可能と判断されると次には、重慶政府外に和平勢力を結集し、その和平運動の圧力によって国民政府を和平に転換させる、という目標が設定された。それも不成功に終わると今度は、和平政府としての中央政権を樹立し、これを和平提携のモデルとすることによって国民政府を和平に転換させるという、さらに込み入った筋書きが描かれた。おそらくこの込み入った複雑な筋書きが、和平工作としての汪工作を一見魅力的に見せながら、実際にはその危うさに通じていたのではないかと思われる。少なくとも結果から見ると、汪の重慶離脱も汪政権の樹立も、その都度重慶政権との直接和平をより困難にしてしまった。

結果論からいえば、汪工作の筋書きには無理があった。現実から遊離している部分もあった。特に、汪工作に従事した人々が蔣介石の力を過小評価したとはいえないまでも、少なくとも汪兆銘の力量を過大評価したことは否定できないだろう。汪自身も自己の力量を過大評価していたといえるかもしれない。ただ、汪工作に直接関与した人々、つまり松本重治、西義顕、今井武夫、影佐禎昭などが当時最もよく中国の内情に通じ、いわゆる「支那通」の良質的部分に属していたことも忘れるべきではない。おそらく彼らは中国事情によく通じていたが故に、汪工作のような迂遠な、込み入った和平の筋書きを描けたのであろう。彼らは蔣汪関係の変転の実情に通じ、高宗武、周仏海、梅思平、陶希聖など汪よりもむしろ蔣に近い少壮の官僚・党人が汪の同志となっている事実を重視したのであった。だが、彼らが描いた筋書きは、汪の挙事が計画どおりに進捗せず、特に西南諸将が決起しなかったために「裏切られる」結果となった。

彼らにこうした複雑な和平の筋書きを描かせたのは、中国内情への精通だけではない。それよりも重要なのは、「対手トセス」にまつわる国内的拘束であったと思われる。既に何度も指摘したように、汪工作は「対手トセス」に伴う国内の動揺・反動を回避するために採用された迂遠な方策であり、近衛がこの工作に肩入れしたのも、「対手トセス」を完全に撤回せずにすむからであった。その意味では、中国側と和を結ぶための外交的考慮よりも、国内に和を受け容れさせるための内政的考慮が優先された和平工作であったといえるであろう。そして「対手トセス」の背後にある強硬論の存在は、汪政権を和平提携のモデルとすることを許さなかったのである。

終章　和平工作の視点から見た支那事変

第一節　その後の和平工作

支那事変にとって和平工作が何を意味するかを考察する前に、まず、汪工作変質以後から大東亜戦争開始までに行われた（序章の時期区分に従えば第四期の）和平工作を概観しておこう。

漢口・広東作戦の終了後、日本は大規模な軍事行動を見合わせ、間歇的に討伐作戦を実施するだけとなった。事変はますます長期持久戦の様相を濃くし、日本はむしろ政略と謀略に重点を置いて事変の解決をはかろうとした。しかし、その中で最も期待が寄せられたと思われる汪工作は、前述したように本来の和平工作としての意義を失って占領地区内の新政権樹立工作に変質してしまい、やがて誕生した汪政権も実質的には傀儡政権となった。そしてその後は、汪工作への幻滅からあらためて重慶の蔣政権との直接和平をめざそうとする日本の動きと、汪政権の成立を牽制・妨害しようとする重慶の動きとが複雑に絡み合うことになるのである。

では、萱野・小川工作のその後の展開から見てみよう。宇垣・孔工作の挫折後、萱野が主として接触したのは、杜石山(1)であった。杜は蔣介石側近の鄭介民（軍令部第二庁副庁長）・柳雲龍を介して蔣に通じる直接ルートを持っているとされた。一九三九年に入ると、この杜を通じて陳誠（軍事委員会政治部主任）および蔣の和平の意図と称するものが萱野に伝えられ、これに応じて小川は、平沼首相、有田外相、近衛、頭山などの了解を得て三月末香港に赴いた。留守中は秋山定輔が東京での連絡役となった。香港で萱野と合流した小川は、張季鸞および原順伯（孔祥熙の秘書）と会談したが、ついに蔣の代表と会うことはできず、この工作も効果を挙げ得なかった。小川は、杜を通じて重慶側から汪政権の成立阻止を要請され、六月中旬帰国した。(2)

小川の赴香前後、船津辰一郎はコルダー＝マーシャル上海イギリス商工会議所会頭の斡旋により施肇基（元駐米大使）と会談し、児玉謙次中支那振興総裁を介して日本政府の意向を打診しようとした。しかし、日本国内の排英運動の高まりにより、イギリス人を介在させたこの私的会談も打ち切らざるを得なかった。(3) また同じ頃、中支那派遣軍の小野寺信中佐が姜豪（国民党上海市党部委員）を通じる独自の和平工作に従事し、(4) 今井武夫も孔祥熙の腹心・樊光を通じる和平ルートを開いていたが、(5) いずれも進展を見なかった。

さて、小川が香港から帰国した頃は丁度ノモンハン事件が本格化した頃であった。陸軍はやがてノモンハンでの敗北によって対ソ戦備強化の必要性をあらためて痛感させられ、ヨーロッパでの大戦勃発に伴う新しい国際情勢に対処するためにも、事変の早期打ち切りを達成しなければならなかった。こうした陸軍の事変終結を求める焦慮から生まれたのが桐工作(6)であった。

桐工作は、対重慶工作を行うため香港に派遣された鈴木卓爾中佐が一九三九年一二月、張治平（香港大学教授）の斡旋で宋子文の弟・宋子良と称する人物に接触したことから始まる。この工作には大本営および支那派遣軍（一九三九年秋編成）の大きな期待が寄せられ、翌年二月から三月にかけて日本側代表の鈴木、今井武夫大佐（支那派遣軍参謀）、臼井茂樹大佐（大本営陸軍部謀略課長）と宋子良、章有三（元駐独大使館参事官）、陳超霖（重慶行営参謀処副処長）などの中国側代表との間に香港で会談が重ねられた。桐工作に対する日本側の期待の大きさは、汪政権の正式発足が一週間近くも延期された事実によく示されている。

三月末に汪政権が正式発足した後、桐工作は一時中断するが、六月からマカオで会談が再開され、一時は蔣介石・板垣（支那派遣軍総参謀長）・汪兆銘の三者会談を長沙で開催するという計画まで立てられた。桐工作には陸軍のみならず、この年七月第二次内閣を組織した近衛、そして天皇も大きな期待をかけた。しかし、八月に入ると重慶側の反応は次第に消極的となり、九月中旬日本は重慶の意図を汪政権の動揺をねらう謀略と断定して、桐工作の失敗を認めた。宋子良と自称する人物も別人であることが判明した。この工作で日本に接触してきたのは、重慶側の特務機関・軍事委員会調査統計局（軍統）であったが、日本側は当時その事実を摑めなかった。(7)

一方、桐工作と並行しこれを補強もしくは阻害する形で、他にもいくつかの和平ルートが追求されていた。例えば、前述したように燕京大学学長スチュアートは臨時政府の王克敏の要請を受け北支那方面軍の了解に基づいて、一九三八年頃から蔣介石に和平を打診するため重慶との間を再三往復していたが、一九四〇年に入るとこのスチュアート工作は一時活発化し、陸軍によって桐工作を補完するものと位置づけられた。(8) 五月にフィリピン高等弁務官のセイヤーが来日して有田外相にアメリカの和平仲介を示唆したのも、スチュアートの動きと関連するものと見られたが、これはその後具体的成果を生まなかった。(9)

また和知大佐（蘭機関長）は、香港在住の孔令侃（孔祥熙の息子）を介して重慶に通じるルートを模索し、これには秋山定輔も関与したが、見るべき成果を挙げなかった。(10) 維新政府実業部長の王子恵は実業家の岩崎清七などの協力を得て孔祥熙に通じるルートを開いたが、成果なく打ち切られた。(11) なお、この工作には海軍の野村直邦中将（第三遣支艦隊司令長官）も関わっていた。さらに、断続的に続けられていた萱野・小川の工作では、一九四〇年六月末、杜石山が蔣介石の要請によるとして、帰国していた萱野に赴香を求めてきたが、これは桐工作を推進する板垣によって中止を要求された。当時は周仏海など汪政権の要人も重慶との連絡を模索し、一説によれば何と一七本もの工作ルートが重慶に向けられていたという。(12)

こうした中で桐工作の失敗後、最も本格的に実施されたのがいわゆる松岡・銭永銘工作であり、(13) その端緒を開いたのは西義顕であった。汪工作から離れた西は、一九四〇年一月、盛沛東（元鉄道部秘書）などの連絡により鉄道関係の交渉で旧知の張競立（元鉄道部財務司長）と香港で接触し、七月末、張の斡旋で浙江財閥の重鎮・銭永銘（交通銀行総経理）に和平仲介を依頼した。銭の同意を得た西は、張、盛などとともに、途中汪政権側の了解を得た上、東京へ向かった。そして九月中旬日本に到着した一行は、松岡外相に銭の和平提案を伝えて重慶との直接交渉を求めたのである。

その頃松岡は、日独伊三国同盟の交渉で多忙を極め西・銭の要請を一時放置したが、やがてこれを受け容れるとともに、ドイツを通じる重慶側への和平勧告も試みた。(14) 銭との交渉には大使館参事官の田尻愛義が起用され、松岡の要請を受けた船津（当時上海特別市政府顧問）と金城銀行総経理の周作民もこの工作に加わった。香港での交渉は一〇月下旬より本格的に開始され、重慶の使者として張季鸞が飛来したが、間もなく汪政権承認の期日が迫って同政権関係者からの圧力が強まり、一一月下旬、この工作も中途で打ち切られた。

萱野の工作はその後も依然として継続された。桐工作失敗直後の一〇月初旬、再び萱野は香港に赴こうとし、これは松岡によって阻止されたが、翌年五月には華僑事情調査を名目としてマカオに赴き、そこで彼は重慶の使者と接触した。(15) このときの工作では日本側代表として頭山満をかつぎ出そうという計画も立てられたが、再び松岡外相の反対があり、結局進展はなかった。

他方松岡は銭工作挫折後の一九四一年前半、田尻、山崎靖純（経済評論家）などを用いて重慶との連絡を求めたが、成果はなかった[16]。同じ頃、興亜院の及川源七（陸軍中将）が蔣伯誠（蔣介石駐上海軍事代表）に通じる工作を試みたようであるが、その詳細は不明である[17]。かくて日本は、武力によっても、あるいは政略・謀略を用いても、事変を終結できないまま大東亜戦争に突入したのであった。

第二節　和平工作者

支那事変の和平工作には様々の和平工作者（ピース・フィーラー）が登場した。

まず、日中両国人以外の第三国人がいる。外交官としてはドイツ大使のトラウトマン、イタリア大使のコラが代表的な存在である。外交官以外には、実業人としてのコルダー＝マーシャル、宗教人・教育家としてのスチュアート、ジャキノも和平の橋渡しを試みた。

中国の和平工作者は特定が難しい。工作が純然たる和平のためであったのか、それとも対日情報の収集あるいは攪乱のためであったのか、判別困難なケースが多いからである。また和平工作者と特定しても、そのタイプ区分は容易ではない。ただ大まかにいえば、高宗武、董道寧は知日派の外交官、張季鸞、胡霖はジャーナリスト、徐新六、周作民、銭永銘は浙江財閥系の財界人、というような分類ができるだろう。喬輔三、樊光、賈存徳など孔祥熙の秘書・腹心が多いのは興味深い特徴である。

日本人和平工作者のタイプとしては、やはり第一に外交官を挙げる必要があろう。例えば船津工作に途中から割り込んだ川越大使、宇垣工作の中村・香港総領事、松岡工作の田尻・駐華大使館参事官、谷・無任所公使などがその代表例といえよう。また、元外交官の船津辰一郎、矢田七太郎をこのタイプに含むこともできよう。

ジャーナリストの和平工作者としては、松本重治、神尾茂がよく知られている。彼ら以外では、事変勃発当初に現地の停戦交渉に協力した佐々木健児（同盟通信社北平支局長）[18]、今井の樊光工作に協力した百武末義（報知新聞記者）[19]もこのタイプに入る。

和平工作に関与した実業家は、中国側で浙江財閥系の人物が頻繁に登場するのと比べると、あまり目立ってはいない。船津や岩崎清七がこの例に該当するが、船津はむしろ元外交官という経歴の方が重要であり、純粋の実業家とはいえないだろう。

日本の和平工作者として際立っているのは軍人である。陸軍の今井武夫、小野寺信、和知鷹二や、海軍の野村直邦などがその代表であり、彼らの和平行動は多くの場合独自の判断に基づいてなされた。和平工作への関与は、事変処理を直接担当する軍人の当然の任務の範囲内にあると見なされたのである。彼らは、「支那通」軍人としての個人的チャネルを利用したり、あるいは仲介者・協力者として民間人を起用して和平工作に従事した。軍人による和平工作の大きな特徴は、汪工作に典型的に示されたように、「和平」と、例えば要人離反工作のような謀略との間に必ずしも明確な一線を画さなかったことであろう。

本書に登場した和平工作者の中で最も注目されるのは、軍人や外交官よりも、自発的意思により、あるいは政府要人ないし有力政治家の要請に基づいて、和平行動に従事した私人・民間人である。ここでは特に松本、萱野、西の三人を取り上げ、そのピース・フィーラーとしての特徴を分析してみよう。

（一）松本重治

松本はまず、上述したようにピース・フィーラーとして行動したジャーナリストの代表である。松本や神尾など和平工作に関与したジャーナリストは、それまでの中国勤務の経験から生まれた中国要人との交流やそれに基づく中国側の信用を和平接触に生かしたのであり、なかでも松本は、中国要人との交流の広さやその信用を最もフルに生かした人物であったといえよう。なお、現地での彼らの活動を支えた日本国内における岩永や緒方[20]の存在も見落とすわけにはいかない。

次に松本は、ピース・フィーラーとして行動した近衛側近の代表でもある。和平工作に関与した近衛側近には他に西園寺や犬養がいるが、松本は彼らの和平行動のいずれにも側面から援助を与えた。そして松本はこの二人とともに、近衛側近グループ「朝飯会」のメンバーとなり、その「個人的駐華代表」[21]として行動した。松本の近衛側近グループ加入には、他のメンバーとの親交や、近衛の政治的協力者としての岩永の存在などが関係していたが、公爵松方正義の孫という彼の出自もまた少なからぬ関係を持っていたであろう。松本は、中国要人との交流ばかりでなく、日本の政治エリートの間にも広い交流と信用があったのである。

松本が和平に関して最も深く関わったのは汪工作であるが、彼のピース・フィーラーとしての行動はそれに尽きるものではない。事変勃発当初に西園寺と宋子文との会談を斡旋したのは、松本の依頼を受けたホール＝パッチであったし、船津工作で高が南京から上海に出てきたときにも松本は旧知の高と接触した。船津工作失敗後の八月下旬、彼は再び友人のホール＝パッチの協力により、上海地区における停戦と和平の糸口を探るため川越大使とヒューゲッセン駐華イギリス大使との会談を計画したが、ヒューゲッセン大使の乗った車が南京から上海に赴く途中で日本海軍機の銃撃を受け、大使は負傷して会談は実現しなかった(22)。

その後松本は徐新六と和平に関する会合を重ね、一一月中旬、状況視察のため上海を訪れた近衛側近の後藤隆之助と徐を会見させた(23)。一二月から翌年一月にかけて、風見書記官長の要請により上海に現れた犬養を周作民に紹介したのも松本であった(24)。松本はホール＝パッチなどイギリス外交官と密接な関係を保ち、しばしば高度の情報提供を通じて和平達成のためにイギリスの協力を得ようとした。

汪工作への松本の関与は既に第五章で詳述したとおりである。董の訪日と接触の相手として影佐を薦めたのは西と松本であったし、董の訪日を高に伝え、その後の高の訪日を最終的に説得したのも松本であった。高の来日時に犬養を高や影佐に紹介したのも彼であり、松本は『同盟』の中南支総局長となって多忙なため、自分の「身代わり」として犬養を工作に引き込んだのであるという。[25]上海・香港・東京の間を往復した松本は、汪工作以外の和平工作の進行状況をもよく知っていた。彼は神尾に緒方の書簡を届けるとともに、神尾と互いの和平工作に関する情報を交換した。神尾の接触相手である張季鸞や胡霖、宇垣工作に従事する中村総領事の交渉相手たる喬輔三は、いずれも松本と旧知の間柄であった。松本はこれらの工作の進捗状況と中国側の接触者を見極めつつ、高を通じる汪工作が最も有望であると判断して梅との連絡・交渉に進んだ。蔣下野と日本軍の撤兵をセットにして和平を実現するというのが松本の構想であった。

梅との会談直後松本は病に臥し東京本社に転勤となったため汪工作の第一線からは退いたが、側面からの援助・協力は依然として継続された。松岡・銭工作でも松本は船津に工作加入を勧め、周作民がこの工作に協力したのも松本の説得によるものであった。

以上のように松本は、日中双方に通じる個人的チャネルと広い交流関係に基づき、きわめて多面的なピース・フィーラーとして行動した。彼の行動を支えたのは、「日米関係は日中関係である」という視点であり、日中の和解と親善を通して日米の関係安定化をはかろうとする情熱であったとされている。[26]

（二）萱野長知

萱野は、ピース・フィーラーとして行動した「中国革命の同志」の代表的存在といえよう。中国革命の同志として和平工作に関与した人々には、萱野と行動をともにした小川や、秋山、頭山などがおり、宮崎や犬養の場合もそれぞれの父と中国革命との関係が大きな意味を持っていた。彼らの和平行動の原動力となったのは、中国国民党要人との個人的チャネルとそれに基づく中国側の信用であり、また日中親善・提携の実現を願う彼らの熱意であった。さらに、秋山や小川が近衛の政治的支持勢力の一翼を担っていたことも、その和平行動に少なからぬ重みを与えた。

萱野は年齢的には、いわゆる「支那通」の旧世代に属する人物であった。松本や西、あるいは軍人の今井や影佐に代表されるように、重要な和平ルートはしばしば三〇・四〇歳代の新しい世代の「支那通」によって開拓された。新しい「支那通」の中国認識の特徴は、蔣介石率いる国民党の動向にこそ中国政治の焦点があると見るところにあったが、これに対して古い「支那通」は一般に旧軍閥時代の中国イメージにとらわれていた。ところが、その中で萱野は例外的に国民党との関係を重視し続けたのである。(27)

萱野は、満洲事変の際にも犬養首相の密使として働いたことがあり、そのときにも松本蔵次が東京と萱野の連絡役を務めた。(28)支那事変における萱野の和平行動は、既に略述したようにかなり長期にわたり断続的に続けられたが、そのピークは宇垣工作の前後と小川が香港に赴いた頃であった。小川の赴香のとき、彼は「予等は政府の代表者に非れども、代表以上の人を以て自任するものなり」と中国側に語った。[29] たしかに彼らの行動は首相や外相の了解を得ており、外相などから資金的援助も受けていた。しかし、もちろん政府首脳から公式の交渉資格を与えられていたわけではなかった。

結局、萱野・小川の和平工作は、常に他の主要な和平工作と交錯・競合し、ときには「国賊の如く」批判されたり、[30] しばしばその行動の中止を要求されるなど、一度も和平ルートの「幹線」とはなり得なかった。また賈存徳や杜石山を通じる和平ルートがどれほど有効であったかも疑問である。しかし、一般の「支那通」が旧軍閥時代の中国要人との接触に没頭しがちであったのに対し、前述したように萱野や小川がたえず蔣政権との直接交渉による和平をめざしたことは、やはり軽視さるべきではないであろう。

(三) 西義顕

西は、ピース・フィーラーとしては特異な存在である。彼はジャーナリストでもなければ近衛側近でもなく、中国革命に関わったわけでもないし、満鉄の一社員にすぎず実業家というほどでもなかった。それにもかかわらず彼は、汪工作と松岡・銭工作という二つの重要な和平工作の端緒をつくったのである。

西をこのような行動に関わらせた伏線は、事変前に呉震修（中国銀行南京支店長）の知遇を得たことにあった。呉は独特の歴史観から「中日両民族の衝突を回避して、アジアの破壊を食い止める」という「実践的課題」を自らに課し[31]、舞台裏において日中衝突回避のための「触媒」工作に従事していた。西は呉の思想から大きな影響を受け、事変後はこの「触媒」工作の延長として和平工作を捉えたのである[32]。そして呉との交流は高宗武との親交をも導き、高との関係は西を和平工作に関与させる糸口となった。

西の和平行動で見落とすことができないのは、その背後にあった満鉄という組織と松岡の存在である。特に松岡は、前述したように、西に行動の自由と費用の一切を保証した。事実、後に松岡は、汪工作を始めたのは自分であると述べたほどである[33]。また、銭永銘工作の契機となった張競立との関係は、西自ら述べたように、「満鉄としての信用の遺産」を彼が継承したものにほかならなかった[34]。そして西の背後に松岡外相が存在していたが故に、銭もこの工作に乗り出したのであった。

西には、彼自ら認めたように、ドン・キホーテ的なところがあった。たとえば、高宗武の回想によると、事変勃発直後に彼が西と会見して松岡に時局収拾の援助を要請したのは、彼の戦争回避工作の一環ではあったが、西の行動にそれほど大きな期待をかけたわけではなかったという[35]。にもかかわらず高の要請を真剣に受け止めた西はこれを契機として和平工作に入り、やがて、相戦う日中両国の外に汪を中心とした「第三勢力」を結集し、この

「第三勢力」を媒介（触媒）として日本と国民政府との間に和平を達成するという構想の実現に向けて突進した。彼の行動はときとして強引で、銭工作に関しても船津によれば、張競立一行が東京に向かう前、銭と西の意思の疎通は必ずしも充分ではなかったといわれる(36)。

このように西の行動には、しばしば強引さが見られたが、そうした強引さやドン・キホーテ的性格こそ、彼をピース・フィーラーとして活動せしめた原動力であったかもしれない。銭工作の失敗後、西は和平工作の第一線から退き、後事を土井章などの後輩に託した。そして自らは「乙酉会」なる組織をつくって国内で和平工作の側面援助を試みようとしたが、その詳細はあまり定かではない(37)。

さて、では最後に、以上のようなピース・フィーラーたちの和平活動を支えた重要な要因を指摘して、この節を終えることにしよう。

まず第一に注目しなければならないのは、明治以来の日中間の交流である。隣国たる日中両国の間では、政府のレベルだけでなく民間のレベルでも相互の交流が密であった。この交流の蓄積によってこそ日中両国人の間に様々な個人的交友関係や信頼関係が育まれたのである。「中国革命の同志」の場合に最もよく示されるように、ピース・フィーラーにとっては、こうして築かれた個人的チャネルが和平工作に従事する上での最大の「資産」

となった。

次に、日中両国間の距離も重視すべきであろう。「一衣帯水」と称される両国の近さは、相互の交流を促して親近感や運命共同体意識という心理的距離上の近さももたらしたが、ここで注目されるのはむしろ単なる物理的・時間的・経済的距離である。当時中国に渡るには旅券を必要としなかったという事実も案外重要であろう。中国が近いことによって、ピース・フィーラーたちは比較的容易に日中間を往復できたのである。もしその距離が大きければ、少なくとも独力で行動した民間人ピース・フィーラーにとっては、かなり大きな障害となったであろう。

最後に、香港、マカオ、上海の租界といった中立地帯の存在が和平工作者の活動を助けたことも軽視できない。戦火が直接には及ばず、日中両国の直接監視下にない中立地帯でこそ和平接触が可能であり、比較的容易でもあった事実は、多くの和平工作にこの三つの都市の名がしばしば登場することからも理解されよう。しかし、大東亜戦争開始とともに日本は香港を占領し上海の租界を接収した。それ以後敗戦直前に至るまで本格的な和平工作が見られなくなる一因は、そうした中立地帯が姿を消してしまったことにもあるといえよう。

第三節　和平条件

和平工作はすべて失敗に終わった。何故成功しなかったのだろうか。この問いは、何故事変を早期に解決できなかったのかを問うことにほぼ等しい。したがって簡単に答えることは困難だが、ただ和平工作に直接関連する原因としては、例えば、諸工作の乱立を挙げることができるだろう。和平工作は多くの場合競合しがちであり、それに並行して日中双方が実施した各種の謀略工作も複雑に絡み合った。そしてこれら諸工作は不統一のままにそれぞれ自己運動を展開し、相互に牽制しあって各々の効果を弱めるとともに、日中間の不信感をも助長・増幅したといわれる(38)。

和平工作失敗の原因として諸工作の乱立以上に重要だと思われるのは、やはり和平条件である。ただし和平条件は、それが提示された状況と中国側の受諾の可能性を加味して検討されなければならない。このため事変発生以来の日本の和平条件の変遷をやや単純化して表に纏め(39)、以下ではこれを材料として考察を進めることにする（なお、この表では、条件の変化に焦点を絞るため、AからKすべてに共通する排日・反日行為の停止という条件がカットされている）。

日本の和平条件には、最も穏健なものの場合でさえ、中国の主権を制約せざるを得ない要素が含まれていた。しかしだからといって、和平の可能性は最初からなかったと決めつけることはできないだろう。一九三七年一二月ドイツの仲介を受け容れたとき、蔣介石は、事変前の旧状回復を前提としなければ和平には応じられないという従来の立場を放棄した。すなわち蔣介石は華北の主権と領土保全を留保した上でＣを交渉の基礎として受け容れたのである。しかし日本はその後Ｃを撤回し、抽象的な四条件とその説明としてのＤを提示した。Ｄに対して中国側は明確に諾否を表明しなかったが、日本側の和平条件の加重がこのときのトラウトマン工作を挫折させた最大の要因であることは疑いない。

トラウトマン工作終了後、しばらくの間日本の和平条件とされたのはＤないしＥである。これに対する中国側の明確な態度を確実に知ることはできないが、ただその反応ならば間接的に確認することができる。例えば、中村・喬交渉で中国側は、反日行為の停止、共産党との関係清算、内蒙古の自治を認めた上で、満洲国問題は間接的承認ならば可能であること、平等互恵の経済合作ならば受け容れられるが華北の特殊地域化は困難であること、非武装地帯については日本軍の駐屯を前提としないならば交渉に応じられること、賠償は支払能力がないこと、などの意向を表明した。また張季鸞は、防共要求は内政干渉だと指摘し、政治的問題を除いた経済合作ならば妥協の余地があるかもしれないが、華北の特殊地域化は認められない、と主張した。

　こうしてみると、日中双方の主張の間には依然として相当の懸隔があったと考えざるを

和平条件の変遷

	満洲国問題	防共	非武装地帯	駐兵	政治関係	経済提携	賠償	既成事実解消	権益返還	撤兵
(A)船津工作（一九三七・八・七）	不問	防共協定	華北の一部	華北駐屯軍を事変前の兵力に縮小	国民政府による華北の任意行政	華北経済合作協定、特定品の関税引き下げ、経済援助		解消	治外法権撤廃の考慮	
(B)支那事変対処要綱（四相決定）（一九三七・一〇・一）	正式承認	同右	華北の一部、上海	同右	国民政府による華北の任意行政、内蒙の現状承認	華北経済合作協定、特定品の関税引き下げ、日華合弁一大シンジケート（海運、航空、鉄道、鉱業、農業など）	直接の被害に対する補償	同右		
(C)ドイツ大使への条件提示（一九三七・一一・二）	（承認）	共産主義に対する共同闘争	華北の一部、上海		国民政府による華北任意行政、内蒙自治政権（国際法上の地位は外蒙と同じ）	関税引き下げ、鉱山利権の委譲				

(D)日支講和交渉条件細目(閣議決定)(一九三七・一二・二一)	正式承認	防共協力	華北、内蒙、華中占拠地域	華北・内蒙・華中の一定地域に保障駐兵	華北に日満華三国共存共栄実現のため適当な機構設定、内蒙防共自治政府(国際法上の地位は外蒙と同じ)	資源開発・関税・交易・航空・交通などに関する所要の協定、華北・内蒙での交通・通信・経済・各種開発に関する密接な関係	所要の賠償			
(E)支那事変処理根本方針(御前会議決定)(一九三八・一・一一)	同右	同右	同右(ただし保障条件)	同右	同右	同右	同右	解消	治外法権・租界・駐兵権などの廃棄を考慮する	
(F)日支新関係調整に関する原則(陸軍省部決定)	満華両国の相互承認	防共協定	華北・上海三角地帯・華南特定島嶼の武装	防共駐屯、治安駐屯(華北・上海三角地帯・華南特定島嶼、た	蒙疆を防共特別地域とする、日本人顧問の招聘	華北・揚子江下流での経済合作、華北資源開発利用に関する特別の便益供与、内	居留民の損害補償	解消	治外法権・租界などの返還を考慮	治安が回復すれば協約以外の兵力を撤収

(一九三八・二・一八)			制限(ただし保障条件)	だし保障条件)		地における居住・営業の自由容認				
(G)日華協議記録(一九三八・一一・二〇)	承認	防共協定		防共駐屯(内蒙、平津)、治安駐屯(駐兵地域は合議の上決定、保障条件)	内蒙を防共特殊地域とする	華北資源の利用開発に関して特別の便利を供与、内地における居住・営業の自由容認	居留民の損害補償(戦費賠償は要求せず)		治外法権の撤廃を許与、租界返還を考慮、難民救済に協力	協約以外の兵力は治安回復とともに二年以内に撤兵完了
(H)日支新関係調整方針(御前会議決定)(一九三八・一一・三〇)	承認	防共軍事同盟		防共駐屯(華北・蒙疆の要地)、治安駐屯(華北・上海三角地帯、保障条件)、艦船部隊(揚子江沿岸特定地点、華南沿岸特定島嶼)	分治合作主義、蒙疆を高度の防共自治区域とする、上海・青島・廈門を特別行政区域とする、華南沿岸特定島嶼に特殊地位設定、日本人顧問の派遣	資源開発・関税・交易・航空・交通・通信・気象・測量などに関する所要の協定、資源開発(特に華北・蒙疆)に関する便益供与	権利利益の損害に対する補償		治外法権・租界の返還を考慮	防共駐屯以外の早期撤兵

（I）第三次近衛声明（一九三八・一二・二二）	国交樹立	防共協定			防共駐屯（特定地点）	内蒙を防共特殊地域とする	内蒙・華北の資源開発利用に関する便宜供与、内地における居住・営業の自由容認、経済的独占を行わない	戦費賠償を要求しない		治外法権の撤廃、租界返還の考慮	
（J）桐工作実施要領（陸軍省部決定）（一九四〇・三・一七）	承認	防共協定			防共駐屯（蒙疆・華北の要地）、華南沿岸特定島嶼での海軍軍事合作	蒙疆を防共特殊地域とする、日本人顧問の招聘	華北・揚子江下流での経済合作、華北資源の開発利用に関する特別の便宜供与、内地における居住・営業の自由容認			治外法権撤廃・租界返還の考慮	早期撤兵
（K）支那事変処理要綱（御前会議決定）	承認（ただしその方式・時期について	（東亜防衛）			蒙疆・華北三省に駐屯、海南島・華南沿岸特定地点に艦船		蒙疆・華北三省・海南島・華南特定地点での国防資源の開発利用、				

（一九四〇・一一・三）	は別途考慮）			部隊駐留、揚子江下流地域に保障駐屯		緊密な経済合作				

得ないだろう。特に両者の歩み寄りが難しかったのは、華北の特殊地域化と日本軍の駐兵であった。ただしこの二つの問題に比べると、他の条件はまだ妥協の可能性があったと思われる。まず、排日の停止や共産党との絶縁という点での防共について中国側は日本の要求をほぼ原則的に認めていたと見ることができよう（むろん防共の実施方法についてまで了解ができたわけではない）。これを内政干渉だとする張季鸞の主張はむしろ例外的であり、既にトラウトマン工作時に蔣介石は防共を容認していた。次に、満洲国の承認についても何らかの形で妥協が可能であった。喬輔三は間接的承認を示唆したし、日本側でも参謀本部には、満洲国の「実在」を確認するだけでよいとの見解があった。つまり、承認を原則としつつその方式や時機については歩み寄りの余地があったと考えられる。(40)

賠償も日本が戦費賠償に固執しなければ、妥協が成立したかもしれない。居留民の損害補償程度ならば、中国側があくまでも拒否したとは思われない。「経済提携」「経済合作」についても、日本の要求があまりに露骨でなければ、少なくとも合意の見せかけをつくることは可能であったかもしれない。もちろん日本が五相会議決定や「日支新関係調整方針」（H）の内容をそのまま要求したならば、中国がそれを受け容れることはあり得なかったであろう。しかし、「日支新関係調整に関する原則」（F）程度であれば、中国側もそれを交渉の基礎とできないわけではなかった。

中国側の受諾ないし交渉開始の可能性を検討する際に考慮しなければならないのは、当時の状況である。つまり一九三八年秋、中国をめぐる状況は前年のトラウトマン工作のとき以上に不利なものとなっていた。もちろん日本も国民政府に代わるべき新中央政権を樹立することができず、作戦面ではほぼ限界に達していた。また中国の抗戦意識もそれほど低下の兆しを見せなかった。しかし中国は、漢口・広東の陥落により華北、華中、そして華南海岸部の主要都市の大半を失った。その上、ヨーロッパにはミュンヘン危機があり、対独宥和に走った欧米列国の支援に対する期待は、少なくとも一時的には弱まらざるを得なかった。こうした点から見て、この時期中国が日本の和平の働きかけに応じる可能性がなかったとは言い切れないのである。一〇月上旬、満洲国承認、北京・天津・青島・上海における日本軍の駐屯、華北における経済的特権の付与などを内容とする和平条件案をイギリスの外交官が私案として提示したとき、蔣介石がそれに関心を示したのは、そうした中国の立場をよく物語っている。[41]

ところが日本はこのチャンスを生かすことができなかった。まず、五相会議決定やHの策定に見られたように、日本が中国に求むべき要求はいたずらに膨張した。それは、トラウトマン工作の過程で南京陥落に伴い条件が加重された状況の繰り返しでもあった。中国側が最も忌避した駐兵地域と特殊地位設定地域は内蒙・華北以外にも拡張した。分治合作は中国側の主張と真っ向から対立するはずであった。これでは、たとえFに基づいて和平交渉が始まり見せかけの合意が一時的に成立したとしても、Hの内容が提示されたときに（堀場が予定した柔軟な運用がなされなければ）おそらく交渉は暗礁に乗り上げたであろう。日本の和平条件は、中国側の受諾の可能性如何を検討して作成されたのではなく、むしろ日本国内の諸要求の羅列として積み上げられたのである。

一方、中国の反応を重視する人々の間にあっては、領土割譲や戦費賠償を要求しなければ、それだけで充分寛大さを表すものと考えられた。しかしそれは中国側にとって和平の必要条件ではあっても、十分条件とは見なされなかったであろう。注目されるのは、従来から中国に対する譲歩条件として考慮されてきた既得権（治外法権や租界など）の放棄だが、実はこれが果たして中国政府に確実に伝えられたかどうか、定かではないのである。トラウトマン工作の最終段階でEは（おそらくDと実質的に変わりはないと見なされて）ドイツ側に通告されなかった。Fの原案はたしかに蕭振瀛工作の和平条件に用いられたが、既得権益の放棄がFに付加されたのは後のことであり、それが蕭に通告されたかどうかは判然としない。Gは国民政府に対して提示されたものではない。いずれにせよ、たとえ既得権放棄が国民政府に伝えられていたとしても、それが駐兵や特殊地位設定に見合う譲歩と見なされたかどうかは疑問であろう。

次に、「対手トセス」の拘束を考える必要がある。たしかに、国民政府とは一切交渉を持たないという一時の頑なな態度は緩和された。国民政府が「屈服」すれば、これを交渉の「対手」とする可能性が開かれた。しかし、その「屈服」の条件には蔣介石の下野や、既成政権との対等合流による新中央政権樹立が含まれていたのである。

既成政権との対等合流は、汪一派でさえ最後まで抵抗した条件の一つであり、事実、汪政権が発足したとき、それは既成政権との対等合流ではなく、既成政権の解消、国民政府の南京還都という形式をとった。汪だけでなく、彼以外の国民政府指導者も、正統政権としての国民政府という原則からの逸脱は受け容れなかったであろう。この点は、外務省の石射東亜局長が見通したとおりであった。

蔣下野要求が日本の和平の試みを複雑にした一大要因であったことは既に詳述したところである。和平接触のどのルートでも中国側は蔣下野が不可能であることを言い続けた。日本では、和平を望む人々の間にあってすら、国内の強硬論をなだめ他の和平条件を緩和するためにも、蔣下野が必要であるとの主張がなされた。一九三八年に日本が作成した最も穏健な和平条件は、直接国民政府には伝えられず、蔣下野を強制するために反蔣派に伝えられたのである。I（第三次近衛声明）も、第二次近衛声明の趣旨（人的構成の改替）を前提とすれば、少なくとも蔣下野が先決条件であった。

かつて蔣介石は政治的責任をとって下野したことがあった。また国民党で孫文の正統を継ぐ者は必ずしも蔣介石だけに限られなかった。日本側が和平派を含めて蔣下野に固執したのは、そうした過去の経緯があったからであろう。そうした経緯を踏まえれば蔣下野はそれほど苛酷な要求とは考えられなかったのである。これに対して中国側は、日本が蔣下野要求にこだわる以上に、その要求拒絶に固執した。それはもちろん蔣自身の権力への執着が一因であったと思われる。しかしそれだけではなかったろう。蔣を欠いた国民政府では、対日和平に伴う国内分裂の危機を乗り切ることが危惧されたに違いない。共産党を含む反日・抗日勢力の挑戦に対処することも困難と見なされたであろう。中国側が蔣下野を拒否し続けたのは、こうした事態への懸念があったからである。名目的な一時的下野でも差し支えないという日本の和平派の「真意」は充分には伝えられなかったし、伝えられても額面どおりに受け取られるとは限らなかった。それに、たとえ中国側が蔣下野を容認し、他の条件緩和により当初和平交渉がスムースに滑り出したとしても、日本が「日支新関係調整方針」の最終決定に反映された権益思想に固執する限り、あるいは堀場の予定した柔軟な運用がなされなければ、この場合も交渉は暗礁に乗り上げたであろう。

皮肉なことに、汪兆銘工作が占領地政権工作に変質した後、あらためて重慶の蔣政権との和平の糸口を求めるために、日本はあれほど固執した蔣下野要求を持ち出さなくなる。

また、JとKを見れば分かるように、他の和平条件も一九三八年のものに比べれば一部緩和を示した。しかし、蔣はもはやこうした条件による和平に応じようとはしなかったのである。桐工作も銭工作も、重慶側にどれほど和平の意図があったのか疑わしい。蔣介石は既に一九三八年秋の苦境から脱していたと思われる。同年一二月にアメリカが、翌年三月にはイギリスが中国と借款協定を調印し、中国の対日抗戦を経済的に援助する姿勢を鮮明にしていたのである。こうした状況で蔣としては、日本の和平条件がよほど緩和しない限り、和平に応じる必要性を認めなかったであろう。しかも事変が長期化し国民政府が奥地に引き込めば引き込むほど抗戦派の勢力が大きくなり、軍閥将領や共産党との微妙な関係を抱える蔣は、たとえ和平の意図があったとしても、和平に応じることがますます困難となっていた。さらに、汪の重慶離脱・政権樹立は、蔣・汪の対抗関係という複雑な要素を和平工作の舞台に持ち込んでしまったのである。

以上のように、日本は必ずしも一貫して和平条件を加重し続けたわけではない。しかし加重すべきでないときに加重し、思い切った緩和が必要なときに小幅の緩和で済まそうとしたことは否定できない。和平条件は、しばしば中国の受諾可能性よりも国内の要求充足を優先して作成された。日本はまた「対手トセス」という自らつくった足枷にとらわれ、和平工作の柔軟性を自ら制約してしまった。

こうした事態を生んだ根本的原因の一つは、いうまでもなく政治指導の貧困であろう。

和平条件の審議過程で権益思想を抑制できず、「対手トセス」の転換も果たし得ず、さらに諸工作の不統一・乱立を許したのも政治指導が貧困なためであった。

政治指導の貧困ないし欠如に加えて、根本的原因としてもう一つ指摘しなければならないのは、事変の「戦争目的」の不明確さである。何のために戦い、何を成し遂げれば戦いを終えるのかが不明確であったために、和平条件がいたずらに加重されたり、国民政府否認という途方もない要求が出てきたのであった。「戦争目的」の不明確さを最もよく象徴する例は、Kの和平条件に防共要求がなくなっていることであろう。事変の最も重要な目的の一つとしてあれほど繰り返し強調されてきた防共要求は、ノモンハン後の日ソ関係を考慮して明記されなくなった。そのくせ日本軍の駐屯は「東亜防衛」を名目として要求されているのである。これでは駐兵こそが事変の最大の目的ということになってしまうであろう。

様々の、ときとして相互に矛盾する和平条件が作成されたのは、そもそも事変の目的が曖昧なためであった。事変処理方針が動揺を重ねたのも、そうした目的の曖昧さ、不明確さに一因がある。諸工作の乱立の原因の一つも、そこにあったといえよう。他方、「戦争目的」を不明確なままに放置したのは、政治指導の貧困のためであった。さらにそれは、戦争意識の不徹底にあったと考えられるかもしれない。事変は事変であるが故に「戦争目的」の確立を促さなかった。事変は、本来戦うべき敵を相手とした戦争ではなかった。また事変とはもともと短期に終わるべきものであった。こうした意味での事変意識が惰性のように生き続け抜け切れなかったが故に、支那事変は実質的には戦争であったにもかかわらず「戦争目的」の確立を促さず、ついに事変のままに終始したのである。

第四節　和平、謀略、投敵

本書は支那事変の和平工作の実体を、特に日本側に焦点を当てて考察したものである。日本は事変発生当初から短期終結を望み、様々なチャネルを用いて事変の早期解決をはかろうとした。ただし、和平工作を繰り返したことをもって、本書は事変が「侵略」ではなかったと主張するものではない。本書が明らかにしたかったのは、たとえ事変が結果において侵略に相当するものになったとしても、事変は単なる侵略という観点からのみ理解されるにはあまりにも複雑かつ錯綜した側面を抱えており、そうした事変の複雑さは和平工作の中に最もよく反映されているということであった。

たしかに和平工作の中には、中国に降伏と等しい条件を要求したものも少なくなかった。しかし他方、そうした強硬論に抵抗し、できるだけ条件を緩和して和平を達成しようとした試みが繰り返された事実にも目を向けるべきであろう。そうした差異を無視し、中国への和平の働きかけをすべて投降を呼びかけたものと片付け、「侵略」の偽装と批判するのは、あまりにも一面的である。

もちろん、前節で検討したように、和平派の講和条件の中にも、中国の主権を制約するものが多々見られた。しかし、たとえ不利な長期戦に入りつつあるとはいえ、少なくとも表面的には圧倒的な日本の軍事的優勢の下で、全く中国の主権に抵触しない対等の和平条件があり得たであろうか。より正確にいうならば、そうした条件で国内を説得できたであろうか。むろん今日の観点からすると、和平派の中国認識にも問題とすべき点がなかったわけではない。ただ、そうした彼らの限界のみをあげつらうのは、後に生まれた者の傲慢さというべきであろう。本書は、様々の圧力と制約を受けながら、可能な限り穏当な条件による和平の達成と日中関係の安定化を目指した人々の努力と苦悩の跡を、できるだけ正確に確認しようと試みたのである。

いうまでもないが、和平工作は支那事変のすべてではない。あくまでその一部にすぎない。しかしかなり重要な一部ではある。例えば、戦争目的がいかに曖昧であり、目的が曖昧であったが故にそれを達成する手段・方法もいかに一貫性がなかったかは、和平条件の変遷や膨張の中に、また相互に矛盾する和平工作や謀略工作の競合の中に、きわめて鮮明に反映されている。政治指導の脆弱性、政策決定の様々なレベルでの分裂・対抗が単なる軍の横暴、軍の政治介入という観点だけからでは充分に説明できないことも、政治家や軍人の和平工作への関わり方から知ることができる。早期和平達成と真の日中提携のために自発的に和平工作に関与した日本人が存在したこと、さらに彼らが実際の和平工作にかなり深く関与し得たことも、事変の注目すべき側面である。

ところが、日本の和平工作の多くはしばしば謀略と見なされ、「和平」の名に値しない偽瞞工作だとして非難される。特にこの点で問題となるのが汪工作である。たしかに汪工作（高宗武工作）は当初謀略工作の一つに位置づけられていた。先に紹介したように、当事者の影佐軍務課長が「謀略」と答えたという田尻香港総領事の回想もある。また、影佐が軍務課長になる前の大本営陸軍部第八課長、通称謀略課長時代からこの工作に関与し、伊藤芳男が実は秘密裡に満洲国の対華宣伝を担当していたという事実も、日本が当初から謀略を意図していた間接的証拠と見なされることが多い。

では、本来「謀略」とは何なのか。『広辞苑（第三版）』によれば、「謀略」とは「人をおとしいれるはかりごと」、また「おとしいれる」とは「だまして苦しい立場にはめこむ」ことと説明されている。したがって汪工作が謀略としての一面を持っていたというと、日本側が意図的に背信行為を働いたと解釈されるのが常である。例えば、汪を重慶政権から離反させるために、日本はその真の意図を隠し、遵守する意思もない一見譲歩的なまやかしの和平条件を提示して汪ひいては中国人をだましたのだ、と見なされる。

しかしながら、「謀略」が常に「人をだまして苦しい立場にはめこむはかりごと」だけを意味していたとは限らない。一つの例として、一九三八年夏に五相会議が決定した「時局ニ伴フ対支謀略」を見てみよう（第四章第二節参照）。そこでは中国の財政・金融の混乱をねらう法幣工作、回教徒工作、雑軍（国民政府直系軍以外の軍閥系の軍隊）の帰順懐柔工作、要人離反工作などが「謀略」に含まれ、新中央政権樹立工作も中国国民の抗戦意識を弱め国民政府の支持基盤を掘り崩すという意味で「謀略」の一つに数えられていた。つまり、敵を弱める（軍事目的を助ける）ために、非軍事的手段を用いて行われる極秘の工作こそが当時の「謀略」であった。したがって「謀略」はもちろん敵を「だます」工作を含んでいたが、「謀略」のすべてが相手を「だます」工作ではなかったのである。

影佐が汪工作を「謀略」と述べたのは、あるいは今井中佐がその報告の中で自らの工作を「謀略」としたのも、こうした意味での「謀略」であった。つまり、国民政府の内部分裂をねらう工作ではあっても、また汪の行動と日本との関係を厳重に秘匿した工作ではあっても、和平条件に関して中国側を「だます」ことを意図したものではなかった。

既に指摘したように、汪工作は「和平」と「謀略」という二重の目的をもって実施された。より正確にいえば、一部の当事者は和平につながる長期的効果を重視したが、関係者の多くは重慶政権の内部分裂・要人離反という短期的効果を期待した。しかし、汪の重慶離脱の結果、和平の可能性はかえって遠のき、西南諸将が決起しなかったため謀略としての効果も期待外れに終わった。かくして汪側の公約不履行に見合う形で「日華協議記録」の和平条件としての意義も軽視されがちとなった。これが結局は中国側を「だます」という結果につながったのである。

問題をさらに複雑にしたのは、謀略が政府の直接担当する領域ではなく、軍が担当する任務であったことである(42)。もともと汪工作当事者が工作の「謀略」としての側面を強調したのは、軍内で支持を調達するためだけではなく、工作の主導権を陸軍の中に確保し、ともすると権益主義に傾きがちな他の勢力の介入を予防しようとしたためかもしれない。しかし、他方で軍は実際に中国側を偽瞞する工作も実施し、しかも和平と謀略との間に明確な一線を画さなかった。こうして、しばしば汪工作のような工作も偽瞞工作と同種の謀略と誤解される結果を招いてしまったのである。

日本が偽瞞工作としての謀略を実施しなかったというのではない。しかし少なくとも、本書で取り上げた和平工作にそうした偽瞞工作の性格はなかった。他方、中国側も謀略に従事していた形跡がある。桐工作や銭工作は、中国側からすると、和平そのものを目標とした工作というよりも、事変遂行に関する日本中枢部の姿勢(例えば、日本はどれほど和平を焦っているか)を探り、ときには日本側を攪乱することをねらいとしていた公算が高い。高宗武工作にも当初は対日情報の収集という側面があった。そこには対日攪乱という意図も含まれていたかもしれない。いずれにせよ、謀略は一方交通ではなく、双方が実施していたものであった。

和平も日本だけが望んだわけではない。前節で検討したように、少なくとも一九三八年秋までは、条件次第で中国側にも和平に応じる可能性があった。軍事的劣勢と共産勢力拡大の脅威は、対日妥協を選択肢の一つとして蔣介石に考慮させたであろう。ただ蔣介石は、トラウトマン工作を除いて、部下の和平接触に承認も与えなければそれを拒否もしないという態度を終始とり続けた。それは、国民党系以外の将領や共産党との微妙な関係に立つ彼の政治的立場に起因するものであった。彼の微妙な立場は、一方で部下による様々の和平接触を黙認して日本の意向を探らせると同時に、他方では特定の和平工作に深くコミットすることを許さなかった。特定の工作に深く関わってそれが失敗した場合は、その事実の暴露によって抗日戦の遂行に支障をきたすばかりでなく、彼の政治的立場をも損なう懸念があったからである。[43]こうした蔣介石の態度が、諸工作の錯綜した状況に拍車を掛けたことは疑いない。

汪の重慶離脱ですら、蔣と汪の黙契によるものだとの説がある。つまり蔣は、一方で汪をして日本側との和平接触を進めさせながら、他方では対日和平に対する周囲の反応を見極めようとした、というのである。事実、日本政府ではそうした蔣・汪の黙契・連繫に期待する傾向が強かった。『周仏海日記』から確認される限りでは、そのような蔣・汪黙契説は成り立たないようである。ただし、そうした憶測を生むほど当時の和平をめぐる状況が錯綜していたとはいえよう。

本書は主として日本側の視点から和平工作の解明を目指したものである。和平をめぐる中国側の錯綜した状況が本書によって充分解明されたわけではなく、まだ不明の部分がかなり残っている。したがって中国側の「和平」行動について断定的な評価を加えることは慎むべきであろう。ただ本書が明らかにしたところからすれば、日本側の和平の働きかけに対する中国側の呼応をすべて一義的に「投敵」と決めつけることは避けるべきである。たしかに既に述べたように、ほとんどの日本の和平条件案には中国の主権を何らかの程度制限する要素が含まれていた。したがって問題は、そうした要素が含まれている限り和平を拒否して抗戦を続けるか、それとも抗戦に伴う犠牲の大きさと共産勢力増大の脅威を重視し、できるだけ主権制限の条件を緩和して和平に応じるか、であった。もし後者の選択をすべて「投敵」と見なすならば、和平は中国の勝利、日本の敗北がない限りあり得なかったであろう。

もし一時的にでも和平が成立したらどうなったであろうか。たとえ一時的に和平が成ったとしても、日本の大陸政策の本質が変わらず中国が完全な主権の回復を目指す限り、いずれ日中は再び衝突することになったに違いない、というのがおそらく一般的な見方であろう。たしかに、そうなる公算が高かったことは否定できない。しかし、和平成立を契機とし、日本が対華政策を根本的に修正して対等の提携関係構築を目指すことになれば、そして中国も従来の抗日政策を放棄して対日提携の方向に進めば、和平は一時的なものにとどまらず新しい日中関係の基礎を形づくってその後の歴史を大きく変えたかもしれない。

これこそ、両国の和平派、和平工作に関与した人々の多くが望んだ事態の展開であった。だが実際には、そうした事態の展開を始動させる契機は、ついに実現せずに終わったのである。

あとがき

本書は今日的な問題意識を大上段に振りかざしたものではない。何故和平工作が成功し得なかったのか、というテーマは一貫しているが、それが現代の抱える課題にどうかかわっているかを直接問いかけているわけでもない。むしろ、筆者の出発点は過去の事実へのこだわりにあり、これまで曖昧にされてきた事実を確定していく過程は、筆者にとって謎ときの推理小説あるいはジグソー・パズルのような面白さがあった。

本書は筆者がこれまでに発表したいくつかの論文をもとにしている。ただし、本書を書き上げるにあたって、それらの論文の一部は原形をとどめないほどに書き改め、またかなりの量を書き加えた。本書の各章と初出論文とはもはや必ずしも対応していない。したがって左には、本書のもとになった論文を各章と対応させず、発表順に掲げることにする。

「支那事変初期に於ける戦争指導」京都大学法学会『法学論叢』九六巻三号（一九七四年一二月）・九七巻二号（一九七五年五月）

「日華事変におけるピースフィーラー」日本国際政治学会『国際政治』七五号（一九八三年一〇月）

「『対手トセス』声明再考」『外交時報』一二三六号（一九八七年三月）・一二三七号（同年四月）

「宇垣・孔祥熙工作」『防衛大学校紀要・人文社会科学篇』五五輯（一九八七年九月）

「『日支新関係調整方針』の策定」軍事史学会『軍事史学』二四巻三号（一九八八年一二月）

本書を纏めるまでには実に多くの方々の御教示・御指導を得た。まず、京都大学時代には三人もの恩師にめぐりあうという好運に恵まれた。村松岐夫先生は当時予備ゼミと呼ばれていた科目で、筆者が日本近現代史への関心を持つきっかけを与えて下さった。大学院時代の指導教授、高坂正堯先生からは、講義だけでなく様々の機会に、歴史や外交を学ぶときの基本的態度を教えられた。猪木正道先生は、大学時代のゼミの指導教授であり、筆者が防衛大学校に職を得たときの学校長であった。人間として、研究者として、教師として、ときには先生の後ろ姿からさえ、筆者は多くのことを学んだ。

本書のテーマは修士論文を書いたときからのものであるが、それを本に纏めようと思い立ったのは、松崎昭一（元読売新聞社）、池井優（慶応義塾大学）、高橋久志（防衛研究所戦史部）の三氏とともに五年前に訪中し、汪兆銘政権に関するシンポジウムに参加したときのことであった。日中関係史に関する実りある学術交流のためには、史料に裏付けられた事実の確定が重要であることを、あらためて思い知らされたのである。またこの三氏からは、その後も和平工作について様々の御教示を得た。特に松崎氏の、いわゆる学者的ではないユニークな発想に、筆者はしばしば衝撃を受けたことを告白しなければならない。

筆者が参加しているいくつかの研究会でも様々の知的刺激を受けた。特に昭和史研究会では、日中関係に関する江藤淳氏（慶応義塾大学）の鋭い洞察から多くのことを教えられた。史料に関しては、修士論文の作成時から栗原健先生（外交史料館）の懇切丁寧な御指導を得ることができた。栗原先生の歴史家としての謙虚さは、筆者が心ひそかに見習おうとしてきたところでもある。イギリス国立公文書館での史料閲覧は、吉田国際教育基金の援助によって可能となった。また、その史料検索に関してはマイリヨン・ハリーズ氏のお世話になった。同氏の手助けがなければ、きわめて短い出張期間内にそれなりの収穫をあげることは不可能であったろう。中国側の「和平」工作研究については、蔡徳金氏（北京師範大学）から貴重な示唆を得ることができた。

本書の完成は、勤務先である防衛大学校社会科学教室の自由闊達な雰囲気のおかげでもある。やや変わったテーマにのめり込んでいる筆者の研究を温かく見守ってくれた同僚諸氏の励ましは、何ものにも代え難いものであった。以上のほかにも本書の完成までには数多くの人のお世話になった。お名前は割愛させていただくが、ここであらためてお礼を申し上げる次第である。

本書は原稿が完成してから日の目を見るまでに暫く時間がかかった。おそらくは内容が特殊であるために、あるいは「支那事変」という呼称のために、いくつかの出版社は二の足を踏んだ。途方に暮れていた筆者を論創社に紹介してくれたのは、長谷川雄一氏（八千代国際大学）である。同郷の同業者というだけで、親身になって心配してくれた長谷川氏には何とお礼を申し上げたらいいのか分からない。また、論創社の森下紀夫氏は、多分半ば採算を度外視して、本書の出版を引き受けてくれた。筆者としては、本書が出版人としての森下氏の「心意気」にこたえることを信じるばかりである。

一九九一年六月

戸部良一

文庫版あとがき

一九九一年に刊行された本書の『ピース・フィーラー』という表題は、原著出版元（論創社）の森下紀夫氏が考えてくれたものである。タイトルが奇抜で、その意味がすぐ呑み込めないほうが、読者は何だろうと思って手に取ってくれるはずだ、ということだった。ただ、このタイトルだけではあまりにも読者に不親切だろうと思い、言わばその日本語訳として「支那事変和平工作の群像」という副題を付けた。

私は当初カタカナの書名に若干抵抗を感じたが、同業者の多くは、タイトルが覚えやすいせいか、懸念されたほど、この書名に違和感を示さなかった。ロンドンでの史料調査に協力してくださったロンドン大学の故イアン・ニッシュ教授は、来日時に再会したとき、私の名前は忘れていたようだが、「やあ、ピース・フィーラー」と呼んでくれた。当初少しばかり抵抗を感じた私も今ではこのタイトルになじんでしまっている。

実は、もともと本書は、「支那事変和平工作史研究」という標題で京都大学に提出した博士論文である。今回、文庫化をするにあたり、副題を本書公刊時のものから「支那事変和平工作史」に変えたが、それは日本語訳で同じ言葉を反復するよりも、本来の博士論文の趣旨をあらためて明示しようと考えたからである。

序章の第一節で述べたように、本書には三つの研究目的がある。第一に、和平工作に関する事実の確定を試みること。第二に、和平工作を工作に従事した人物に即して理解すること。第三に、事変処理政策と和平工作との関連性を解明すること。旧サブタイトルでは第二の目的を強調したが、実際にはこの点はメインタイトルでも表現されているので、文庫化では、あえて一つの目的だけを強調しないサブタイトルに落ち着かせることにした。第二の目的は、本書の続篇とも言うべき『日中和平工作　一九三七―一九四一』（吉川弘文館、二〇二四年）で、あらためて追究している。

サブタイトルを変更した以外、この文庫版では基本的に、加筆・修正は行わなかった。誤字・脱字の訂正や、刊行後に発表された研究や史料により明らかに間違いと判明した記述の修正のほかは、ほとんど旧著そのままである。ただ一箇所だけ、重要な修正を施したところがある。汪兆銘が第三勢力としての和平運動展開よりも南京での中央政権樹立を優先する方針に転換したことに関し、旧著（第六章第六節）では、汪のハノイ滞在時から日本側が了解していたと記述していた。しかし、その後の研究の結果、汪の方針転換表明はハノイ脱出後であり、日本側はそれに驚きながら了解することになった、と私は解釈を変えた。この解釈変更に応じて、文庫版では記述の修正がなされている。それ以外、重要な記述の変更はない。

旧著の刊行後、いくつかの好意ある書評をいただくことができた。なかでも伊藤隆氏は、実証的な近現代史研究としての本書の価値を評価しつつ、「和平か謀略か、武力か武力以外による解決か」という点に考察の軸を置いていることを批判された。伊藤氏は、戦争終結の方法は状況により、同一人物においてさえ変わりうるものであり、「必ずしも平和への意志と同一ではない」と論じ、より重要な問題は、戦争終結後にどのような国際秩序を想定しているかにあるのではないかと指摘された（『朝日新聞』一九九一年九月十五日）。また、御厨貴氏は本書が和平工作の政治過程分析であることを的確に指摘したうえで、やはり本書が和平か謀略かということにこだわっていることを批判された。和平と謀略とは善悪二元論に還元されるものではなく、むしろ一体不可分のものと理解したほうが分かりやすいと御厨氏は述べている（『国際政治』第九九号、一九九二年三月）。両氏の批判はよく分かるのだが、私はいまだに和平か謀略か、ということにこだわっている。そのこだわりの中味は上記の続篇をご覧いただきたい。

本書刊行の数年後、類似のテーマに関する優れた研究書を劉傑氏が上梓された（『日中戦争下の外交』吉川弘文館、一九九五年）。劉氏の著書は、戦争終結後の日中関係について当事者たちがどのような構想をいだいていたかを視野に収めて、和平工作の実態を解明しようとしており、拙著に対する厳しい批判も展開されているので、このテーマに関心のある読者には、是非一読を薦めたい。拙著と読み比べていただければ幸いである。

拙著の文庫化を勧めてくれたのは筑摩書房の松田健氏である。実際の文庫版の編集は同社の守屋佳奈子さんが進めてくれた。お二人の熱意と堅実なお仕事に深甚なる謝意を表したい。また、同業者として最も尊敬する波多野澄雄氏が解説を執筆してくださったことに、心から御礼申し上げる。

註

序章

(1) 松本重治『上海時代』下(中公新書、一九七五年)二二五頁。
(2) 例えば衛藤瀋吉「対華和平工作史」(日本外交学会編『太平洋戦争終結論』東京大学出版会、一九五八年、後に衛藤『東アジア政治史研究』東大出版会、一九六八年に所収)、秦郁彦「日華事変──和平工作と講和条件をめぐって」(『国際政治(日本外交史研究・昭和時代)』一九六〇年一月、後に秦『日中戦争史』河出書房新社、一九六一年に所収)、臼井勝美「日中戦争の政治的展開」(日本国際政治学会太平洋戦争原因研究部編『太平洋戦争への道』第四巻、朝日新聞社、一九六三年)などがその代表的なものである。
(3) 池井優「日中和平工作をめぐって」『読売新聞』一九八六年六月五日付夕刊、高橋久志「日中学術交流を顧みて」『現代の安全保障』四九号(一九八六年八月)を参照。
(4) 呼称問題については、木坂順一郎「一五年戦争の性格と戦争の呼称について」(『蘆溝橋事件五〇周年日中学術討論会報告集』蘆溝橋事件五〇周年日中学術討論会準備委員会、一九八七年七月)を参照。

第一章

（1）「河辺虎四郎少将回想応答録」『現代史資料12・日中戦争4』（みすず書房、一九六五年）四一四頁。
（2）森松俊夫「支那事変勃発当初における陸海軍の対支戦略」『政治経済史学』一六八号（一九八〇年五月）二三頁。
（3）堀場一雄『支那事変戦争指導史』（時事通信社、一九六二年、原書房、一九七三年）八三頁。
（4）防衛研修所戦史室『戦史叢書・大本営陸軍部1』（朝雲新聞社、一九六七年）四二六頁。
（5）「河辺少将回想応答録」四二四頁。
（6）堀場『支那事変戦争指導史』八四、八六頁。
（7）「河辺少将回想応答録」四一五頁。参謀本部支那課の動向については、髙橋久志「日華事変初期における陸軍中枢部」『近代日本研究』七号（一九八五年）一九〇―一九二頁を参照。
（8）「河辺少将回想応答録」四一四頁。
（9）「米内光政手記」（緒方竹虎『一軍人の生涯』文藝春秋新社、一九五五年）二四頁。七月九日の閣議決定は、「（一）今次事変ノ原因ハ全ク支那側ノ不法行為ニ基クコト、（二）支那側ノ反省ニ依ル事態ノ円満収拾ヲ希望スルコト、（三）支那側ノ反省ナク憂慮スベキ事態ヲ招来スル危険ヲ見ルニ至ラバ適切迅速ニ機宜ノ処置ヲ講ズルコト、（四）各閣僚ハ何時ニテモ臨時閣議ノ招集ニ応ジ得ル様待機スルコト」というものであった。外務省東亜局第一課「日支事変処理経過（昭和一三年六月）」『支那事変関係一件』（外務省外交史料館蔵）第一巻。
（10）「蘆溝橋事件解決ノ為対支折衝方針ニ関スル件（昭和十二年七月九日、参謀本部）」『太平

洋戦争への道』別巻・資料編（朝日新聞社、一九六三年）二五六頁。

（11）防衛研修所戦史室『戦史叢書・支那事変陸軍作戦1』（朝雲新聞社、一九七五年）一五六―一五七頁。

（12）同右、一六〇―一六一頁。

（13）「石原莞爾中将回想応答録」『現代史資料12・日中戦争4』三〇六頁。このときの中国中央軍北上の情報にはかなりの誇張があったともいわれる。秦郁彦『日中戦争史』（増補改訂版、河出書房新社、一九七二年、以下本書ではこの増補改訂版を利用する）二三九―二四〇頁。なお中国中央軍の河北省進入は梅津・何応欽協定違反と見なされた。

（14）石射猪太郎『外交官の一生』（読売新聞社、一九五〇年、改訂版・太平出版社、一九七二年、文庫版・中央公論社、一九八六年、以下本書では中公文庫版を用いる）二九六頁、上村伸一『日本外交史20・日華事変（下）』（鹿島研究所出版会、一九七一年）七二頁。

（15）七月一一日の五相会議と閣議の模様については、広田弘毅伝記刊行会編『広田弘毅』（中央公論事業出版、一九六六年）二五九―二六〇頁、「米内手記」二四―二五頁、「閣議ノ情況（一二・七・一一）」軍令部第一部甲部員『支那事変処理』（防衛研究所図書館蔵）、「北支事変経緯（昭和十二年七月十四日現在東亜一）」『支那事変関係一件』第一巻を参照。

（16）一一日の閣議決定と政府声明は、外務省編『日本外交年表竝主要文書』下（原書房、一九六六年）三六五―三六六頁。

（17）風見章『近衛内閣』（日本出版協同、一九五一年、文庫版・中央公論社、一九八二年、以下本書では中公文庫版を使う）三〇頁。

（18）近衛の先手論については、「元老重臣と余」（矢部貞治『近衛文麿』弘文堂、一九五二年、

読売新聞社、一九七六年、以下本書では読売新聞社版を用いる）一六七―一七〇頁参照。

(19) 近衛の先手論と彼の派兵同意については、上村『日華事変（下）』七五頁、石射『外交官の一生』二九七頁。また事変勃発時の近衛の対応については、庄司潤一郎「日中戦争の勃発と近衛文麿の対応」『新防衛論集』一五巻三号（一九八八年一月）七九―八〇頁を参照。

(20) 風見『近衛内閣』三二―三四頁。

(21) 当時風見については、「風見書記官長ノ如キハ陸軍ノ若手カ右翼系カ何カト連絡アルラシク大分戦争ニ導ク如キ宣伝ニ傾キツヽアリト思ハル」との批判があった。横井忠雄（軍令部第一部甲部員）「参本二課長トノ連絡事項（一二・七・一五）」『支那事変処理』。戦後もこの点で風見の責任を問う声があった。「支那事変以後終始対華政策実施の事務に当つた島重信・安藤吉光両氏より聞いた事項（覚書）（総・政、芳川、昭和二十三年十一月）」『支那事変関係一件』第一三巻。

(22) 「参本二課長トノ連絡事項（一二・七・一五）」、「参本二課トノ連絡（一二・七・一八）」『支那事変処理』。

(23) 「情況判断（七月十二日朝現地協定調印ノ報ニ対シ）（一二・七・一二）」軍令部横井大佐「支那事変ニ関スル意見集（一）」所収『昭和社会経済史料集成――海軍省資料』第八巻（大東文化大学東洋研究所、一九八四年）五九九頁。

(24) 「十三日閣議ノ状況（一二・七・一三）」『支那事変処理』。

(25) 「北支事変処理方針（七月十三日午後八時）」『太平洋戦争への道』別巻・資料編二五七頁、『戦史叢書・支那事変陸軍作戦1』一八四頁。

(26) 同右、一九四頁。

(27)「参本二課長トノ連絡(一二・七・一六)」『支那事変処理』。
(28)『戦史叢書・支那事変陸軍作戦1』一九七—一九八頁。
(29)「七月十七日　五相会議(首相欠、外、海、陸、蔵、内)」『支那事変処理』。
(30)「七月十八日　五相会議(首相病気欠席)」、「参本二課トノ連絡(一二・七・一八)」同右。
こうした強硬案が軍務課で作成されたことには、柴山課長が華北出張中で不在であったことが関係しているかもしれない。なお、この軍務課案を事前にひそかに入手した海軍省では、これで「陸軍が今次事変を起せる真意は、……北支を第二の満洲国となさんとするに在ること明瞭」になったとし、「本提案は天を欺き、人を欺き、ことを欺くものにして、信を中外に失し、国民精神を銷磨せしめ、国家を自滅に導くもの」と非難している。島田俊彦「船津工作など」『国際政治』四七号(一九七二年)一〇五—一〇七頁。
(31)「参本二課トノ連絡(一二・七・一九、午后九時)」『支那事変処理』。
(32)「日高信六郎宣誓口供書」(弁護側文書二一四八、法廷証三二七三)『極東国際軍事裁判速記録』(雄松堂、一九六八年)第六巻八三〇頁、「事変日誌」『支那事変関係一件』第一巻。
(33)「七月二十日閣議ノ状況」『支那事変処理』。
(34)「軍令部所見(七・二〇)」同右。
(35)「七月二十日閣議状況(午后八時)」同右。
(36)「参本二課トノ連絡(一二・七・二二)」同右。
(37)「参本二課トノ連絡(七・二四)」同右。
(38)「北支事変竝上海事件日誌」『支那事変関係一件』第一巻、石射『外交官の一生』三〇二頁。
なお当時天津に滞在していた川越大使は、現地軍が「大体事件解決ノ峠ヲ越シタルモノト観測」していることを伝え、速やかに増派部隊を撤収する意図があることを声明するとの外相の意向に賛意を表している。「七月二十二日午前十一時五十五分在天津川越大使発広田外務大臣宛来電――北支事変解決ニ関スル件」『支那事変善後措置』(外交史料館蔵)。

(39) 「日高宣誓口供書」八三〇頁、石射『外交官の一生』三〇二頁、「石射猪太郎日記」『中央公論』(一九九一年五月号)七月二五日、二六日の条。

(40) 臨参命第六十四号『現代史資料9・日中戦争2』(みすず書房、一九六四年)一九〇頁。

(41) 「緊急措置ニ関スル意見(七月十一日、第二課)」『太平洋戦争への道』別巻・資料編二五七頁。

(42) 風見『近衛内閣』六六―七〇頁。七月一六日、近衛首相が米内海相を招いて広田外相と蔣介石との直接談判構想について所見を求めたときにも、海相は陸軍の統制が先決であることを強調した。「米内手記」一二八―一二九頁。

(43) 松方と頭山については、原田熊雄述『西園寺公と政局』(岩波書店、一九五一―五二年)第六巻五六―五七頁。

(44) 田中寛次郎編『近衛文麿手記・平和への努力』(日本電報通信社、一九四六年)一一五頁、後醍院良正編『近衛文麿公の手記・失はれし政治』(朝日新聞社、一九四六年)一〇―一三頁。

(45) 矢部『近衛文麿』二七二―二七三頁、『西園寺公と政局』第六巻五一―五二、六四頁。横山俊幸『帝国海軍機密室』(新生活社、一九五三年)によれば、宮崎を派遣せよとの蔣介石から駐日大使に宛てた電文の暗号が海軍によって解読され、これが陸軍に通報されて宮崎拘引につながったという(一五五―一五六頁)。ただし横山はこれを八月初めのことと述べ逮捕の場所も長崎としているが、それは間違いであろう。

秋山の役割については桜田倶楽部編『秋山定輔伝』(一九八二年) 第三巻七六―八〇頁参照。同五四一―五四六頁には宮崎・秋山の拘引を報じた各新聞の記事が収録してある。『牧野伸顕日記』(中央公論社、一九九〇年) によれば、七月二二日近衛は牧野と会い、石原莞爾の和平条件 (華北政権を断念し、そのかわり南京政府に満洲国を承認させる) を含んで日中双方に準備工作を試みるつもりであると語り、これには「秋山の秘策」も参考にすると述べている。この「秋山の秘策」なるものはおそらく宮崎派遣構想に関連していたであろう。

なお翌年一〇月になって近衛は、最近初めて宮崎という人物に会ったと語っている (『西園寺公と政局』第七巻一五七頁) が、これが事実とすれば、彼は前年会ったこともない人物を密使に起用したことになる。おそらく宮崎派遣は秋山のアイデアで、それを近衛が黙認したのであろう。

(46) 以下の西園寺の回想は、主に西園寺公一『貴族の退場』(文藝春秋新社、一九五一年) 六一―六六頁、同『西園寺公一回顧録「過ぎ去りし、昭和」』(アイペックプレス、一九九一年) 一三五―一四九頁、『西園寺公と政局』第六巻六二頁による。

(47) 「西園寺公一に対する検事訊問調書」『現代史資料3・ゾルゲ事件3』(みすず書房、一九六二年) 四八九頁。

(48) この直前、吉田政治 (上海三菱銀行支配人) が西園寺の機先を制するかのように宋と会見し、和平条件として (一) 南京政府は現地協定を承認する、(二) 日中両軍は撤退する (ただし日本軍の撤退はやや遅れる)、(三) 全般的国交調整についての協議を即時開始する (このために日本は広田外相、さらに杉山陸相も派遣する用意がある)、(四)日本に領土侵略の意図はなく、全般的国交調整が達成された場合は河北省を併合しないとの適当な保障を与える、の四条件を伝えた。ホール゠パッチは吉田を外務省の非公式的密使と見た。Cowan to Eden, No. 347, July 26, 1937, *Documents on British Foreign Policy 1919–1939*, 2nd Series, Vol. XXI〔以下*DBFP*とする〕, No. 145. なお吉田には上海財界人から中国側の意向が伝えられていた。「王曉籟、杜月笙ノ対時局態度(七月二十二日在上海興中宮崎氏ガ十河氏宛書信ノ一節)」『支那事変処理』。

(49) Knatchbull-Hugessen to FO, No. 271, July 30, 1937, FO 371/20951〔FOはイギリス国立公文書館(Public Record Office)所蔵の外務省文書〕。

(50)「内閣書記官長発表(七月二十七日)」外務省情報部『支那事変関係公表集』第一号(一九三七年一〇月)。

(51) 石射『外交官の一生』三〇四―三〇五頁、「石射日記」七月三一日の条。石射の全面的国交調整案は、彼が東亜局長に就任したときから考えてきたもので、事変発生後の七月中旬にも彼はこの構想を風見書記官長に説明したことがあった(石射『外交官の一生』二九五、二九八―二九九頁、「石射日記」七月一八日、二二日の条)。なお『支那事変関係一件』第二巻の中にある「日支関係ノ一大打開方策具体案」(日付なし)は、その構成と内容から見て、おそらくこの時期の石射構想か、あるいは後の「日支国交全般的国交調整案要綱」の原案かと思われる。

(52)「嶋田繁太郎大将備忘録」(森松俊夫『昭和一二年八月における上海派兵をめぐる陸海軍の問題』防衛研修所・研究資料 80RO–6H、一九八〇年、二四―二五頁より)。

(53)「石射日記」八月一日～七日の条。島田「船津工作など」一一三頁。最終決定までの修正過程については、同一一四―一一七頁を参照。

(54)『日本外交年表竝主要文書』下三六七―三六九頁。

(55)石射『外交官の一生』三〇八頁。

(56)八月七日高宗武は日高参事官に、和平私案として、満洲国承認、日本軍の華北撤退、排日の根絶、という条件を語ったという。「島田大将備忘録」(森松『昭和一二年八月における上海派兵をめぐる陸海軍の問題』二六頁より)。おそらくこれによって、中国側が満洲国承認を呑むかもしれないとの観測が生まれたのであろう。

(57)八月八日付・広田外務大臣発在華川越大使宛第一六九号電「停戦交渉ニ関スル件」『支那事変善後措置』、広田弘毅伝記刊行会編『広田弘毅』二六四―二六五頁。

(58)「石射日記」八月二日の条。

(59)石射『外交官の一生』三〇五―三〇七頁。八月四日付・広田外務大臣発在上海岡本総領事宛「船津帰滬ノ件」『支那事変善後措置』。

(60)八月七日付・広田外務大臣発在華川越大使宛「日支停戦交渉開始方ノ件」同右。

(61)八月八日付・広田外務大臣発在華川越大使宛第一七三号電「停戦交渉ニ関スル件」同右。

(62)八月九日付・広田外務大臣発在南京《ママ》川越大使宛、同右。

(63)前掲「日支停戦交渉開始方ノ件」。

(64)川越が天津で高に接触したかどうかについては諸説がある。松岡洋右伝記刊行会編『松岡洋右――その人と生涯』(講談社、一九七四年)の中の川越の回想では高に会ったとされ(六八五―六八六頁)、松本『上海時代』下によれば、大使が高だけでなく張季鸞にも接触しという（一八一―一八五頁）。しかし広田弘毅伝記刊行会編『広田弘毅』では、川越は天津で高が来るのを待っていたが、ついに会うことはできなかったとされている（二六四頁）。外務省百年史編纂委員会編『外務省の百年』下巻（原書房、一九六九年）によれば、川越大使は七月七日に南京から上海に出て海路青島に赴き、一四日青島から空路天津に到着、八月三日帰任のため天津から飛行機で大連に出、そこから船で七日上海に帰着した（二七六、二八〇頁）。一方外務省の「事変日誌」の記録によると、高は七月一六日、一八日に日高参事官と会見した後、政府首脳と協議するため廬山に行き、南京に戻った後は二四日、二五日、二八日、三一日、八月一日に日高もしくは岡本南京総領事と会見しているので、天津で川越に直接接触する時間的余裕があったかどうかは疑問である。

(65) 船津「平和工作失敗日記抜萃」『支那事変善後措置』。八月二九日付石射・堀内宛船津書簡に同封されたこの日記には、在華日本紡績同業会編『船津辰一郎』（東邦研究会、一九五八年）一九三―一九六頁に収録された「北支事変平和工作失敗日記（摘録）」よりも一部詳しい記述がある。

(66) 船津が後に語ったところによれば、和平条件の提示は当然大使の任務だと思って高との会談ではそれに触れなかったのだという。島田「船津工作など」一一二頁。

(67) 「和平工作失敗日記抜萃」。

(68) 石射によれば、川越大使は和平条件を高に伝えなかったとされている（『外交官の一生』三一〇頁、「石射日記」八月一〇日の条）。しかし「岡本季正宣誓口供書」（弁護側文書二〇二七、法廷証三二七四）では、大使は和平条件の概略を高に伝え、これに対して高は、交渉成立の見込みがあるので南京で上司と協議した後上海に戻ってくると答えたという（『極東国際軍事裁判速記録』第七巻一一二頁）。また、広田外相がグルー・アメリカ大使やドッズ・イギリス代理大使に語ったところによると、川越大使は高に和平条件を示し高はこれを蔣介石に伝えるために南京に帰ったとされている。Grew to Hull, No. 254, August 10, *Foreign Relations of the United States*〔以下 *FRUS* と略す〕, 1937, Vol. III; Dodds to FO, No. 283, August 11, *DBFP*, No. 171. 広田外相はほぼ同じ趣旨を原田熊雄にも語っている（『西園寺公と政局』第六巻六九頁）。

（69）「事変解決ノ鍵（八・七）」『支那事変処理』。八月九日夕刻、参謀総長が内蒙方面への作戦の裁可を求めたとき、天皇は「外交解決ノ動キアル旨外相ヨリ上奏アリシガ、カ、ル際戦面ノ拡大ハ如何」と質したという。参謀本部第二課『北支事変業務日誌』（防衛研究所図書館蔵）一九三七年八月一〇日の条。この日誌では外交解決の動きがイタリアの斡旋の試みと推測されているが、これは陸軍の中堅クラスには極秘とされていた船津工作のことであると見て差し支えあるまい。

（70）低調倶楽部は周仏海をリーダーとし、他のメンバーとしては胡適、陶希聖、梅思平、陳布雷、熊式輝などが知られている。中国和平派と川越との関係は、Knatchbull Hugessen to FO, No. 300, August 7, 1937, FO 371/20952 や Johnson to Hull, No. 374, August 5, *FRUS*, 1937, Vol. III に示唆されている。低調倶楽部の一人、胡適はジョンソン駐華アメリカ大使に、中国当局が密使と会談させるため川越を上海に呼び寄せたのだと語っている。Johnson to Hull, No. 530, August 25, *ibid.*

「胡適日記」七月三〇日・三一日の条には、彼が同志との協議に基づいて、日本との戦争回避の交渉を高宗武に担当させるべきだ、と蔣介石に進言したことが記されている。黄美真・

張雲編『汪精衛集団投敵――汪偽政権資料選編』(上海人民出版社、一九八四年)二一二頁所収。

また上海での武力衝突後、低調倶楽部では高を川越に接触させ、汪から蔣に和平を説くという構想が考えられた。『周仏海日記』上(中国社会科学出版社、一九八六年)、八月一七日、二〇日、二三日、三〇日の条。

(71)「北支作戦に関する海陸軍協定」『現代史資料9・日中戦争2』五頁。

(72)「中央統帥部ノ対支作戦計画(昭和十二年七月二十九日策定)」同右、二五頁。

(73)『戦史叢書・支那事変陸軍作戦1』二三一―二三二頁、『戦史叢書・大本営陸軍部1』四六三―四六四頁。

(74)「志波中佐ノ口述覚(軍令部一部横井)」、「軍令部所見(七・二〇、后六時)」『支那事変処理』。

(75)「七月二十七日ノ情勢ニ於ケル海軍ノ態度」同右。

(76)「中支出兵の決定(大東亜戦争海軍戦史本紀巻一・第六篇)」『現代史資料12・日中戦争4』三七一―三七五頁。

(77)同右、三八三頁、「閣議請議案(一二・八・六)」「支那事変ニ関スル意見集(一)」六〇四―六〇五頁所収。

(78)「大山事件解決ニ対スル意見(案)」『支那事変処理』、「中支出兵の決定」三六七―三六八頁。

(79)上海出兵決定の経緯と船津工作の関係については、高田万亀子「日華事変初期に於ける米内光政と海軍」『政治経済史学』二五一号(一九八七年三月)を参照。

(80)「中支出兵の決定」三八四—三八五頁、『戦史叢書・支那事変陸軍作戦1』二五九頁。
(81)前掲「大山事件解決ニ対スル意見(案)」。
(82)「時局処理ニ関スル意見」「支那事変ニ関スル意見集(二)」六〇五—六〇七頁所収、「中支出兵の決定」三八五—三八六頁。
(83)同右、三八六—三八七頁。
(84)広田外相は上海の川越大使に対し、華北の停戦と上海の危機回避のために南京に赴いて交渉するよう再三訓令したが、大使は、日本にとって不利な上海の事態を華北の問題と絡ませるのは得策でないと論じ、上海を動こうとしなかった。一三日、ようやく高宗武が危機打開のため上海に出てくるとの情報があったが、その日夕刻の戦闘により南京・上海間の交通は事実上途絶してしまった。最後の試みとして外務省は、南京の日高参事官に訓電して船津工作の停戦案と国交調整案を高に提示させようとしたが、一五日に日本海軍機による南京空襲があり、高との連絡はとれないままに終わった。結局一六日日高は大使館員を率いて南京を引き揚げた。広田弘毅伝記刊行会編『広田弘毅』二六八—二六九頁、「石射日記」八月一五日の条。
(85)「中支出兵の決定」三九〇—三九二頁。
(86)佐藤賢了『大東亜戦争回顧録』(徳間書店、一九六六年)七三頁。
(87)参謀本部第二課『北支事変業務日誌』八月一三日の条。
(88)『戦史叢書・支那事変陸軍作戦1』二六〇頁。
(89)James B. Crowley, *Japan's Quest for Autonomy: National Security and Foreign Policy 1930–1938* (Princeton University Press, 1966), pp. 342–347.

(90)『日本外交年表竝主要文書』下三六九―三七〇頁。
(91) 風見『近衛内閣』四五頁。
(92)「嶋田大将備忘録」(森松『昭和十二年八月における上海派兵をめぐる陸海軍の問題』三三一頁より)。
(93)『戦史叢書・支那事変陸軍作戦1』二六三頁。
(94)「不拡大方針抛棄ノ閣議決定(十二年八月十七日午前十時)」『現代史資料9・日中戦争2』三四頁。
(95) 不拡大方針放棄の解釈の分裂については、森松「支那事変勃発当初における陸海軍の対支戦略」一三〇頁を参照。
(96)「下村定大将回想応答録」『現代史資料9・日中戦争2』三七三頁。
(97)「日支事変指導要綱ノ件(一二・八・一七)」「支那事変ニ関スル意見集(一)」六〇八頁所収。
(98) 赤松祐之『昭和十二年の国際情勢』(日本国際協会、一九三八年)二八頁。

第二章

(1)「戦局打開策々定経緯(一二・八・二二)」『支那事変処理』。
(2)「戦局打開策々定経緯・別紙第一(八月十八日石原第一部長ヨリ総長殿下、河辺大佐)」同右。
(3)「日支事変指導要綱ノ件(一二・八・一七)」「支那事変処理ニ関スル意見集(一)」六〇八―六一一頁所収。

(4)「戦局打開策々定経緯」。なおこれには、註(2)の別紙第一のほかに「別紙第二ノ原案・事局ヲ速ニ収拾スベキ方策(第一案)」、「別紙第二・事局ヲ速ニ収拾スベキ方策(一二・八・一九)」、「別紙第三・御下問奉答要旨(河辺)」、「別紙第四・御下問奉答要旨(案)」が含まれており、最終案策定までの過程がよく分かる。

(5)『戦史叢書・支那事変陸軍作戦1』二八五頁。

(6)臨参命第八十八号『現代史資料9・日中戦争2』三六頁。

(7)参謀本部第二課『北支事変業務日誌』九月一〇日の条。

(8)『戦史叢書・支那事変陸軍作戦1』三四三—三四五頁。

(9)参謀本部第二課『北支事変業務日誌』七月二七日、三〇日、三一日、八月四日~一〇日の条。

(10)同右、八月一一日、一六日、二六日の条。「事変処理要綱ニ関スル件(昭和十二年八月二十六日)」『太平洋戦争への道』別巻・資料編二五八—二五九頁。なお「石射猪太郎日記」によれば、八月一三日陸海外三省事務当局は「処理要綱なるもの」について協議し、その後石射は「事変処理要綱対案」を執筆したという(八月一二日、一三日、一八日の条)。八月三〇日、多田参謀次長は岡部直三郎北支那方面軍参謀長に「予て陸軍に於ては、対支処理要綱を確立すべく、政府に交渉しあるも成立するに至らず」と語っている。『岡部直三郎大将の日記』(芙蓉書房、一九八二年、以下『岡部日記』と略す)八月三〇日の条。広田外相が正式決定に同意しなかったのは、情勢が急変しつつあったためであるとされている。広田弘毅伝記刊行会編『広田弘毅』二七八頁。

(11)参謀本部第二課『北支事変業務日誌』八月三一日、九月二日の条。「石射日記」八月二八

日の条によると、この日三省事務当局間では「事変処理要綱」の石射対案に多少の修正を施したものが纏まったとされている。『極東国際軍事裁判速記録』第八巻三三六―三三七頁（検察側文書一六三四M、法廷証三七三五）にある「支那事変対処要項《ママ》」はおそらくこの石射対案（外務省案）か、あるいは三省間で協議の基礎として纏まったものであろう。『支那事変処理』にある「支那事変対処要綱」（日付なし、外務省用箋）はこれと同文である。

(12) 「支那事変対処要綱（一二・九・二二）」、横井「支那事変対処要綱ニ就テ（一二・九・二六）」『支那事変処理』。

(13) 外務省東亜局第一課「日支事変処理経過」『支那事変関係一件』第一巻。

(14) 『太平洋戦争への道』別巻・資料編二五七―二五八頁。

(15) 横井「参謀本部『戦争指導要綱』ニ就テ（一二・九・一八）」『支那事変処理』。

(16) 『戦史叢書・支那事変陸軍作戦1』三四三頁。

(17) 『支那事変処理』所収。なお『支那事変処理』には、当時の軍令部内の和平構想をめぐる協議記録として「事変解決案（一二・九・一八）」、「事変解決案（二）（一二・九・一八）」、「事変解決案（三）（一二・九・二〇）」などが収録されている。

(18) 外務省東亜局第一課「日支事変処理経過」。

(19) 同右。

(20) 一〇月五日付・広田外務大臣発在華川越大使宛第一二二号電「支那事変対処要綱送付ノ件」『支那事変関係一件』第四巻。

(21) Craigie to FO, No. 398, Sep. 17, 1937, *DBFP*, No. 245. ここで報告された和平条件は『西園寺公と政局』第六巻九九頁の記述と符合する。

(22) Howe to FO, No. 464, Sep. 20, ibid., No. 251. 約一週間後、ハウは翁文灝行政院秘書長と会談したが、その際翁は、日本側の和平条件が合理的なものであれば中国もそれに好意的に反応するだろうと語った。翁によれば、和平の絶対的条件は日本が華北の独立政権を支持しないと確約することであり、日本がそれを確約すれば中国も満洲国を承認する用意がある、とされた。ただし翁は、日本軍が有頂天になっている現状では、日本がそうした和平条件を持ち出してくる可能性はないと見ていた。Howe to FO, No. 503, Sep. 28, FO 371/20956.

(23) Craigie to Eden, No. 439, Sep. 25, *DBFP*, No. 258.

(24) Craigie to Eden, No. 440, Sep. 25, FO 371/20956.

(25) Eden to Craigie, No. 355, Sep. 27, *DBFP*, No. 263.

(26) Craigie to Eden, No. 459, Sep. 29, *ibid.*, No. 265. 前註(23)のクレーギーの報告とこの報告は、『西園寺公と政局』第六巻一〇四―一〇五頁の記述にほぼ符合する。

(27) Eden to Howe, No. 337, Sep. 29, *DBFP*, No. 267.

(28) Howe to Eden, No. 525, Oct. 4, *ibid.*, No. 285.

(29) Craigie to FO, No. 505, Oct. 7, FO 371/20956.『西園寺公と政局』第六巻一一二頁。

(30) 陸軍省「日支事変に於ける欧米列国若は国際連盟の調停乃至干渉に対する帝国の態度に関する意見(昭和一二・一〇・一一)」『極東国際軍事裁判速記録』第八巻三三八頁(検察側文書八二〇A、法廷証三二六八)。

(31)「日支事変ニ対スル第三国ノ調停乃至干渉ニ対シ帝国政府ノ採ルヘキ方針決定ノ件(昭和十二、十、十六、東亜一)」、「日支事変ニ対スル第三国ノ斡旋乃至干渉ニ対シ帝国政府ノ採ルヘキ方針決定ノ件(昭和十二年十月二十二日、陸海外三省決定)」『支那事変関係一件』第一四巻。

(32) 後に梅津陸軍次官は、「最初英国ハ支那側ノ背後ニ在テ相当援助ヲ与ヘ武器ノ供給ヲナシ又財政的援助ヲ与ヘ居レル様想像セラレ日本側ニ対スル好意ヲ期待シ得スト考ヘラレタルヲ以テ之ヲ日支間ノ媾和ニ利用スルハ面白カラスト思ヒ独逸ノ斡旋ヲ希望シタ」と述べている。「一二月二十八日外、陸、海三省次官会談録(昭和一三・三・二、亜一)」『支那事変関係一件・各国ノ態度』(外交史料館蔵)。

(33) 「河辺少将回想応答録」四一四頁。また九月中旬、石原の提案により、駐日中国大使の許世英を介し、頭山満から蒋介石に宛てて和平を訴える電報を打ってもらったという。「多田駿手記」『軍事史学』二四巻二号(一九八八年九月)九八頁。

(34) ゲルハルト・クレープス「参謀本部の和平工作　一九三七―三八」『日本歴史』四一一号(一九八二年八月)三八頁。

(35) 中国の貿易総額に占めるドイツのシェアは、一九三七年度でアメリカ、日本に次ぎ第三位、一二パーセントに達していた(第四位は香港、第五位はイギリス)。同年度のドイツ武器輸出の三七パーセント近くが中国向けであり、事変勃発後一六カ月間に香港を経由して中国に輸入された武器のうち、約六〇パーセントがドイツからのものであったともいわれている。John P. Fox, *Germany and the Far Eastern Crisis 1931-1938: A Study in Diplomacy and Ideology* (Oxford University Press, 1982), p. 241 and p. 246. また上海戦で苦戦していた日本軍の間では、ドイツ軍事顧問団が直接中国軍を指導しているのではないかとの批判が強かった。

(36) オットは二二日から二八日まで上海に滞在した。*Ibid.*, p. 261. 馬奈木は一七日に東京を出発、二六日にトラウトマンと会ったという。『戦史叢書・支那事変陸軍作戦1』四五五頁。

馬奈木の行動については、松崎昭一「日中和平工作と軍部」(三宅正樹ほか編『昭和史の軍部と政治』第二巻、第一法規、一九八三年)二二五—二二六頁が詳しい。
(37) J. P. Fox, *op cit.*, p. 262.
(38) *Ibid.*, pp. 262-263.
(39) Dirksen to AA, No. 331, Oct. 21, 1937, *Documents on German Foreign Policy 1918-1945*, Series D, Volume I〔以下 *DGFP* とする〕, No. 501.
(40) Mackensen to Trautmann, No. 152, Oct. 22, *ibid.*, No. 503.
(41) Trautmann to AA, No. 268, Oct. 29, *ibid.*, No. 508.
(42) Mackensen to Trautmann, No. 160, Oct. 30, *ibid.*, No. 510.
(43) J. P. Fox, *op cit.*, p. 265.
(44) 一〇月二七日付・広田外務大臣発在英吉田大使宛第四六六号電「九国条約会議ノ件」『支那事変関係一件・九ヶ国条約締結国会議関係』(外交史料館蔵)。
(45) Dirksen to AA, No. 345, Nov. 3, *DGFP*, No. 514.「日支事変媾和斡旋ニ関シ駐日独逸大使ヨリ広田外務大臣ニ手交セシ通牒(昭和十二年十二月七日)」『太平洋戦争への道』別巻・資料編二七二—二七三頁。なお、このとき広田は満洲国の承認を加えた八項目の和平条件を伝えたようだが、何故ディルクセンが満洲国承認を省略して七項目としたのかは不明である。蔡徳金『汪精衛評伝』(四川人民出版社、一九八八年)二五九頁。
(46) Neurath to Trautmann, No. 162, Nov. 3, *DGFP*, No. 515.
(47) Trautmann to AA, No. 290, Nov. 5, *ibid.*, No. 516.
(48) Trautmann to AA, No. 299, Nov. 9, *ibid.*, No. 521. この頃の中国の和平構想を示すものとし

てハウ・イギリス代理大使が本国に伝えた情報がある。これは中国の要人が或るアメリカ人宣教師とともに作成した和平条件案で一〇月二九日の国防会議で検討され、次のような内容を持つものであったという（Howe to FO, Nos. 637 and 638, Nov. 2, FO 371/20958）。

一　休戦協定

・日本軍を事変前の兵力に縮小し、中国沿岸の封鎖も解除する

・日本軍が撤退した地域の治安維持には保安隊があたり、中国正規軍は九カ月間そこに入らない

二　満洲国

・中国は通車協定などの存続を認め、当面は満洲国の地位の変更を求めない（ただし将来この問題を提起する権利は留保する）

・現国境の両側に幅一〇キロの共同統治地域を設定し、有効期限五年の非武装協定を結ぶ（監視は中立国委員会による）

三　華北

・事変前の状態に復帰する（日本の圧力によって生じた変則状態はすべて一掃する）

・義和団議定書に基づいて華北に駐屯する日本軍の兵力は関係国間の了解がなければ変更できない

四　上海

・中国は一九三二年協定の停戦地域内に軍隊を進駐させたり軍事施設を構築しないことを誓約する

・日本軍は租界の共同防衛に見合う兵力にまで縮小し、関係各国の同意がない限り増

強しないことを約する

五　経済協力

・中国は合弁企業への日本の投資を歓迎する

・日本の利益に配慮して関税率を改訂する用意はあるが、列国との条約に反する協定を結ぶことはできない

・華北での綿花栽培と日本への輸出を奨励し、塩の供給も保証する

・日満華三国間の航空連絡は、日本の不法な華北飛行停止を前提とし、相互主義の原則に基づくか、もしくは合弁事業として実施することを提案する

・鉱物資源や鉄道資材に対する日本の要求にも好意的に配慮する

六　共産主義

・中国の政治・社会体制は共産主義的ではない、また外部からの内政干渉によって左右されることもない

・中国は日ソ両国との平和的関係を望む（中ソ不可侵協定と同様の協定を日中間でも締結することが望ましい）

七　文化的関係

・中国政府は、国民の対日態度を和らげる政策を再開し、日本政府も中国に対して同様の政策をとる

・義和団弁償金を両国の文化的相互理解のために用いる

八　賠償

・戦費賠償要求は相互に放棄する（ただし日本は、日本軍の行動によって直接引き起

こされた中国民間人の損害を補償し、中国は、中国軍の行動による外国人の損害を補償する)

この和平条件案に対しクレーギー駐日大使は、休戦協定で日本軍の撤退まで規定することはできないであろうし、中国正規軍が非武装地帯に入れない九カ月という期間も短すぎよう、満洲国については少なくとも事実上の承認が必要であろう、経済協力・共産主義・文化関係などについてはもっと具体的かつ詳細でなければなるまい、との意見を述べている。Craigie to FO, No. 639, Nov. 4, *ibid.*

(49) 一一月八日ディルクセンは蔣介石の態度を日本側に伝えた。AA to Dirksen, No. 306, Dec. 4, *DGFP*, No. 532.「日支事変処理経過」によると、その後次のような中国側の和平条件が「確実ナル情報」として伝えられたが、その情報ルートは不明である。

華北

・主権・領土保全・行政の完整を確保すれば、経済開発や資源の供給では譲歩する

・各国の駐兵権を全部放棄すれば最善だが、そうでなければ日本の駐兵地域は義和団条約の範囲とする

上海

・八月一三日以前の状態に復帰する

・停戦区域はほぼ現行のまま拡張せず、同区域内の武装団体や防御施設の禁止は国際協定によって規定する

・日本や列国の駐兵や軍事施設は、租界守備に必要な限度に抑える

(50)「河辺少将回想応答録」四四二頁。

(51)「下村大将回想応答録」三七八頁。
(52)臨参命第百三十八号『現代史資料9・日中戦争2』二一五頁。
(53)『戦史叢書・支那事変陸軍作戦1』三九七頁。
(54)堀場『支那事変戦争指導史』一一〇頁。
(55)「河辺少将回想応答録」四四七頁。
(56)「関東軍司令官ヨリ参謀総長・陸軍大臣宛意見具申(案)(昭和一二・八・一三)」『現代史資料9・日中戦争2』二八頁。
(57)「北支ニ兵力ヲ行使スル場合対支戦争指導要綱(案)(昭和一二・七・一七、第二課)」同右、一七頁。
(58)「時局ニ関スル意見具申(昭和十二年九月四日、関東軍司令部)」同右、三九―四〇頁。
(59)「事変対処要綱ニ関スル陸海軍トノ話合(十二、九、二六、上村(外務省東亜一課長))」『支那事変関係一件』第四巻。
(60)外務省東亜局第一課「日支事変処理経過」、「支那事変対処要綱ニ関シ十月一日広田外務大臣ヨリノ御話要領」『支那事変関係一件』第三巻。
(61)『支那事変関係一件』第一八巻。国民政府の「反省」が期待されない場合、その壊滅をはかり華北に新政権を樹立して中央政権に育成していくという構想は、参謀本部情報部でも有力であった。「支那カ長期抵抗ニ入ル場合ノ情勢判断(大本営陸軍参謀部第二部、昭和十二年十一月二十三日)」同右。
(62)臼井『日中戦争の政治的展開』一三一頁、中村隆英『戦時日本の華北経済支配』(山川出版社、一九八三年)九三―一〇〇頁。

(63)『支那事変関係一件』第一八巻。

(64)外務省東亜局第一課「日支事変処理経過」には、「十月一日決定ノ事変対処要綱ハ南京政府トノ間ニ和平交渉ヲナスヘキコトヲ前提トシテ立案シタルモノナルカ其ノ後ノ情勢ハ南京政府ニ於テ必スシモ反省ノ色ヲ示サス随テ和平交渉ニ依リ時局ヲ収拾スルコトモ漸次困難トナル模様アリタルニ依リ更ニ一歩ヲ進メ南京側ニ於テ飽迄長期抵抗ヲ標榜スルニ於テハ我方ニ於テモ南京政府ヲ交渉対手トスルコトナク帝国独自ノ立場ニ於テ時局ノ収拾ヲ図リ南京側ノ長期抵抗ニ対応スルノ措置ヲ講スルノ必要アリトノ見地ヨリ既ニ十月一日要綱決定当時ヨリ陸海外三省間ニ於テ本件措置ニ付寄々協議ヲ進メ」たと記されている。

(65)前掲「時局ニ関スル意見具申(関東軍司令部)」。

(66)『支那事変関係一件』第一八巻。軍務課の反論は付箋にある。

(67)同右。支那課の反論は付箋にある。

(68)「対支那中央政権方策(昭和十二年十一月二十一日、参謀本部第一部第二課)」『現代史資料9・日中戦争2』四九―五〇頁。

(69)『現代史資料9・日中戦争2』五一―五二頁。

(70)堀場『支那事変戦争指導史』一一五頁。

(71)いずれの文書も軍令部第一部甲部員『事変対処要綱(陸軍案)』(防衛研究所図書館蔵)に収録されている。

(72)『岡部日記』一二月一〇日の条。

(73)『日本外交年表竝主要文書』下三八一―三八四頁(ただし、ここでの標題は「支那事変対処要綱(甲)」となっている)。なお外務省東亜局第一課「日支事変処理経過」によれば、

「事変対処要綱（甲）」は一二月二日に首・陸・海・外四相間で決定されたとされているが、『支那事変処理』に収録されている一二月二日付の「事変対処要綱（二）」と二四日の閣議決定とを比較すると、両者の間には一部でかなりの修正の跡が見られる。四相決定の一二月二日という日付は誤記であろう。「石射猪太郎日記・続」『中央公論』（一九九一年六月号）によれば、石射は一二月六日、広田外相に「事変処理要綱（二）」を説明している。これも「事変対処要綱（二）」のことであろう。

(74) J. P. Fox, *op cit.*, pp. 268–271.

(75) AA to Dirksen, No. 306, Dec. 4, *DGFP*, No. 532. 前掲「日支事変媾和斡旋ニ関シ駐日独逸大使ヨリ広田外務大臣ニ手交セシ通牒（昭和十二年十二月七日）」。

(76) 汪兆銘「挙一個例」三宅正樹『日独伊三国同盟の研究』（南窓社、一九七五年）一〇一―一〇五頁所収。なお中国語の原文は、黄美真・張雲編『汪精衛集団投敵』一五一―一五六頁に収録されている。

(77) Trautmann to AA, No. 2, Dec. 2, *DGFP*, No. 538.

(78) Trautmann to AA, No. 336, Dec. 5, *ibid.*, No. 533.

(79) 註(75)に同じ。

(80) Dirksen to AA, No. 391, Dec. 7, *DGFP*, No. 536.

(81) 「事変善後処理要綱案（参謀本部第二部、昭和十二年十一月七日）」『支那事変関係一件』第一八巻。

(82) 『岡部日記』一一月二七日の条。

(83) 参謀本部第二課『北支事変業務日誌』には、一一月初めから中旬までほぼ連日、講和条件案の研究という記述がある。
(84) 堀場『支那事変戦争指導史』一一二―一一三頁。
(85)『事変対処要綱(陸軍案)』には「支那事変解決処理方針(参謀本部、昭和一二、一一、一九)」があるが、内容は一二月一日案と実質的に変わらない。ただ、「支那ハ満洲国カ東亜ノ民族協和国タルコトヲ認メ之ト国交ヲ開クコト」「蒙古民族ノ在住スル疆域ハ民族ノ自存ト防共強化ノ見地ヨリ日満支三国ハ協同シテ其自治繁栄ノタメ特別ノ考慮ヲ払フコト」といった文言は、石原の思想的影響を思わせる。また『支那事変関係一件』第一八巻には「支那事変解決処理方針(軍務課、昭和一二、一一、二八)」が収録されているが、これは一二月一日案とほとんど同じである。
(86) 堀場『支那事変戦争指導史』一一五頁。
(87) 同右、一一二頁。軍令部第一一課による当時の中国暗号解読情報については、高田「トラウトマン工作と参謀本部和平派」『政治経済史学』二四六号(一九八六年一〇月)六二―六四頁参照。『支那事変善後措置』には一二月二日孔祥煕が駐米大使に宛てた電文を解読した文書があり、これには一カ月前の日本側和平七条件が記されている。外務省の石射東亜局長がドイツの和平仲介に対する中国側の積極性を知ったのも、海軍による暗号解読情報からであった。石射はこれを陸軍の工作によるものと捉え、「今更遅い」「今更少し迷惑な独逸のgood officeだ」と日記に記している。『石射日記・続』一二月四日、五日の条。
(88)『西園寺公と政局』第六巻一七二頁。これは近衛が原田熊雄に語ったものであるが、近衛はさらに、「参謀本部の影佐とかいふやうな連中は、『広田を殺す』とか『広田を捕まへて縛つてしまへ』とか言つて、昨夜から喧しいんで困つてゐる」と述べている。

(89) 近衛が広田非難の急先鋒と見なした影佐禎昭大本営陸軍部第八課長は、「南京政府を相手として、成し得れば交渉を進むる件」に関し和平論者の多田参謀次長と同様の考えであったとされている。『岡部日記』一二月一〇日の条。

(90) 石射『外交官の一生』三二四—三二五頁。「石射日記・続」一二月八日〜一二日の条。

(91) 堀場『支那事変戦争指導史』一一七—一一八頁。

(92) 以下、蔣介石の申し入れをめぐる陸軍の動向の解釈については、高田「トラウトマン工作と参謀本部和平派」四七—四八頁に負っている。

(93) 大本営参謀部第二課(第一班)『機密作戦日誌』(近代外交史研究会編『変動期の日本外交と軍事』(原書房、一九八七年)所収)一二月八日の条。

(94) 同右、一二月九日の条。「石射日記・続」一二月一〇日の条。『岡部日記』一二月一〇日と一一日の条によれば、多田参謀次長は「目下支那が日本に対し渡りを付けあり。若し彼にして、我要求を容るるに於ては、敢えてこれを拒む要を認めず。……今日事変の収拾は、新政権によるよりも、迅速に行く可能性あり」と語り、梅津陸軍次官は「蔣を相手にするや否やは、未決なり。蔣が全面的に、頭を下ぐる場合には、強いてこれを拒否する要なきものとの意見なり」と述べている。

(95) 『木戸幸一日記』上巻(東大出版会、一九六六年)、一二月一〇日の条。『機密作戦日誌』には、ドイツ大使に手交すべき通牒の前文を閣議が決定し、それを広田外相が内奏したことに対する不満が述べられている(一二月一〇日、一一日の条)。

(96) 外務省東亜局第一課「日支事変処理経過」。

(97) 風見『近衛内閣』八五頁。『機密作戦日誌』一二月一三日の条。「石射日記・続」一二月一

三日の条によれば、この日の連絡会議には当初陸軍の和平条件案が提出され、山本五十六海軍次官の発言によって、ようやく三省事務当局案を議題とすることに決まり、散会になったという。

(98) 風見『近衛内閣』八八―九一頁。

(99) 石射『外交官の一生』三三六頁。「石射日記・続」一二月一四日の条。

(100) 『機密作戦日誌』一二月一五日の条。なお近衛首相は華北新政権の存在が和平交渉に大きな支障を与えるのではないかと憂慮していた。『小川平吉関係文書』(みすず書房、一九七三年)第一巻所収の小川の日記(以下、『小川日記』と略す)一二月一八日の条。

(101) 高田「トラウトマン工作と参謀本部和平派」五三頁。なお、「日華和平交渉に関する在京独逸大使宛回答文(昭和十二年十二月二十一日閣議決定)」の中の「日支媾和条件細目」の大部分が連絡会議決定の和平条件に該当するであろう(『日本外交年表竝主要文書』下三八〇―三八一頁)。ただし、上海周辺の非武装地帯が「中支占拠地域」に拡張されたのは、連絡会議決定以後であるようである。『機密作戦日誌』一二月一八日の条。

(102) 外務省東亜局第一課「日支事変処理経過」。

(103) 『木戸幸一関係文書』(東大出版会、一九六六年)一一三―一一四頁。『木戸日記』上巻、一二月一六日、一七日の条。

(104) 『機密作戦日誌』一二月一七日、一八日の条。

(105) 同右、一二月一八日の条。

(106) 『木戸日記』上巻、一二月一八日の条。

(107) 『木戸幸一関係文書』一一四頁。『機密作戦日誌』一二月一八日の条には、二一日閣議決定

の原案と思われる包括的条件が「一案」として五項目に纏められているが、これが末次案なのか、それとも陸軍の案なのかは判然としない。主務大臣である広田外相を差し置いて末次内相が和平条件案を作成したというのは、事実とすれば、異例に属するというべきであろう。

(108) 前掲「日華和平交渉に関する在京独逸大使宛回答文」。

(109) Trautmann to AA, No. 398, Dec. 27, *DGFP*, No. 545.

(110) 『機密作戦日誌』一二月二一日の条。石射も和平の実現に悲観的であった(「石射日記・続」一二月二一日、二二日の条)。

(111) Howe to FO, No. 723, Dec. 13, FO 371/20961.

(112) Howe to FO, No. 735, Dec. 15, *ibid.* 一二月二五日に松本は、二一日に近衛内閣が新しい和平条件を決定した、と徐新六に伝えている。Howe to FO, No. 800A, Dec. 29, FO 371/22053. なお同じ頃、上海に駐在していた外交官の岡崎勝男が上海イギリス商工会議所会頭のコルダー＝マーシャルに和平条件を伝え、後者はこれをイギリスの外交通信を用いて漢口の中国人に連絡しようとの試みがなされたが、その和平条件が公正ではないとするイギリス政府の反対によって中止された模様である。Howe to FO, Nos. 736, 737 and 738, Dec. 16, FO 676/329; Howe to FO, No. 743, Dec. 17, *ibid.*; Howe to FO, No. 744, Dec. 17, FO 371/20961; FO to Howe, No. 552, Dec. 24, FO 676/329; Howe to FO, No. 787, Dec. 27, *ibid.* 「在外公館来電ヲ主トスル事変日誌(東亜一課、千葉事務官)」『支那事変関係一件』第一巻によれば、一二月一日コルダー＝マーシャルは岡崎と会見し「日支間ニ和平交渉ノ橋渡シヲナシ度シト希望」したという。

(113) Dirksen to AA, No. 410, Dec. 23, *DGFP*, No. 540. このディルクセンの報告によると、和平

条件の内容に関する広田外相の説明は連絡会議決定一一項目のすべてに言及してはいないように見えるが、日本側の記録によると、外相の説明は一一項目全部を網羅していたようである。「広田外相ト独逸大使会談要旨（昭和一二、一二、二九、陸軍省軍務課）」『支那事変関係一件』第一八巻。

（114） AA to Trautmann, No. 211, Dec. 24, *DGFP*, No. 542.

（115） Trautmann to AA, No. 396, Dec. 26, *ibid.*, No. 544; Trautmann to AA, No. 398, Dec. 27, *ibid.*, No. 545.

（116） 前掲「広田外相ト独逸大使会談要旨」。

（117） Dirksen to AA, No. 427, Dec. 30, *DGFP*, No. 547.

（118） J. P. Fox, *op cit.*, p. 281.

（119） Gage to Eden, No. 40, Dec. 27, *DBFP*, No. 448; Gage to Eden, No. 45, Dec. 29, *ibid.*, No. 453; Memorandum by Cadogan, Dec. 29, FO 371/20961; Johnson to Hull, No. 116, Dec. 28, *FRUS*, 1937, Vol. III; Johnson to Hull, No. 128, Dec. 31, *ibid;* Gage to FO, No. 49, Jan. 1, 1938, FO 371/22053; Johnson to Hull, No. 1, Jan. 1, *FRUS*, 1938, Vol. III.

（120） Dirksen to AA, No. 5, Jan. 5（『極東国際軍事裁判速記録』第二巻一八七頁、検察側文書一二六九A、法廷証四八六D）. J. P. Fox, *op cit.*, pp. 281-282. なお広田外相は中国側の機密漏洩に対抗するためか、一月六日クレーギー・イギリス大使に四条件を知らせ（Craigie to FO, No. 13, Jan. 6, FO 371/22053）、一〇日にはグルー・アメリカ大使に四条件とその具体的内容の一部を説明している（Grew to Hull, No. 17, Jan. 10, *FRUS*, 1938, Vol. III）。

（121） J. P. Fox, *op cit.*, p. 282. 外務省東亜局第一課「日支事変処理経過」。『機密作戦日誌』によ

ると、一月六日四相会議で期限を一二日から一〇日に変更したという。

(122) 赤松祐之『昭和十三年の国際情勢』(日本国際協会、一九三九年)四頁。風見『近衛内閣』九七頁。

(123) Dirksen to AA, No. 13, Jan. 10 (『極東国際軍事裁判速記録』第二巻一八六—一八七頁、検察側文書一二七〇A、法廷証四八六F). J. P. Fox, *op cit.*, p. 283.

(124) Trautmann to AA, No. 16, Jan. 11 (『極東国際軍事裁判速記録』第二巻一八六頁、検察側文書一二六九A、法廷証四八六D). J. P. Fox, *op cit.*, p. 283.

(125) Mackensen to Trautmann, No. 11, Jan. 12 (『極東国際軍事裁判速記録』第二巻一八六頁、検察側文書一二七〇B、法廷証四八六E). J. P. Fox, *op cit.*, p. 283.

(126) 「支那事変処理根本方針(御前会議議題)ニ関スル件(昭和一三・一・一〇、東亜一)」『支那事変関係一件』第一巻。また一月一二日付・広田外務大臣発在上海岡本総領事・在北平森島参事官・在天津堀内総領事宛、合第一〇二号電「支那事変処理根本方針ニ関スル件」『支那事変関係一件』第三巻を参照。

(127) 御前会議決定までの策定過程については、前掲「支那事変処理根本方針(御前会議議題)ニ関スル件」、「石射日記・続」一二月二九日、三〇日、三一日、一月五日、九日、一〇日の条を参照。また「支那事変処理方針ニ関スル件(軍令部一部甲部員、一三・一・七)」『事変処理要綱(陸軍案)』や『極東国際軍事裁判速記録』第六巻八二〇—八二一頁にある宮内省記録(検察側文書三〇九〇A、法廷証三二六四)も参考となる。

御前会議議題は陸海外三省事務当局案が一月九日の連絡会議に掛けられ、一〇日の連絡会議および閣議の審議・修正を経て最終案となった。

(128) 『日本外交年表竝主要文書』下三八五―三八六頁。

(129) 「昭和十三年一月十一日御前会議に於ける参謀総長、軍令部総長、枢府議長の説明要旨」『現代史資料12・日中戦争4』三九五―三九六頁。

(130) Dirksen to AA, No. 16, Jan. 12, 1938, *DGFP*, No. 550.「石射日記・続」一月一二日の条によると、石射は駐日中国大使館の楊雲竹参事官に御前会議の内容をそれとなくほのめかしたという。

(131) J. P. Fox, *op cit.*, pp. 286–287.

(132) Trautmann to AA, No. 22, Jan. 13, *DGFP*, No. 552.

(133) 外務省東亜局第一課「日支事変処理経過」。

(134) Dirksen to AA, No. 22, Jan. 14, *DGFP*, No. 553.「在京独逸大使広田大臣会談要領(昭和一三、一、一四、東亜一)」『機密作戦日誌』一月一五日の条所収。

(135) 『木戸日記』下巻、一月一四日の条。

(136) 『機密作戦日誌』一月一四日の条。

(137) 一月一五日の条。堀場『支那事変戦争指導史』一三〇頁。

(138) Trautmann to AA, No. 24, Jan. 15, *DGFP*, No. 554.

(139) Dirksen to AA, No. 27, Jan. 16, *ibid.*, No. 556; Mackensen to Trautmann, No. 15, Jan. 17, *ibid.*, No. 557.

(140) 『機密作戦日誌』一月一七日の条。

(141) 堀内外務次官も広田外相も、一五日付の孔の覚書がたとえ間に合っても、日本の決定は何ら影響を受けなかったであろうと語っている。Dirksen to AA, No. 30, Jan. 18; Dirksen to AA,

No. 31, Jan. 18（極東国際軍事裁判・検察側文書一二七四）.

（142）J. P. Fox, *op cit.*, p. 290.

（143）Dirksen to AA, No. 411, Dec. 23, 1937, *DGFP*, No. 541; Neurath to Dirksen, No. 329, Dec. 24, *ibid.*, No. 543. 前掲「広田外相ト独逸大使会談要旨」。

（144）Craigie to FO, No. 26, Jan. 9, 1938, *DBFP*, No. 475; FO to Craigie, No. 31, Jan. 12, *ibid.*, No. 484.

（145）イギリス外務省の或るメモによれば、現状ではいかなる和平交渉も中国の降伏を前提とせざるを得ず、そうなれば華北・上海・揚子江流域からのイギリス権益の排除が和平条件の中に含まれるだろう、とされている。Memorandum by Ronald, Jan. 18, FO 371/22051.

（146）Gage to FO, No. 13, Dec. 9, 1937, FO 371/20960. 汪兆銘によれば、一二月六日の国防最高会議常務委員会は、徐謨外交次長から蔣介石・トラウトマン会談の報告を聞いた後、日本側条件を基礎とするドイツの和平仲介を承認した。汪「挙一個例」（『汪精衛集団投敵』所収）一五四頁。

（147）Trautmann to AA, No. 370, Dec. 13, *DGFP*, No. 539. 和平派の一人周仏海も一二月一一日国防参議会に出席してドイツの調停工作が失敗したと聞き、その落胆ぶりを日記に記している。『周仏海日記』上、一二月一一日の条。

（148）Gage to Eden, No. 45, Dec. 29, *DBFP*, No. 453.

（149）Gage to FO, No. 49, Jan. 1, 1938, FO 371/22053.

（150）雷鳴「蔣家班的和平運動」（『汪精衛集団投敵』所収）一六九頁。安藤徳器編訳『汪精衛自叙伝』（大日本雄弁会講談社、一九四一年）一八一―一八二頁。

(151) サンケイ新聞社『蔣介石秘録12・日中全面戦争』(サンケイ出版、一九七六年)一〇一頁。

(152) Howe to FO, No. 10, Jan. 4, FO 371/22053.「石射日記・続」一月五日の条には、「蔣介石と其一党はどうも媾和に出て来さうである」との記述がある。ただし、間もなく彼は再び悲観的となった(一月八日の条)。

(153) Gage to FO, No. 55, Jan. 3, *DBFP*, No. 466.

(154) 羅君強「偽廷幽影録」(『汪精衛集団投敵』所収)一六一頁。この間の事情を周仏海から聞いたという金雄白(池田篤紀訳)『同生共死の実体——汪兆銘の悲劇』(時事通信社、一九六〇年)の記述(一四—一六頁)も、日付に混乱が見られるが、趣旨は同じである。安藤編訳『汪精衛自叙伝』一八二頁。

(155) Dirksen to AA, No. 5, Jan. 5(極東国際軍事裁判・検察側文書一二六九A); Dirksen to AA, No. 22, Jan. 14, *DGFP*, No. 553.

(156) Gage to FO, No. 59, Jan. 4, FO 371/22053.

(157) 堀内外務次官によれば、許世英大使は一月一三日ないし一四日に既に帰朝命令を受けており、その時点で中国側には交渉打ち切りの覚悟があったはずだとされている。Dirksen to AA, No. 30, Jan. 18(極東国際軍事裁判・検察側文書一二七四).

(158)「講和問題に関する所信」『現代史資料9・日中戦争2』一九四頁。

(159)『西園寺公と政局』第六巻二三四頁。なお、広田はドイツにだけ和平仲介を依頼することを躊躇し、クレーギー・イギリス大使をして英米の参加をドイツに申し入れさせたところ、婉曲に拒否されたという。「堀内謙介宣誓口供書」(弁護側文書二一四六、法廷証三二六〇)『極東国際軍事裁判速記録』第六巻七九四頁。たしかにクレーギーは一一月中旬、英米共同斡旋の可能性を日本政府や本国に示唆しているが、広田から依頼されてドイツに仲介参加を申し入れたかどうかは不明である。Craigie to Eden, No. 682, Nov. 15, 1937, *DBFP*, No. 359; Craigie to Eden, No. 692, Nov. 18, *ibid.*, No. 372; Craigie to Eden, No. 704, Nov. 20, *ibid.*, No. 376.

(160) 三宅正樹「近衛内閣と参謀本部――トラウトマン工作をめぐって」『歴史と人物』一九七四年七月号、六二―六三頁。広田が少なくとも当初トラウトマン工作に乗り気でなかったとの記述は、広田弘毅伝記刊行会編『広田弘毅』二九八―二九九頁にも見られる。

(161) 『西園寺公と政局』第六巻一九三頁。

(162) 『小川日記』一二月一八日の条には、「公（近衛）は頻に媾和に関し蔣を相手とす可らずとの議論少なからざるを言ふ」との記述がある。

(163) 『西園寺公と政局』第六巻一八二頁。

第三章

(1) 『日本外交年表竝主要文書』下三八六頁。

(2) 衛藤『東アジア政治史研究』二九七頁。

(3) 宣戦布告に関する論議については、例えば、「此ノ際全面戦争（宣戦布告）トスルノ利害（一二・九・二〇）」『支那事変処理』、「宣戦布告ノ我経済上ニ及ボスベキ影響（外務省通商局、昭和十二年十一月六日）」『木戸幸一関係文書』二九六―三〇三頁、「対支宣戦布告ノ利害得失ニ関スル件（海軍省、一二・一一・七）」同三〇三―三〇六頁、「対支宣戦布告ノ得失（外務省、昭和一二・一一・八）」同三〇六―三〇八頁、「宣戦布告ノ可否ニ関スル意見（陸軍省、昭和一二・一一・八)」同三〇八—三二五頁などを参照。また『支那事変関係一件・支那事変関係国際法律問題』(外交史料館蔵)第一巻に収録されている外務省条約局作成の「国際法上ヨリ見タル宣戦ニ因ル戦争ト事実上ノ戦争トノ利害比較(昭和十二年八月)」、「宣戦問題ノ要点(昭和十二年十一月)」、「宣戦ト国際的法律問題(昭和十二年十一月)」も参考となる。

(4) 佐藤『大東亜戦争回顧録』七四頁。

(5) 『戦史叢書・大本営陸軍部1』四七四頁。「閣議ノ状況(一二・八・二七)」『支那事変処理』によれば、陸相は、開院式の勅語に「事変ニ対スル帝国ノ決意、方針等ヲ織込ム」よう奏請することに陸海外三省で意見が一致していると語っている。

(6) 参謀本部第二課『北支事変業務日誌』一〇月一九日、二五日の条。

(7) 『現代史資料37・大本営』(みすず書房、一九六七年)三八九頁。

(8) 『支那事変処理』。軍令部内には、「現時機ハ尚武力攻撃一点張リニテ強行スベキ時機ナリ、南京政府ノ反省ハ攻撃ニ依リテ求ムベク声明ハ害コソアレ利スル所ナシ」「本声明ヲ発出スル時ハ如何ニモ帝国ガ停戦ヲ焦慮シアルカノ如キ印象ヲ与ヘ外ニ対シテハ支那ヲシテ日本ノ足許ヲ見透サシメ又九国会議ノ活動ヲ旺盛ナラシムベク内ニ対シテハ国民ノ緊張ヲ却テ弛緩セシムル結果トナルベシ」との批判があった。

(9) 『高島辰彦陸軍少将日記』(防衛研究所図書館蔵)、参謀本部第二課『北支事変業務日誌』一一月一八日の条、『機密作戦日誌』一一月二四日の条。

(10) 『高島辰彦陸軍少将日記』。

(11) 『木戸幸一日記・東京裁判期』(東大出版会、一九八〇年)四五六頁。また多田参謀次長も

政府がトラウトマン工作打ち切りに強硬であったのは議会対策のためであったのではないかと推測している。「多田駿手記」九八頁。

(12)「第七十三議会用擬問擬答(東亜局第一課関係、十三・一・十四)」『支那事変関係一件』第一巻。用意された答弁は次のようなものである。「帝国ト友好関係ニアル第三国側ニ於テ支那側ニ対シ好意的ニ右日支直接交渉ヲ勧説セラルルコトハ之ヲ多トスル次第ナリ尚本件独逸側ノ媾和斡旋ニ付テハ目下ノ所何等説明シ得サルヲ遺憾トス」。

(13)『木戸日記・東京裁判期』二九八頁。

(14)『木戸日記』下巻、一月五日の条。

(15)『機密作戦日誌』一月六日の条。

(16)『東京朝日新聞』一九三七年一一月二七日付朝刊。

(17)同右、一二月一五日付夕刊。

(18)「新年に当りて近衛内閣総理大臣談(昭和十三年一月一日)」情報局記者会編『日本の動きと政府声明』(新興亜社、一九四二年)三〇—三二頁。

(19)「北支新政権樹立研究案(第七課、昭和十二年十一月十八日)」『支那事変関係一件』第一八巻。

(20)「御前会議開催ニ至レル経緯(東亜一課・松平(忠久)、昭和十三・一・十四)」『極東国際軍事裁判速記録』第八巻三三九頁(検察側文書八二〇G、法廷証三二六九)。

(21)『続現代史資料4・陸軍(畑俊六日誌)』(みすず書房、一九八三年、以下『畑日誌』と略す)一月五日の条。

(22)『岡部日記』一月一〇日の条。

(23)「蔣政権ニ対スル帝国ノ採ルヘキ態度ニ就テ（中支那方面軍司令部、昭和十三年一月七日）」『陸支密大日記』（防衛研究所図書館蔵）昭和十三年第一冊二八八頁（以下、『陸支密大日記』一三・一・二八八のように略記する）。

(24)『東京朝日新聞』一九三八年一月八日付朝刊。これと『東京日日新聞』や『読売新聞』に報じられた川越談話とは、その字句やニュアンスにやや違いがある。前掲「在外公館来電ヲ主トスル事変日誌」によれば、川越は「日本トシテハ国府ヲ中央政府トシテ相手トスルコトヲ得ザルニ至ルベク中支新政権ヲ待望ス」と述べたとされている。なお川越大使は前年一一月下旬、「私は国民政府が屈服して外交折衝が始まるやうな時期は未だ遠いと見てゐる」としながら「もし将来日本が支那と講和の折衝を始めるとすればその相手たり得るものは矢張り蔣介石だと思つてゐる」と語ったが（『東京朝日新聞』一一月二七日付朝刊）、現地軍から、こうした発言は「目下当地ニ於テ進行セシメツツアル政治工作上大ナル悪影響ヲ及ス」と批判されており（一一月二八日付・甲集団特務部長発次官・次長宛、方特電第二六四号『陸支密大日記』一三・五・五）、もしかするとこの批判が一月の川越発言を促したのかもしれない。

(25) 堀場『支那事変戦争指導史』一一〇頁。

(26)「陸軍省新聞班長佐藤賢了大佐談要旨、昭和一三年八月二五日及二九日、内務省臨時警察部長会議ニ於テ」『極東国際軍事裁判速記録』第一巻五六七頁（検察側文書一六八五、法廷証二七〇）。
なお、『支那事変関係一件・支那事変関係国際法律問題』第一巻には外務省条約局作成の「国民政府否認論ノ法律的考察（昭和十二年十二月）」、「国民政府否認論ニ関スル意見（昭和十二年十二月)」が収録されているが、いずれの文書も、国民政府否認は国際法上無理があることを論じている。
(27)『岡部日記』一二月一一日の条。梅津次官は声明案を「南京陥落は、事変の終局を意味するものにあらざること、事変は更に継続するものなる故、国民の覚悟を強調する」趣旨のものと説明した。
(28)「第一回御前会議奏請ノ件(昭和一二・一二・一三)」大本営陸軍参謀部庶務課『大本営陸軍参謀部陣中日誌』(防衛研究所図書館蔵)。
(29)『機密作戦日誌』一二月一六日の条。なおこの日誌によると、「事変対処要綱案」は翌年一月七日海軍側の意見を取り入れたものができ、これを大本営陸海軍部案とすることになったとされているが、その内容は不明であり、その後どうなったかも分からない。
(30)『昭和社会経済史料集成——海軍省資料』第五巻(大東文化大学東洋研究所、一九八三年)一一三—一二〇頁に収録されている「事変対処要綱(甲)」には、「蔣政権ハ当分之ヲ否認セズ」「蔣政権ノ出様如何ニヨリテハ之ガ否認ヲ考慮ス」といった註記がある。
なお「事変対処要綱(甲)」には、和平成立の場合華北新政権は「和平条件ニ従ヒ之ヲ調整スルモノトス」との規定があり、和平交渉が成功した場合は華北の臨時政府に何らかの変更を加える可能性が示唆されている。
(31)堀場『支那事変戦争指導史』一二四頁。
(32)声明の作成過程に関する諸説については、横溝光暉『昭和史片鱗』(経済往来社、一九七四年)一七八—二一七頁が参考となる。
(33)上村『日華事変(下)』二〇一頁。

(34) 前掲「陸軍省新聞班長佐藤賢了大佐談要旨」五六八頁。
(35) 「堀内謙介宣誓口供書」『極東国際軍事裁判速記録』第六巻七九五頁。
(36) 『近衛文麿公の手記・失はれし政治』二二頁。
(37) 風見『近衛内閣』一〇二頁。
(38) 中村隆英・伊藤隆・原朗編『現代史を創る人びと』2(毎日新聞社、一九七一年)二四八―二四九頁。
(39) 中山優『中国の素描』(明徳出版社、一九五七年)八九―九〇頁。
(40) 『機密作戦日誌』一月一三日の条には、「回答誠意ナキ場合ノ声明案ヲ研究ス、後第二案出来タリ」「本件ヲ明日ノ閣議ニカクルハ過早ニテ害アリ」との記述がある。この声明案が「対手トセス」声明案であることは間違いないであろう。
(41) 『木戸日記』下巻、一月一四日、一五日の条。
(42) 一月一四日に作成された前掲「第七十三議会用擬問擬答」では、「政府ハ此ノ際何故ニ南京政府ヲ否認セサルヤ」との質問に対し、「政府ハ国民政府ニ対シテ其ノ非ヲ悟リ帝国ト共ニ東亜ノ安定ヲ図ラントスル誠意ヲ示シ来ルニ於テハ是ト協力スルノ用意アル次第ニシテ尚同政府ニ反省ノ機会ヲ与ヘツツアル次第ナリ」という答弁が用意されていた。
(43) 「南京政府ヲ相手トセサル旨声明シタル後ニ於ケル処理方針(昭和一三・一・一四、東亜一)」『支那事変関係一件』第四巻。
(44) 『東京日日新聞』一月一五日付朝刊は、声明が「抗日国民政府の事実上の否認を消極的に示唆」すると報じたが、声明の内容を最も詳しく紹介した『読売新聞』同日付朝刊は否認に直接言及してはいない。なお一五日の連絡会議では「新聞ニ声明ヲ漏シタルハ誰カ」との批判が出た（『機密作戦日誌』一月一五日の条）。

(45) 赤松祐之『昭和十三年の国際情勢』九頁。『東京朝日新聞』一月一六日付朝刊は声明発表前に、その内容は国民政府を「黙殺」するものになろうと予想し、『東京日日新聞』一月一九日付夕刊は発表後にその内容を「黙殺」と形容している。

(46) 「帝国政府ノ国民政府ニ対スル態度決定ニ伴フ諸問題ニ関スル第七十三議会用擬問擬答（東亜局第一課、昭和十三・一・十七）」『支那事変関係一件』第一巻。

(47) 『小川日記』一月一六日の条。

(48) 『西園寺公と政局』第六巻二〇七頁。

(49) 上村『日華事変（下）』二〇二頁。

(50) 一月一八日付・松井集団特務部長発次官・次長宛、中方特電第八三七号『陸支密大日記』一三・四・一八一。

(51) 一月一九日付夕刊の『東京日日新聞』と『読売新聞』を参照。なお、『東京朝日新聞』はこれを報じていないし、これは外務省情報部の『支那事変関係公表集』にも収録されていない。

(52) 赤松『昭和十三年の国際情勢』六頁。なお、ここでは「非公式の補足的声明」とされている。『日本外交年表竝主要文書』下三八七頁には「（参考）補足的声明」として収録されている。

(53) 上村『日華事変（下）』二〇二頁。

(54) 『東京朝日新聞』一月一九日付朝刊。

(55) 同右、一月二三日付朝刊。

(56) 同右、二月二日付朝刊。
(57) 一九三九年五月天皇は就任したばかりの畑俊六侍従武官長に、「近衛声明中蔣を相手にせずといふことは頗不明瞭にして強き意味にあらず。内は頗弱き意味なるも議会にて強き意味に変化したるものなり」と語っている。『畑日誌』一九三九年五月三〇日の条。
(58) 「対手トセス」を国際法上どのように説明するかに苦心している例としては、外務省条約局が作成したと思われる「南京政府ヲ相手トセストノ声明ノ法律上ノ性質」『太平洋戦争への道』別巻・資料編二七四―二七五頁を参照。
(59) FO to Craigie, No. 96, Feb. 2, 1938, FO 371/22104; Craigie to FO, No. 209, Feb. 15, *ibid.*; Craigie to FO, No. 217, Feb. 17, *ibid.*

第四章

(1) 『機密作戦日誌』二月四日の条。
(2) 『戦史叢書・支那事変陸軍作戦1』四八三頁。
(3) 二月四日付・参謀本部第二課長発北支那方面軍第一課長宛（参電第七五一号）同右、四八五―四八六頁。
(4) 「自昭和十三年二月至同年夏季支那事変帝国陸軍作戦指導要綱」同右、四八六―四八七頁。
(5) 大陸命第八十四号（昭和十三年四月七日）『現代史資料9・日中戦争2』二四五頁。三月に作戦課長に就任した稲田正純によれば、事変解決のために積極作戦という「逆手」を採用して目標を漢口攻略に置き、その前提として徐州攻略を計画したという。稲田正純「戦略面から観た支那事変の戦争指導」『国際政治――日本外交史研究（日中関係の展開）』（一九六一年三月）一五九頁。

（6）臨時政府はその成立と同時に北平を北京と元の名称に戻し、現地軍は日本もこの改称を正式に承認するよう軍中央に要請した。一二月一五日付・甲集団特務部長発次官・次長宛（方特務電第三四三号）『陸支密大日記』一二三・五・一〇。外務省が北京という呼称の採用を決定したのは翌一九三八年二月一一日である。

（7）例えば北支那方面軍特務部「北支政権樹立ニ関スル一部ノ研究（昭和十二年十月二十八日）」では、「北支ニ樹立スヘキ新政権ハ北支地方政権トスルコト無ク南京政府ニ代ルヘキ中央政府トシ日本軍ノ勢力範囲ニ属スル全地域ニ其政令ヲ普及セシムルコト」とされ、参謀本部第七課「北支那政権樹立研究案（昭和十二年十一月十八日）」でも、「新政権ハ支那ノ真正中央政権トナス」と規定されていた。『支那事変関係一件』第一八巻。

（8）一月一九日付・甲集団参謀長発次官・次長宛（方特電第一三三号）『陸支密大日記』一三・七・一二〇。

（9）一二月二三日付・関東軍参謀長発次長・次官・天津軍参謀長・北京総務部長宛（関参満電第五五三号）「北支政務指導ニ関スル件」『現代史資料9・日中戦争2』六三頁、「新興支那建設方策大綱（昭和十三年一月二十二日、関東軍司令部）」同一三四―一三六頁。

（10）「政務指導に関し陸軍次官の北支那方面軍との連絡事項（昭和十三年一月六日、軍務課）」同右九九頁によれば、華北政権を中央政権に改組・改称する時機は「慎重決定」すべきであり、「中央政府たるの内容未だ整はざるに過早に之を決定するときは第一に中外に其信を失ひ第二に中南支より人材の参集を妨げ第三に中南支に樹立さるべき政権との調整を失する等の結果に陥るべし」とされている。

(11) 華中政権の成立経緯については、臼井「日中戦争の政治的展開」一三五—一三七頁、高橋「日華事変初期における陸軍中枢部」二〇四—二〇六頁、『戦史叢書・支那事変陸軍作戦1』四九六—四九九頁を参照。

(12) 一二月二三日付・甲集団参謀長発次官・次長宛(方参二電第九四八号)『陸支密大日記』一三・五・一二。

(13) 「一月二十九日外、陸、海三省次官懇談記録(昭和一三・一・二九、東亜一)」『支那事変関係一件』第三〇巻。一二月一二日付の陸軍省「中支那政務指導要綱」では、「新政権ノ樹立ハ之ヲ強行セス……北支那ニ於ケル中華民国臨時政府ト緊密ナル連繫ヲ保チ適時之ト合流シ得ル如ク指導ス」とされている。『戦史叢書・支那事変陸軍作戦1』四九六—四九七頁。

(14) 「中支新政権樹立方案(現地案)(昭和十三年一月十八日)」『現代史資料13・日中戦争5』(みすず書房、一九六六年)一二五—一二六頁、「中支政務指導方案(現地案)(昭和十三年一月十八日)」同一二七頁。なお一月下旬には名称を「華中臨時政府」とするなど一部変更が加えられた。「中支政務指導方案(昭十三・一・二十七、一応ノ確立案)」、「中支新政権樹立方案(昭十三・一・二十七、一応ノ確立案)」『極東国際軍事裁判速記録』第二巻四八—四九頁(検察側文書二二〇三、法廷証四六三)。

(15) 『岡部日記』二月一〇日の条。

(16) 新設の中支那派遣軍司令官に就任した畑俊六によれば、華中政権工作は松井中支那方面軍司令官時代に積極的に推進され、自分はあまり急がない方針であったが、イギリスのイーデン外相の辞任やヒトラーの満洲国承認の意思表明など国際情勢の好転によって急に工作が促進されたという。『畑日誌』二月二六日の条。

(17) 二月二四日付・在華大使館附海軍武官発大本営海軍参謀部第三部長宛（機密第七一番電）『現代史資料13・日中戦争5』一三〇頁、「中華民国政府組織大綱」同一三五頁。

(18) 『岡部日記』三月一一日、一二日の条。

(19) 「次官ヨリ中支那方面軍参謀長・同特務部長宛電報案（三月八日付・陸支密電一四七）」『陸支密大日記』一三・七・三〇、三月一〇日付・海軍次官発支那方面艦隊長官宛（官房機密第三一六番電）『現代史資料13・日中戦争5』一三五―一三六頁。軍中央が華中政権の早期樹立に慎重であったのは、新政権首脳の一人に予定されていた王子恵に対する疑惑のためでもあった。

(20) 三月一〇日付・伊集団参謀長発次官・次長宛（伊集参電一五八号）『陸支密大日記』一三・七・一〇三。

(21) 「次官ヨリ伊集団・甲集団両参謀長及両特務部長宛電報（三月一一日付・陸支密電一五二）」同右、三月一〇日付・海軍軍務局長発支那方面艦隊参謀長・臨時海軍特務部長宛（軍務機密第三〇七番電）『現代史資料13・日中戦争5』一三七頁。「次官ヨリ甲集団・伊集団両参謀長及両特務部長宛電報（三月一一日付・陸支密電一五三）」『陸支密大日記』一三・七・一九六。

(22) 「次官ヨリ伊集団参謀長・同特務部長・甲集団参謀長・同特務部長宛電報案（三月一三日付・陸支密電一六二）」同右一三・一〇・三二、「大臣ヨリ中支那派遣軍司令官宛電報案（三月一四日付・陸支機密電一三）」同右一三・七・一〇三。

(23) 「次官ヨリ甲集団参謀長・同特務部長・伊集団参謀長・同特務部長宛電報案（三月一三日付・陸支密電一六一）」同右一三・一〇・一三、「次官ヨリ北支那方面軍参謀長・同特務部長宛電報案（三月一四日付・陸支密電一六三）同右一三・三・一〇・三三。
(24) 陸軍省軍務課の「新興支那政権指導要領案（一三・三・二〇）」では、「新興支那政権は中華民国臨時政府を中央政府として其他の政権を成るべく早く合流統一せしむ」「中支新政権は中華民国臨時政府の一地方政権として之を成立せしむ」とされている（『現代史資料13・日中戦争5』一四二頁）。
(25)『畑日誌』三月二二日の条。
(26)「北支及中支政権関係調整要領」。これは、「次官ヨリ関東軍・朝鮮軍・台湾軍・駐蒙兵団各参謀長宛（三月二七日付・陸支密電九四八）」『陸支密大日記』一三・九・一五七では閣議決定とされているが、三月三〇日付・海軍省軍務局長発支那方面艦隊参謀長宛（軍務一機密第一二〇号）『基本国策関係文書綴（其の一）』（防衛研究所図書館蔵）では正式の閣議決定ではなく、閣議で「了解」されたものだとされている。
(27) 同右（軍務一機密第一二〇号）。
(28) 三月二三日付・支那方面艦隊司令長官発次官・次長宛（機密第五三五番電）では、「中支政権ヲ初ヨリ北支政権ニ従属セシムルハ……陸軍ノ北支中心主義ニ引摺ラレ結局占拠地域ヲ第二ノ満洲国化シ禍根ヲ将来ニ貽スコトトナルノ虞大ナリト認ム」と主張されている（『現代史資料13・日中戦争5』一四五頁）。
また「事変処理ニ関スル海軍ノ処理方針（昭和一三・四・二五）」『基本国策関係文書綴（其の二）』は、「現臨時政府ノ陣容ヲ以テ中央政府構成ノ基礎トナシ尚将来ノ強化ヲ期待ス」としながらも、「外交上中央政府トシテ正式承認ヲ与フベキ政権ノ実体ハ必シモ現陣容ノ臨時政府職員ヲ予想セズ」とし、「中支ニ於ケル政治、経済及第三国関係等特殊環境ト国民政府壊滅上有効ナル戦略的影響アル点トヲ考慮シ当分維新政府トシテノ機能強化ニ努ム」と述べて、華北政権と華中政権の早期合併に消極的姿勢を示していた。「海軍政策遂行に関する対維新政府暫定処理要綱（一三・四・二五）」では、「臨時政府（陸軍）は中支の実状を無視し維新政府の急速合併統一を企図しつつある」ので「北方側の不当なる統一工作に乗ぜざらしむる様留意すること」が強調された（『現代史資料13・日中戦争5』一五一頁）。

(29) 畑は、維新政府の首脳、梁鴻志、温宋堯、陳群について「三人共大した代物にあらず」と評している。『畑日誌』三月一三日の条。

(30) 同右、四月一三日の条。

(31) 『木戸日記』下巻、五月四日の条。近衛はまた、「王は蔣と講和すべしとの意見を述べたり」と小川平吉に語っている。『小川日記』五月一八日の条。

(32) 「王克敏ニ対スル応酬方針骨子（外務省、昭和一三・四・二九）」『支那事変関係一件』第二巻。なおここでは、「帝国政府ハ臨時政府ヲ中央政府トシテ維新政府ハ成ルヘク速ニ之ニ合併統一セシムル方針ヲ堅持スルモノナルコト勿論ナル次第ヲ篤ト説明スルコト」も方針の一つとされている。

(33) 『失はれし政治――近衛文麿公の手記』一一頁、矢部『近衛文麿』三二六頁。

(34) John Hunter Boyle, *China and Japan at War 1937–1945: The Politics of Collaboration* (Stanford University Press, 1972), p. 156.

(35) 「五相会議議題に関する件（昭和十三年六月二十一日）」『現代史資料9・日中戦争2』二六一―二六二頁。他の議題としては防共協定強化や「対支機関」（後の興亜院）の設置などが挙げられている。

なお『支那事変関係一件』第一四巻には六月二〇日付けの同名標題の文書があるが、内容は翌日付のものと実質的に変わりはない。

(36) 大本営陸軍部は四月上旬から漢口作戦の研究に着手し、六月一八日に作戦準備を下令した。『戦史叢書・支那事変陸軍作戦2』(朝雲新聞社、一九七六年)一〇九—一一〇頁。

(37) 『太平洋戦争への道』別巻・資料編二六三—二六四頁。

(38) 『支那事変関係一件』第一四巻には、五相会議決定に至るまでの案文として、「蔣政権屈伏ノ場合ノ対策」という標題の六月二二日付、二三日付、二四日付の文書が収録されているが、ここでは国民政府を「現中央政府」ではなく「蔣政権」と呼び、屈伏した場合も「友好一政権」ではなく「友好地方政権」として認めるとされている。

(39) 臼井勝美『日中戦争』(中公新書、一九六七年)七四頁。

(40) 堀場によれば、この決定は「対手にせずの対象を、蔣介石個人に限定して国民政府を解放し、新中央政権の概念中に之を包含し、而して政権問題は支那側に委するの主義」を採用したものだという。堀場『支那事変戦争指導史』一五四頁。

(41) 『太平洋戦争への道』別巻・資料編二六三頁。第三国の橋渡しに関する規定はもともと「蔣政権屈伏ノ場合ノ対策」の案文の中に含まれていた(その六月二二日付の案文には「好意的和平橋渡シ」という言葉が使われている)。『支那事変関係一件』第一四巻所収の「今後ノ支那事変指導方針」の六月二四日付の案文には第三国の橋渡しに関する規定がない。したがって、第三国の橋渡しの項目は、六月二四日に「今後ノ支那事変指導方針」が五相会議決定となるとき、「蔣政権屈伏ノ場合ノ対策」の案文から抜き取られて付加されたのであろう。なお、その後五相会議は第三国の橋渡しについて当面は消極的な方針を決めた。「英独大使ノ和平斡旋申込ニ対スル態度（五相会議決定、昭和十三年七月十二日）」『支那事変関係一件』第一四巻。この決定では、イギリス大使の和平斡旋申込に対して、「一応婉曲ニ断ハル然シ手ハ切ラヌ」との方針が謳われている。このときのイギリス大使の和平斡旋申込がどのようなものであったのか定かではないが、クレーギー大使は六月下旬の宇垣外相との会見で和平調停問題に関するイギリス政府の態度を説明しているので、これが和平斡旋申込と見なされたのかもしれない。ただし、クレーギーは和平調停問題に関する原則的な立場をチェンバレン首相の議会答弁に基づいて説明しただけで、和平斡旋を申し入れたわけではなかった。Craigie to Halifax, No. 791, June 28, *DBFP*, No. 593; Craigie to Halifax, No. 900, July 27, *ibid.*, No. 603.

(42)『太平洋戦争への道』別巻・資料編二六五―二六六頁。

(43)「支那新中央政権樹立方策（第一案、昭和一三・六・二五）」。「支那新中央政府樹立指導方策（第二案、昭和一三・六・二七）」では、蔣政権が「屈伏」し「清浄改組」すれば、「友好地方政権」として中央政権への合流あるいは中央政権樹立への参加も認めるとされ、この趣旨が五相会議の正式決定に受け継がれる。この二つの文書を収録している『支那事変関係一件』第一四巻には六月二九日付（第三案）、三〇日付、七月四日付（陸軍省部決定）、一二日付の文書も含まれているが、これらの文書を見る限り、漢口陥落まで既成政権だけによる新中央政権樹立には進まないとの規定は七月一二日付案に初めて出てくる。またこの七月一二日付の文書で初めて、「友好地方政権」ではなく「中央政府組織ノ一分子」という文言が用いられている。

(44) 前掲「陸軍省新聞班長佐藤賢了大佐談要旨」。

(45)『太平洋戦争への道』別巻・資料編二六四頁。

(46)『支那事変関係一件』第一四巻には、この決定に至る六月二一日付、二二日付、二三日付の案文が収録されている。このうち二一日付の案文だけは、「蔣政権ニシテ地方政権ニ転落スルモ屈伏セサル場合ノ対策」という標題を持ち、軍事的措置に関して「蔣政権ニ対スル積極的武力行使ノ範囲ハ概ネ該政権ヲシテ地方政権ニ転落スルノ止ムナキニ至ラシムル地域ヲ以テ限度トシ適宜之ヲ規正シ爾後ノ反攻ニ備フルト共ニ占拠地域治安ノ確立ヲ目途トシ逐次在支兵力ヲ整理ス」と述べて、戦面不拡大方針の名残を見せていた。二二日付の案文から七月八日の正式決定まで内容に実質的な変化はない(ただしここでも、五相会議決定のときに「蔣政権」から「支那現中央政府」という表現に修正された)。

(47)『太平洋戦争への道』別巻・資料編二六四―二六五頁。この決定は、法幣工作に関する備考を加えて、七月一二日にあらためて五相会議決定とされた。

(48)例えば、「対支時局打開策に関する件」『現代史資料37・大本営』三九七―三九九頁、「時局に応ずる対支謀略に関する指示(大本営陸軍部、昭和十二年十二月)」同四〇〇―四〇三頁、「六月十七日大本営陸軍部策定の第二期謀略計画」『畑日誌』六月二五日の条参照。

(49)高橋「日華事変初期における陸軍中枢部」二〇八頁では、こうした五相会議決定により、既成政権による新中央政府設立構想から呉佩孚など「一流人物」を首班とする中央政権設立構想に政策が転換したと指摘されているが、より正確には、既存の政策から別の新しい政策に明確に転換したというよりも、政策の一本化が崩れ複数の政策の並立状況が出現したと見るべきであろう。

(50)「対支特別委員会(昭和十三年七月二十六日、五相会議決定)」『太平洋戦争への道』別巻・資料編』二六六頁。

(51)「対支特別委員会ニ関スル解釈ノ件（昭和十三年七月二十九日、五相会議決定）」同右二六六頁。海軍代表は当初野村直邦が予定されたが、後に津田に交替した。

(52)「時局に伴ふ第二期謀略計画実施に関する指示（七月二十二日）」『畑日誌』八月五日の条。『支那事変関係一件』第一八巻には、「土肥原中将ノ実施スル謀略ニ伴フ謀略ト政務指導トノ関係」につき軍務局が作成した「覚書案（七月七日）」と、土肥原の任務に関する日付不明の「次官ヨリ北支那方面軍参謀長宛電報案」が収録されており、後者には「大臣ヨリ土肥原中将ヘ」として「貴官ハ爾今現任務ノ外本職ノ区処ヲ受ケ新支那中央政府ノ樹立ニ任スヘシ」との指示が記されている。

(53)『日本外交年表竝主要文書』下三九〇―三九一頁。

(54)『支那事変関係一件』第一四巻。

(55)『新支那中央政府樹立経緯（七分冊の三）』（防衛研究所図書館蔵）に、六月二日付の陸軍省案に海軍の修正を付加した文書が収録されている（ただし日付はない）。

(56)前掲「支那新中央政府樹立方策（第一案）」の別紙第二。

(57)前掲「支那新中央政府樹立指導方策（陸軍省部決定）」の別紙第一。

(58)各地方政権の政府銀行と中央銀行に関する項目は七月一九日の五相会議決定に含まれていたが、七月二二日にはこれを削除したものが、あらためて五相会議決定となった。

(59)八月一二日付・甲集団特務部長発次官・次長宛（甲方特電第八三二号）『陸支密大日記』一三・二〇・二二。

(60)八月八日付・伊集団特務部長発次官・次長宛（伊集特電第八〇七号）同右。

(61)『基本国策関係文書綴(其の二)』所収。

(62) 九月一日付・臨時海軍特務部長発軍務局長・軍令部第三部長宛(機密第五六四番電)『現代史資料13・日中戦争5』一六七頁、九月六日付・臨時海軍特務部長発軍務局長・軍令部第三部長・支那方面艦隊参謀長宛(機密第五八一番電)同一六八頁。

・北支那方面軍は八月一六日付で「聯合委員会ニ関スル具体案」を作成し、これを一九日付で陸軍次官に送付した(『陸支密大日記』一三・二二・二〇)。これが福岡での会合のたたき台となり、五相会議決定の基礎になったと思われる。なお、八月二〇日付・支那方面艦隊臨時海軍特務部長発方面艦隊司令長官・海軍次官・軍令部次長宛(滬機密第三五一号)『現代史資料13・日中戦争5』一六五—一六六頁に含まれている「聯合委員会樹立に関する具体案」は陸軍案に修正を加えたものとされているが、この陸軍案とは中支那派遣軍の案であろう。

(63) 対支特別委員会の活動内容をうかがわせるものとしては、「対支特別委員会議(於上海、九・十五)」『支那事変関係一件』第三巻がある。

(64)『現代史資料9・日中戦争2』二八四頁。

(65) 大本営は八月二二日漢口攻略を、九月十九日広東攻略を発令した。

(66) 呉工作については、近代戦史研究会編『日本近代と戦争』4(PHP研究所、一九八六年)一〇二—一〇四頁。

(67) 以下、土肥原と現地軍との意見の対立については、「支那新中央政府樹立工作ニ関スル打合事項」『支那事変関係一件』第一八巻を参照。

(68) 畑中支那派遣軍司令官は呉について、「此の如き人物にては今日の支那に適せず」と批判している。『畑日誌』一一月七日の条。

(69)「次官ヨリ甲集団・伊集団各参謀長宛電報案（一一月一一日付・陸支密電八三一）」、「次官ヨリ北支那方面軍・中支那派遣軍参謀長、南京中支那派遣軍特務部長宛電報案（一一月一四日・陸支密電八三七）」『陸支密大日記』一四・一二・一五八。

(70)「次官ヨリ北支那方面軍及中支那派遣軍参謀長・土肥原中将宛通牒案（一一月二四日付・陸支密第四四一三号）」『陸支密大日記』一四・二五・二三。なお『戦史叢書・支那事変陸軍作戦2』二八六―二八七頁に引用されている「要領」では、第三項の（八）が欠落している。

(71)『支那事変関係一件』第一八巻所収の「『呉』工作ニ関スル件」（日付なし）には、「貴官（土肥原）担任ノ謀略ノ内、現在ノ急務ハ蔣政権内部ノ切崩シ又ハ之ヲ全面的屈服ニ導クコトニ在リテ茲数ケ月ハ之ニ向テ其主力ヲ傾倒シ以テ何等カノ成果ヲ得度シト考ヘアリ」と記されている。

(72)漢口と広東での地方政権の樹立は「支那側ノ発生ニ委ス」とされていた。一〇月二八日陸海外三大臣決定の「漢口方面政務処理要綱」（『戦史叢書・支那事変陸軍作戦2』二一〇―二一一頁）と「南支作戦ニ伴フ政務処理要綱」（同二五〇―二五一頁）を参照。

(73)『支那事変関係一件』第一八巻所収の「支那新中央政権樹立ニ関スル件（案）」（日付なし）は、甲型と乙型をA型とB型とし、「当分ノ間A型ノ実現ニ努ムルモ其実現ノ見込ナキニ至ラハB型ノ工作ニ移ル」としながらも、「B型採用後日支事変解決セハA型ニ移ル」と規定し、一時的に国民政府（改組重慶政府）の参加を断念しても最終的にはその合流を予定していた。

第五章

（1）時局収拾にイギリスを利用することは、総理・外・陸・海の四相が会合したときに外相から提案があり、二月末の外・陸・海の三省次官会談でも外務次官がこの提案を繰り返した。谷公使が上海に赴任するにあたり、参謀本部の本間情報部長と影佐大本営陸軍部第八課長が谷にイギリス利用の必要性を説いたともいう。前掲「二月二十八日外、陸、海三省次官会談録」。

なお、イギリス利用問題は宇垣外相就任の際に、懸案の一つとして説明されている。「事変ニ関連セル各種問題（昭和一三・五・二七、亜一・松村）」『支那事変関係一件』第二巻。

（2）Johnson to Hull, No. 129, Feb. 27, *FRUS*, 1938, Vol. III; Kerr to FO, No. 404, March 9, FO 371/22054. なおジョンソンの報告では、当時無任所公使として上海に駐在していた伊藤述史がコラの宋子文訪問に同伴したとされているが、カーの報告では、伊藤はコラとともに香港に行く計画を断念したとされている。

（3）「昭和十三年三月二十三日在上海日高総領事発広田外務大臣宛電報第九六四号」「昭和十三年七月十四日在上海日高総領事発宇垣外務大臣宛電報第二一九八号」『支那事変善後措置』。なお『機密作戦日誌』四月三日の条には「伊大使斡旋ニテ支那ノ講和問題アリ」との記述があり、『小川日記』四月一四日の条にもイタリア大使と宋子文との接触についての情報が記されている。

（4）Kerr to FO, No. 40（Tour）, July 11, FO 371/22054; Memorandum by Millard, August 5, *FRUS*, 1938, Vol. III. 影佐禎昭「曽走路我記」『人間影佐禎昭』（非売品、一九八〇年）二五頁によれば、六月中旬汪兆銘が漢口のイタリア大使館参事官に和平の希望を述べたところ、参事官は和平条件として蔣下野と共産党との絶縁を挙げ、これに対して汪兆銘は蔣下野は至難であると答えたという。蔡徳金『汪精衛評伝』二六八―二六九頁には、イタリアを介した谷と汪との接触がやや詳しく描かれている。これによると汪は、蔣に代わって政権を担当し対日和平を実現するよう申し入れてきた日本の要請を斥けるとともに、そうした日本の要請を常に蔣に報告していた。またこの伝記には、唐紹儀の娘が漢口に現れて汪と接触し、和平実現のために日本側が汪の出馬を望んでいると伝えたことが記されているが、この事実もしくは噂は、蔣介石顧問のドナルドからアメリカ側に伝えられている。Johnson to Hull, No. 352, July 12, *FRUS*, 1938, Vol. III.

なお、九月にコラが『オリエンタル・アフェアーズ』の編集者に語ったところによると、彼は汪兆銘が承認した和平条件（満洲国の承認、華北の特殊機構、中国による賠償支払、蔣介石との和平、特定地域における一定期間の日本軍駐屯）を日本側に伝えたが、日本側はこれを拒絶したという。Woodhead to Kerr, Sep. 15, FO 676/397.

（5）Johnson to Hull, No. 426, August 26, *FRUS*, 1938, Vol. III.

（6）Minute by Alexander, Feb. 26, FO 262/2016.

（7）Phillips to Kerr, No. 111, March 24, FO 371/22108. なおジャキノは年末にも重慶に赴いて孔祥熙に和平を説いたが、これは日本海軍の示唆によるものであったという。Kerr to FO, No. 1837, Dec. 27, FO 371/22055; Greenway to FO, No. 379, Dec. 29, *ibid.*; Letter from Donald to Timperley, Feb. 10, 1939, FO 371/23457; Far Eastern Department, Report No. 20, Feb. 13, WO 208/243〔WOはイギリス公文書館所蔵の陸軍省文書〕.

（8）Lockhart to Hull, No. 136, Feb. 27, *FRUS*, 1938, Vol. III; Lockhart to Hull, No. 149, March 4, *ibid.*

（9）Hull to Johnson, No. 87, Feb. 28, *ibid*; Johnson to Hull, No. 137, March 1, *ibid*; Hull to Johnson, No. 89, March 2, *ibid.*

（10）Johnson to Hull, No. 163, March 16, *ibid.* 三月末王克敏はスチュアート工作の顚末を岡部北支那方面軍参謀長に語っている。『岡部日記』三月三一日の条。

（11）以下、汪工作の発端に関する記述は、特にことわらない限り、西義顕『悲劇の証人』（文献社、一九六二年）九〇―一八一頁、松本『上海時代』下二五九―二八三頁、影佐「曽走路我記」二六―二九頁に依拠している。

（12）西『悲劇の証人』七四―八〇頁。「石射猪太郎日記」一九三七年八月七日の条には、西が呉震修（中国銀行南京支店長）の依頼を受け和平のために日本に向かいつつある、との情報が記されている。なお、西にアプローチしてきた高の行動の背後には、おそらく低調倶楽部の存在があった（第一章註（70）参照）。同じ頃高は中国大使館付武官の喜多誠一少将とも接触していたといわれる。Knatchbull Hugessen to FO, No. 300, August 7, 1937, FO 371/20952; Knatchbull Hugessen to FO, No. 378, August 9, *ibid.*

九月に入って松岡は、浙江財閥と連絡をとることが講和の準備工作であると語った（『牧野伸顕日記』一九三七年九月一三日の条）が、彼は西の行動をその準備工作の一つと捉えていたのであろう。

（13）松本『上海時代』下一八六―一八九頁。

（14）第二章第六節参照。

（15）影佐は三月一五日の謀略会議で、蔣介石が翻意した場合どう取り扱うかとの質問に対し、

「新興政権として取扱ふるべし」と答えている（前掲「時局に応ずる対支謀略に関する指示」）。この「新興政権」が新中央政権を意味するのか、それともその一分子にすぎないのかは判然としないが、少なくとも「翻意」した蔣政権を「対手」とすることを明示した点で、影佐の和平の意図を示すものといえよう。

(16) 梅思平「和平運動之如是我聞」（『汪精衛集団投敵』所収）二一頁。この論文の日本語訳は沢田謙『叙伝汪兆銘』（春秋社、一九三九年）二二四—二二五頁にある。高が香港・上海に出てきたのは、周仏海の指示によるものだという。周仏海「中日事変秘聞・我的闘争記」（『周仏海日記』下所収）一二三一—一二三三頁。安藤編訳『汪精衛自叙伝』一八三—一八五頁。

(17)『周仏海日記』上、四月三日、四日、五日、一一日の条。

(18) 周仏海「中日事変秘聞・我的闘争記」一二三二頁、陶希聖『潮流与点滴』（『汪精衛集団投敵』所収）二七四頁、安藤編訳『汪精衛自叙伝』一八六頁、今井武夫『支那事変の回想』（みすず書房、一九六四年）六七頁。

(19)『周仏海日記』上、四月一三日の条。なお羅君強「偽廷幽影録」（『汪精衛集団投敵』所収）二七一頁によれば、羅（行政院簡任秘書兼軍事委員会弁公庁秘書処長・侍従室第二処第四組秘書）は、陳布雷（侍従室第二処主任）の命により、高のために軍事委員会の特派員としての軍用出張証明書を作成し、また軍事機密費から毎月六〇〇〇元の活動費を送ったという。六〇〇〇元の活動費のことは後に高自身も影佐に語っている。影佐「曽走路我記」三〇頁。

(20) 影佐は書簡の中で、条件の取引による和平交渉ではなく日中両国が「裸で抱き合う」ことを強調していた。彼は高（西）の伝える蔣介石の返事を聞いて、「要するに予の試射は不発に終れり」と見なした。影佐「曽走路我記」二七―二八頁。

(21) Alexander to Kerr, March 9, FO 262/2017. その後松本はホール＝パッチに対し、日本国内では親英派と反英派との対立がきびしく二カ月以内に二・二六事件のような暴動が起きるだろうと語り、イギリスが親英派を力づける行動をとるよう要請した。Minute by Hall-Patch, March 11, FO 262/2016.

(22) Kerr to FO, No. 19 (Tour), April 25, FO 371/22054.

(23) Kerr to FO, No. 20 (Tour), April 25, *ibid.* クレーギー駐日大使はこの和平提案を、善意の日本人が何とか和平の糸口を摑もうとして中国側に日本の実体以上の和解的態度を印象づけようとしたものではないかと見なした。Craigie to FO, No. 569, May 6, *ibid.*

(24)『小川日記』二月九日の条。なお Governor of Hong Kong to Secretary of State for the Colonies, No. 14, Jan. 10, FO 371/22053 には、松井の密使が宋子文を訪れ和平条件を伝えたとの情報が記されている。

(25)『小川日記』二月一六日の条。

(26) 同右、四月一八日の条。

(27) 以下、萱野の工作については、特にことわらない限り、三田村武夫『戦争と共産主義――昭和政治秘録』(民主制度普及会、一九五〇年)一六九―一七三頁を参照。ただし、これは日付がやや混乱している。

(28)『小川日記』一九三七年八月三〇日の条。

(29) 萱野は唐紹儀かつぎ出しにかかわっていたという。検察側文書二二〇三・法廷証四六三『極東国際軍事裁判速記録』第二巻四八頁(この文書は、外交史料館所蔵『支那事変関係一件』の第二三巻から第二九巻に収録されている「外交資料原稿」のうち、欠落している第五部「臨時政府、維新政府及蒙疆政府成立経緯」の一部ではないかと思われる）。

(30) 上海在勤の岩井副領事は、孔祥熙の代表として賈某なる者が連絡のため上海に滞在しているとの情報を維新政府実業部長の王子恵から得たが、この賈某が賈存徳に該当すると思われる。外務省情報部「漢口攻略後ニ於ケル蔣介石政権ノ動向ト我方対策（昭和十三年六月二十九日）」『支那事変関係一件』第五巻。緒方『一軍人の生涯』三二頁によれば、賈は孔の恩人の子と称したという。

(31) 黄友嵐『抗日戦争時期的「和平」運動』（解放軍出版社、一九八八年）一〇三頁は、孔の萱野宛書簡がそうした条件を含んでいたと記してはいない。なお『支那事変善後措置』には、萱野に託した五月二二日付の頭山満宛孔書簡が収録されている。

(32) 『宇垣一成日記』（みすず書房、一九七〇—七一年）2、六月一三日記（一二四三頁）、同日記に収録されている「著者附記・外相就任と入閣の四条件」一二四〇—一二四一頁。

(33) 同右、五月五日、五月二二日の条。

(34) 『外務省の百年』下巻三二五—三三七頁。

(35) 石射『外交官の一生』三四三頁。

(36) 『宇垣日記』2、一二四一頁。また近衛は六月初旬、「どうも自分も広田も、あまり蔣政権打倒といふことを徹底的に言ひすぎた……。……宇垣には『あんまり蔣政権を相手にしないとかいふやうなことを世間に言つてくれるな』といふことを、この間も話しておいた」と原田に語っている。『西園寺公と政局』第七巻五—六頁。

(37) Craigie to FO, No. 672, June 2, FO 371/22054; Grew to Hull, No. 3025, June 21, *FRUS*,

1938, Vol. III.

(38) Craigie to FO, No. 749, June 18, FO 371/22109; Craigie to FO, No. 750, June 18, *ibid.*; Craigie to Halifax, No. 457, June 29, FO 371/22054（これには宇垣発言を伝えた六月一八日付の*Japan Advertiser*の記事が添付されている）; Grew to Hull, No. 3025, June 21.

(39) 谷公使は畑中支那派遣軍司令官に、「宇垣外相は先般一月十六日の声明は状況の変化により更に考慮すべきことを言明したる為、外交団其他に一大センセーションを起した」と伝えている。『畑日誌』七月一五日の条。

(40) 後に袁良が語ったところによれば、宇垣発言によって張群は「曽テ見ラレサル程昂奮シ真ニ日本カ和平ヲ希望スルニ於テハ自分（張群）カ全権大使トシテ媾和ノ衝ニ当ルモ差支ナシト迄切言」したという。「坂西中将ト袁良トノ会見談（九月九日袁良ノ私宅ニ於テ）」『支那事変善後措置』。『周仏海日記』上、六月二〇日の条にも、宇垣発言への期待が記されている。

(41) 海軍省臨時調査課長の高木惣吉大佐によれば、「総理、陸、外相ハ余リニ強ク蔣政権ヲ相手ニセズト言ヒ過ギタル故宇垣外相就任当時多少其ノ点緩和シテ声明スル様打合セ初ノ外相声明トナレリ」とされている。高木大佐「極秘情報（一三・七・八）」高木惣吉『政界諸情報』（防衛研究所図書館蔵）。

(42) 『宇垣日記』2、一二四五―一二四六頁（「著者附記・対支和平工作の経過」）、同3、一八〇四―一八〇五頁（「附録・宇垣応答録」）、宇垣「日華和平交渉秘話」『読売評論』（一九五〇年一一月号）六八―六九頁、宇垣述「身血を注いだ余が対中国親善工作の回顧」『キング』（一九五〇年一二月号）六六―六七頁。

(43) 例えば、張群の祝電が、まだ参事官が駐在していた中国大使館を経てもたらされたことは事実としても、その後も大使館を介して宇垣と張群との連絡は可能であったのだろうか。それとも別の連絡のチャネルがあったのだろうか。中国大使館では、「対手トセス」声明直後に大使一行が引き揚げた後、残留していた参事官と少数の館員も六月一一日に大使館を完全閉鎖して帰国している。

(44)『小川日記』六月一〇日の条。

(45) 梅思平「和平運動之如是我聞」(『汪精衛集団投敵』所収)二二頁。安藤編訳『汪精衛自叙伝』一九一―一九二頁。

(46)『小川日記』六月九日、一〇日の条。

(47) 六月初め、上海を訪れた坂西利八郎は、「諸種の情報を綜合するに孔祥熙は最平和を主張し、全く蔣と雖も之と生死を共にせず連りに我意向を探らんとするもの、如し」し、と畑中支那派遣軍司令官に語っている。『畑日誌』六月四日の条。坂西は中国問題に関して、いわば宇垣のブレーンであった(事実、後に宇垣の推薦で対支特別委員会のメンバーになった)から、こうした情報は宇垣にも伝えられたであろう。

(48) ただし喬輔三が日本側と接触したのは、これが初めてではない。例えば六月二日から一五日まで出張で香港に滞在した岩井英一(上海在勤副領事)は二度、喬と接触した(前掲「漢口攻略後ニ於ケル蔣介石政権ノ動向ト我方対策」)。『宇垣日記』2、四月三〇日の条には、漢口から香港に出てきた喬某の話なるものが記されているが、この喬某とは喬輔三であろう。また、佐藤安之助が袁良の紹介により香港で接触した孔祥熙の秘書(本章第一節参照、『小川日記』四月一八日の条では龔某と記されている)も喬輔三ではないかと思われる。

(49)「香港ニ於ケル中村総領事ト孔祥熙代表喬輔三間ノ日支和平交渉ニ関スル会談(昭和一

三・七・二三、亜一〇』『支那事変善後措置』。以下、中村・喬会談については、特にことわらない限り、この記録による。

(50) 中村豊一「知られざる宇垣・孔秘密会談」『別冊知性——秘められた昭和史』(一九五六年一二月)二六一—二六二頁。なお、渡辺茂雄『宇垣一成の歩んだ道』(新太陽社、一九四八年)一五八頁や鎌田沢一郎『松籟清談』(文藝春秋新社、一九五一年)二七五頁には、張群との連絡は香港で『大公報』の張季鸞と中村総領事を通じてなされたと記されているが、中村はこれにも触れてはいない。

(51) この回訓の趣旨は、『宇垣日記』2、七月六日の条の記述と符合する。

(52) 後に松本重治は、孔の講和条件としてこの七項目とほぼ同じものを神尾茂に伝えている。神尾茂『香港日記』(自家蔵版、一九五七年、以下『神尾日記』と略す)九月五日の条。

(53) 中村豊一「時局解決ニ関スル一考察(昭和十三年七月二十五日稿)」『支那事変善後措置』。この中村の意見書は緒方竹虎から神尾に宛てた書簡の中でも触れられている。『神尾日記』七月三〇日の条。

(54) 六月三〇日付・萱野長知宛小川平吉書簡、七月一日付・萱野長知書簡、七月四日付・萱野長知書簡、七月八日付・近衛文麿宛小川平吉書簡『小川平吉関係文書』第二巻五九一—五九二頁。『小川日記』六月二八日、七月七日の条。

なお黄友嵐『抗日戦争時期的「和平」運動』一〇三—一〇四頁によれば、萱野が孔に申し入れたのは蔣下野と共同防共の二条件だけであり、これに対して孔は、蔣下野を下ろさなければ和議には応じられないと答えたため、後に萱野は条件を共同防共と経済合作に修正したという。

(55) 七月二一日付・萱野長知電報、七月二二日付・萱野長知電報『小川平吉関係文書』第二巻五九三頁。『小川日記』七月二〇日～二二日、二七日の条。『神尾日記』七月二〇日、二一日の条。

(56) 『小川日記』六月二九日、七月二日、二一日、二二日、二五日の条。

(57) 三田村『戦争と共産主義』一七四頁には、萱野と居正夫人との間に纏まったという和平条件案の要点が紹介されているが、そのほとんどは本格的交渉開始に関する手続き的なものだけである。

(58) 小川平吉「覚書（十三年五月十八日）」『小川平吉関係文書』第二巻三五三頁。

(59) 小川平吉「和議管見（一三年七月）」同右、三五六頁。

(60) 小川「覚書」三五二頁。

(61) 小川「和議管見」三五六頁。

(62) 『神尾日記』七月一三日の条。

(63) 同右、七月二〇日の条。「在香港大朝顧問神尾茂ヨリ東亜局長宛親展信（七月二十一日）」『支那事変善後措置』。

(64) 西『悲劇の証人』一八二―一八四頁。

(65) 『周仏海日記』上、五月三〇日、六月一日～五日の条。

(66) 周仏海「中日事変秘聞・我的闘争記」一二三二―一二三三頁、黄美真・張雲『汪精衛集団叛国投敵記』（河南人民出版社、一九八七年）六一頁、松本『上海時代』下二九三頁。羅君強の回想によると、蔣は高に明確な指示を出さなかったが、周仏海・陶希聖・汪兆銘の要請により陳布雷が高に任務はまだ終わっていないと述べて再び香港に行くことを指示し、蔣もそれを黙認したと見なされている。羅君強「偽廷幽影録」(『汪精衛集団投敵』所収)二七一—二七二頁。なお西『悲劇の証人』一八五頁によれば、高は蔣介石から対日情報収集以外の活動を厳禁されたと語ったという。

(67) 西『悲劇の証人』一八五—一八八頁。

(68) 松本『上海時代』下二九五—二九六頁、同『近衛時代』上(中公新書、一九八六年)二九—三〇頁、同『昭和史への一証言』(毎日新聞社、一九八六年)九三頁。なお、三田村『戦争と共産主義』一七三頁には、上海で萱野が松本重治に賈存徳との交渉経緯を語り、これと競争するために松本が高宗武工作を急いだかのように記述されているが、その確証はない。

(69) 周隆庠「高宗武赴日情況」(『汪精衛集団投敵』所収)二五六—二五七頁や蔡徳金『汪精衛評伝』二六三頁によれば、高の渡日には周隆庠が同行したとされている。しかし日本側には周が同行してきたとの記録はない。おそらく翌年二月の二人の渡日との混同があると思われる。

また高の来日と離日の日付についても諸説がある。例えば西『悲劇の証人』は、高が七月五日に来日し、七月二一日に離日したとし(一九〇、一九八頁)、松本『上海時代』もこの日付を採用している(下三〇一、三〇三頁)。しかし影佐「曽走路我記」では、高は六月三〇日に来日し、七月一六日に香港に帰着したとされており(二九、三一頁)、今井『支那事変の回想』六九頁によれば、高は六月二二日に香港を出発し、七月五日に来日した後、七月九日に離日したとされている。また『周仏海日記』上、七月一九日の条には、高が香港に戻って数日になると聞いた、との記述がある。少なくとも高の離日の日付については、西に記憶違いがあるように思われる。

(70) 今井『支那事変の回想』六九頁。
(71) 西『悲劇の証人』一九五頁。
(72) 影佐「曽走路我記」二九頁。
(73) 影佐は、「高氏ノ計画ハ高氏一個ノ計画カ蔣氏ノ諒解アル計画ナルカハ詳カニスルヲ得ザリキ」としている。影佐「曽走路我記」三〇頁。
(74) 『西園寺公と政局』第七巻四三頁。
(75) 『神尾日記』八月二八日の条。
(76) 八月二九日付・松本蔵次宛萱野長知書簡、伊藤隆・鳥海靖編「日中和平工作に関する一史料——松本蔵次関係文書から(一)」『東大教養学部人文科学科紀要・歴史学研究報告』一六集(一九七八年三月)二三八頁。
(77) 八月一七日付・神尾茂宛緒方竹虎書簡、『神尾日記』八月二七日の条。
(78) Gerald E. Bunker, *The Peace Conspiracy: Wang Ching-wei and the China War, 1937–1941* (Harvard University Press, 1972), p. 83.
(79) 石射『外交官の一生』三四六頁。
(80) 原田熊雄によると、高の来日は、その来日以前に影佐から首相秘書官の岸道三を経て近衛に知らされており、近衛はこれを宇垣にも伝えたとされている(『西園寺公と政局』第七巻二七—二九頁)ので、宇垣は高の来日を知っていたことになる。なお、佐藤陸軍省新聞班長は八月下旬の或る会合で「最近蔣介石が我和平交渉に関して『探り』を入れる為或人物を来朝せしめた」と語っているが、これも高宗武のことであるとすれば、彼の来日はかなりの範囲で知られていたことになろう。前掲「陸軍省新聞班長佐藤賢了大佐談要旨」。

(81)『宇垣日記』2、七月六日の条。

(82)五月末、袁良は佐藤安之助への書簡の中で、「蔣公下野ノ要求ハ実ニ全般中最大ノ障礙ニ之有、此一項アリテハ誰人モ敢テ進ンテ発動セントスルノ絶対ニアリ得サルヘシ」と書き送ってきたが、おそらくこの情報も佐藤から宇垣に伝えられたであろう。五月三〇日付・佐藤安之助宛袁良書簡『支那事変善後措置』。

(83)『小川日記』六月一〇日、七月一六日の条。

(84)『畑日誌』七月一五日の条。

(85)石射『外交官の一生』三四五頁。

(86)『宇垣日記』2、七月一六日の条。

(87)同右、七月七日の条。

(88)同右。同じ趣旨のことを宇垣は小川に語っている。『小川日記』七月二五日の条。

(89)『小川日記』七月二八日の条。七月三〇日付・神尾茂宛緒方竹虎書簡、『神尾日記』二九頁。

(90)「日支和平交渉ニ関スル件（昭和一三・八・六、亜一）」『支那事変善後措置』。

(91)中村「知られざる宇垣・孔秘密会談」二六二―二六三頁。

(92)『宇垣日記』2、五月二二日の条。外相就任後も宇垣は、「日本の勝利者たることを認識すること」を和平の前提としている。同、七月一九日の条。

(93)同右、七月一四日の条。

(94)前掲、八月二九日付・松本蔵次宛萱野長知書簡。

(95)Butterfield & Swire, Shanghai to John Swire & Sons Ltd., London, July 22, FO 371/22055.

(96)Butterfield & Swire, Shanghai to John Swire & Sons Ltd., London, July 29, FO 371/22109. こ

の和平条件案は、イギリスとアメリカの外交官も報告している。Blackburn to FO, No. 1129, July 26, FO 371/22109; Grew to Hull, No. 539, August 16, *FRUS*, 1938, Vol. III.

(97) Butterfield & Swire, Shanghai to John Swire & Sons Ltd., London, August 12, FO 371/22055; Kerr to Halifax, No. 1242, August 15, FO 436/3. なお近衛首相は、以上の谷とイギリス側との接触について、カー大使の積極性をやや誇張気味に原田に伝えている。『西園寺公と政局』第七巻八五、九一頁。

また、その頃上海に出張した横浜正金銀行の西山取締役は、ミッチェルやカー大使と会談したが、その会談内容も宇垣に伝えられている。九月二日付および五日付宇垣外相宛大久保利賢(横浜正金銀行頭取)書簡『支那事変関係一件・各国ノ態度』。

(98) 矢田七太郎「香港の夢——平和論者・宇垣外相」『読売評論』(一九五〇年九月号)一一六—一一九頁。矢田の和平工作に関してイギリス側は、日本が蔣介石下野に固執しながらその和平条件を緩和させてきたことに注目している。Kerr to Halifax, No. 1281, August 24, FO 436/3; Keswick to Kerr, Sep. 12, FO 676/397.

(99) 『神尾日記』八月三日、四日の条。

(100) 「香港神尾ヨリ朝日緒方宛書面、朝日神尾—張熾章会談」『支那事変善後措置』、『神尾日記』八月九日、一〇日の条。

(101) 矢田「香港の夢」一二四—一二五頁には、矢田の記憶に基づいて書かれた張との会談の要点が記されているが、これは必ずしも神尾の日記の記述と一致しない。もちろん矢田が神尾をまじえずに張と会った可能性がないわけではない。

(102) 八月一七日付・神尾茂宛緒方竹虎書簡、『神尾日記』七一頁。

(103)『神尾日記』八月二〇日の条。
(104)同右、八月一七日の条。矢田によると、八月一六日胡霖が神尾を介さずに直接矢田に会見を申し込み、「蔣辞職は不可能にあらざるも右に応ずる日本側の態度緩和が未た信用致し難し仮令日本政府当局内諾を与へられたりとするも反対派蹶起して政変でも起さんか、両国共却て非常な悪結果を惹起す可しとの疑念あり」と語った。矢田はこれを、これまでの張や胡への働きかけに対する漢口からの返事だと判断し、本国に報告するための電文を起草し帰任したばかりの中村に示した。しかし中村は「今、自分の連絡員喬（コレは胡霖や張季鸞より遥かに信頼し得るがと附言し）を通して申入れたる件あれば其返事ある迄見合わされたし」と述べ、矢田はこの要請によって電文発送を見送ったという。九月三日付・矢野義男宛矢田七太郎書簡（矢野義男は宇垣の女婿であり、この書簡は実際には宇垣への報告である）早稲田大学図書館蔵『宇垣一成宛諸家書簡』。なお矢田は、胡霖との会談の内容を後に神尾に伝えている。『神尾日記』八月一九日の条。
(105)『神尾日記』八月二一日、二三日の条。
(106)同右、八月二二日の条。
(107)影佐陸軍省軍務課長によれば、宇垣外相は七月二三日の五相会議に孔との工作を報告し、八月には「蔣下野ノ絶対的ナルヲ決定シ中村ニ訓電」したという。影佐「曽走路我記」二五—二六頁。
(108)『神尾日記』八月二七日の条。総領事帰任後の喬との交渉内容に関しては、中村「知られざる宇垣・孔秘密会談」も簡単に触れているだけにすぎない（二六三頁）。
(109)『神尾日記』九月二日の条。ただし、矢田は九月三日付の宇垣への報告（前掲、矢野義男宛矢田七太郎書簡）の中で、一日に喬が中村に漢口からの「返事」を伝えたとしか述べておらず、交渉断絶を示唆してはいない。

(110) 『神尾日記』九月八日の条。

(111) 『小川日記』一〇月一日の条。

(112) 「曽走路我記」三一頁。

(113) 松本『上海時代』下三〇四頁。

(114) 『周仏海日記』上、七月二二日、二四日、二六日の条。

(115) 周仏海「中日事変秘聞・我的闘争記」一二三三—一二三四頁、安藤編訳『汪精衛自叙伝』一八七—一八八頁、『蔣介石秘録12』一八八頁。

(116) 梅思平は一九三八年初め以来香港に派遣され、情報の収集に従事し『国際叢書』の編集にあたっていたが、それは共産党の宣伝に対抗するため周仏海の提案によって組織された「芸文研究会」の活動の一環でもあったという。黄美真・張雲『汪精衛集団叛国投敵記』七〇頁。

(117) 『神尾日記』八月二八日の条。

(118) 『蔣介石秘録12』一八八頁によれば、高は渡日したとき、汪を和平運動の中心にすることを保証する近衛の親書を要求したが、前例がないと断られ、その代わり同趣旨の板垣陸相の書簡を得たという。松本の言う「板垣の意向」とはこの板垣書簡かもしれない。

(119) 松本『上海時代』下三〇八—三一二頁、同『昭和史への一証言』九八—九九頁。

(120) 『神尾日記』九月五日の条。

(121) この頃松本は香港でイギリス人ジャーナリストに対し、「対手トセス」のために日本は中国のあらゆる党派を含んだ「連合政権」とでなければ和平条件を交渉できないこと、和平が成立すれば日本は一部の駐兵を除いて撤兵すること、などを語っている。Kerr to FO, No. 1343, Sep. 9, FO 371/22109.

(122) 松本『上海時代』下三一四頁。九月初め土肥原機関の柴山大佐は畑中支那派遣軍司令官に、「漢口政権の内にては高宗武の如き中年組若干は我に来るの望なきにあらずとのことなり」という情報を伝えているが、当然松本と梅の会談には触れていない。『畑日誌』九月二日の条。

(123) 今井『支那事変の回想』七六頁では一〇月に入ってからとされている。小川が緒方から聞いたところによれば、松本の報告が陸相に伝えられたのは九月二四日であったという。ただしその内容は、「漢口陥落前軍の声明を機とし汪兆銘等が起つて蔣を止め媾和すとの件は実行不可能なり」ということであったとされている。『小川日記』一〇月一日の条。

(124) 「九月四日宇垣大臣ノ石射ヘノ内話(私邸ニテ)」『支那事変関係一件』第三〇巻。

(125) 『宇垣日記』2、九月三日の条。

(126) 『木戸日記』下巻、八月二六日の条。

(127) 前掲「九月四日宇垣大臣ノ石射ヘノ内話」、「極秘情報、臨調課長(一三・九・九)」高木『政界諸情報』、『西園寺公と政局』第七巻九九、一〇二―一〇三頁。なお、この時期の参謀本部の和平論については、次章で詳しく分析する。

(128) 『木戸日記』下巻、九月七日の条。

(129) 前掲「九月四日宇垣大臣ノ石射ヘノ内話」。

(130) 多田は神尾が香港に出発する前、「蔣介石は事変当面の責任者として、一旦下野して貰はねばならぬが、近き将来に復活することに異議を挟むべきでないと自分は思ふ」と述べたが、必ずしも下野先決を主張したわけではないようである。『神尾日記』八月四日、九月三日の条。九月中旬、華中出張中の多田は畑中支那派遣軍司令官に対し、「支那事変を一日も早く切あげて対蘇戦備に邁進したく、……漢口攻略後に於て蔣の下野といふことに何とか名義がつけばよし」と語っている。『畑日誌』九月一七日の条。

(131) 『小川日記』九月三日の条。

(132) 例えば、『宇垣日記』2、一二四八―一二四九頁、同3、一八〇九頁、宇垣「日華和平交渉秘話」七二―七三頁。

(133) 『小川日記』九月八日の条。九月八日付・萱野長知電報、九月九日付・萱野長知宛小川平吉書簡(草稿)、『小川平吉関係文書』第二巻五九五―五九七頁。

(134) 九月九日付・萱野長知電報、九月一〇日付・萱野長知電報、九月一三日付・小川平吉宛萱野長知書簡、同右五九六―五九八頁。

(135) 前掲、九月一三日付・小川平吉宛萱野長知書簡。

(136) 『小川日記』九月二〇日、二一日の条。九月二一日付・萱野長知宛小川平吉書簡(草稿)、『小川平吉関係文書』第二巻五九八―五九九頁。緒方『一軍人の生涯』三二頁によれば、軍艦を会談場所とすることに米内海相も同意したという。

(137) 『小川日記』九月二三日の条。外相が参内し孔祥熙の件に関して御下問があったことは、『宇垣一成日記』2、九月二二日の条に記されている。孔との交渉を承認した五相会議も、おそらく二二日に開かれたと思われる。

(138) 『小川日記』一〇月八日、一七日の条。

(139) 黄友嵐『抗日戦争時期的「和平」運動』一〇四頁によれば、この頃馮玉祥が、香港で和平運動に名を借り抗戦陣営破壊の陰謀を働いている者があると批判したため、孔祥熙は世論の非難を恐れて馬伯援を重慶に呼び返し、居正夫人をして萱野との接触を保たせたという。

(140) 宇垣の辞職理由については、馬場明「興亜院設置問題と宇垣一成」『軍事史学』一七巻一号（一九八一年六月）を参照。

(141) 「十三年九月廿九日正午、首相と会談要旨（主として外務第二案に就て）」国会図書館憲政資料室蔵『宇垣一成文書』、『宇垣日記』2、九月二九日の条、矢部『近衛文麿』三五二頁。

(142) 例えば、『宇垣日記』2、一二六四頁（「著者附記」）、同3、一八〇九―一八一〇頁（「附録・宇垣応答録」）、宇垣「日華和平交渉秘話」七三頁など。

(143) 西『悲劇の証人』一九三―一九四頁。

(144) 臼井「日中戦争の政治的展開」一五三―一五四頁、同『日中戦争』八〇頁。

(145) 『宇垣日記』2、一二六四頁、同3、一八一〇頁、宇垣「日華和平交渉秘話」七四頁。

(146) 『宇垣日記』2、五月二三日の条。

(147) 同右、九月二九日の条。高木海軍大佐の情報によると、宇垣は近衛に、「私ハアナタノ御側ニ居ルコトガツク〴〵アナタノ為ニ御迷惑ヲ懸ケルコトニナルト見極メタノデ辞メサセテ戴キマシタ」と語ったという。「極秘情報（臨時調査課長、一三・一〇・一一）」高木『政界諸情報』。

(148) 『小川日記』九月一五日の条。また『西園寺公と政局』第七巻一〇六―一〇八頁も参照。なお西『悲劇の証人』二〇二―二〇三頁に記されている「葉山事件」なるものも（七月上旬のこととされているが）、この八月末の事件のことであろう。宇垣自身は辞職後の日記でこの事件に言及している。『宇垣日記』2、一一月七日の条。

(149)『小川日記』九月一七日の条。
(150)『西園寺公と政局』第七巻一〇九頁。
(151)『木戸日記』下巻、九月七日の条。
(152)『西園寺公と政局』第七巻一一九頁。
(153)同右、一三八頁。
(154)『東京朝日新聞』七月七日付朝刊。また、「国府トノ和平ハアリ得ナイ、近衛首相、記者団ト一問一答、東京七日発同盟（在香港総領事館）」『支那事変関係一件』第四巻も参照。
(155)前掲「坂西中将ト袁良トノ会見談（九月九日袁良ノ私宅ニ於テ）」、『周仏海日記』上、七月七日の条。
(156)『東京朝日新聞』九月一六日付朝刊。
(157)後に東亜局長からオランダ公使に転任した石射猪太郎は中国視察の途中、畑中支那派遣軍司令官に次のように語っている（『畑日誌』一二月一八日の条）。
「宇垣外相の辞任は初め近衛首相が乗出を希望し、宇垣大将は井伊掃部頭を以て任じたるに入閣して見れば近衛首相はそつぽを向ひて相手にせず、宇垣外相は近衛に愛想づかしをなし又閣内に於てさへ打倒宇垣運動あり、近衛公爵は一向宇垣を擁護する気配さへ見せざる為、宇垣大将は対支院を一の口実として辞任したるものなり」
(158)和知・蕭振瀛工作については次章で扱う。
(159)前掲「漢口攻略後ニ於ケル蔣介石政権ノ動向ト我方対策」。
(160)前掲、九月三日付・矢野義男宛矢田七太郎書簡。
(161)松本『上海時代』下三〇六頁。

(162) 黄友嵐『抗日戦争時期的「和平」運動』一〇四頁では、萱野と馬伯援との会談に居正夫人、喬輔三も加わったとされている。

(163) 『岡部日記』七月一五日の条。

(164) Kerr to Halifax, No. 1329, Sep. 6, FO 436/3.

(165) 梅思平「和平運動之如是我聞」『汪精衛集団投敵』一二頁。

(166) Kerr to FO, No. 9, August 4, FO 371/22054; Kerr to FO, No. 10, August 4, *ibid.*; FO to Kerr, No. 680, August 4, *ibid.*; Johnson to Hull, No. 376, July 27, *FRUS*, 1938, Vol. III; Johnson to Hull, No. 377, July 27, *ibid.*; Memorandum by Hull, August 3, *ibid.*『周仏海日記』上、七月二六日の条。

(167) Halifax to Kerr, No. 734, August 19, FO 436/3; Hull to Grew, No. 285, August 12, *FRUS*, 1938, Vol. III; Johnson (London) to Hull, No. 791, August 18, *ibid.*; Hull to Johnson (London), No. 466, August 20, *ibid.*
　クレーギーもグルーも英米協同の和平斡旋には成功の可能性がないと見ていた。Craigie to FO, No. 958, August 12, FO 371/22054; Craigie to Halifax, No. 967, August 16, FO 436/3; Grew to Hull, No. 510, August 2, *FRUS*, 1938, Vol. III.

(168) Johnson to Hull, No. 376, July 27.

(169) Greenway to FO, No. 312, Oct. 8, FO 371/22055. これに対するイギリス政府の反応については、FO to the Governor of Hongkong, No. 28 (Tour), Oct. 18, *ibid.* を参照。

(170) 蔡徳金『汪精衛評伝』二六五頁によれば、汪が蔣にそうした報告をしていたのは、日本の期待が自分に向けられていることを示し、蔣に圧力を加えるためであったとされている。

第六章

(1) 例えば、臼井「日中戦争の政治的展開」一五四―一五六頁。
(2) 同右、二〇四頁。
(3) 古屋哲夫『日中戦争』(岩波新書、一九八五年)一七六―一七八頁。
(4) 堀場『支那事変戦争指導史』一九〇―一九一頁。
(5) 影佐「曽走路我記」三三―三四頁。
(6) 西『悲劇の証人』一九八頁。
(7) 今井『支那事変の回想』七三頁。
(8) 松本『近衛時代』上四四―四五頁。
(9) 堀場『支那事変戦争指導史』一九六頁。
(10) 同右、一九〇頁。
(11) 同右。
(12) 同右、一〇六、一一二頁。
(13) 「支那事変解決処理方針案」については、第二章第四節(特に註(85))を参照。
(14) 以下、一月一一日の御前会議決定に至るまでの修正過程は、前掲「支那事変処理根本方針(御前会議議題)ニ関スル件(東亜一)」に基づく。また、「石射猪太郎日記・続」一月一〇日の条も参照。
(15) 堀場『支那事変戦争指導史』一二四頁。
(16) 『支那事変関係一件』第一四巻。この文書の欄外には「総理ニ渡シテ可、五相会議ニテ説明ス」との付記がある。なお、『支那事変関係一件』第一四巻には、この文書と同じ標題の六月二二日付および六月二三日付の文書も収録されており、少しずつ修正がなされている。

(17) 堀場『支那事変戦争指導史』一九六頁。

(18) 『支那事変関係一件』第一四巻。

(19) 堀場『支那事変戦争指導史』一九四―一九六頁。

(20) 前掲「今後ノ事変対策ニ付テノ考案」。

(21) 『西園寺公と政局』第七巻二四―二五頁には、秩父宮が五相会議の決定内容に詳しいのは、彼の所属する戦争指導班で議案の起案がなされているからだとの記述がある。

(22) 例えば六月二五日付「支那新中央政府樹立方策(第一案)」と六月二七日付「支那新中央政府樹立指導方策(第二案)」には、「日支関係調整要領」または「日支関係調整方針」なる標題の文書への言及がある。

(23) この時期の修正案として参照したのは、七月三〇日付および八月一日付「新日支関係調整要綱」、八月一五日付「日支新関係調整要綱」であり、いずれも『支那事変関係一件』第一四巻に収められている。

(24) 『木戸日記』下巻によれば、事変処理に関する五相会議決定が閣議で説明されたのは、八月九日と一六日である。

(25) この時期の修正案として参照したのは、一〇月一〇日付・二〇日付および二九日付(陸海外蔵四省主任者案)「日支新関係調整要綱」であり、このうち一〇日付案と二〇日付案は『支那事変関係一件』第三〇巻、二九日付案は同第一四巻にある。また二九日付四相主任者案は、『昭和社会経済史料集成――海軍省資料』第六巻(大東文化大学東洋研究所、一九八三年）にも収められており、これには修正も書き込まれている。

(26)「東洋文化ノ再建」は七月三〇日付案で一度削除されたが、八月一五日付案には復活していた。

(27)「日支新関係調整要綱審議ニ関スル小幹事会議事経過要領（十月十四日）」『支那事変関係一件』第三〇巻。

(28)堀場『支那事変戦争指導史』一九六頁。

(29)この時期について参照したのは、一一月二一日付（四省主任者案）・二五日付（五相会議決定）の「日支新関係調整要綱」と、二八日付（御前会議案）の「日支新関係調整方針」で、二一日付と二五日付の文書は『支那事変関係一件』第一四巻に、二八日付のものは同第一五巻に収められている。なお、三〇日の御前会議決定は『日本外交年表竝主要文書』下四〇五—四〇七頁参照。

(30)「昭和十三年以降のため戦争指導計画大綱案（一三・一・二〇、参謀本部第一部第二課第一班）」『現代史資料9・日中戦争2』二四〇頁。

(31)堀場『支那事変戦争指導史』一四六—一四七頁。

(32)同右、一五四頁。第四章註（40）参照。

(33)『現代史資料9・日中戦争2』二六九—二七〇頁。

(34)同右、二七三—二七七頁。

(35)蕭振瀛工作の詳細は、蕭が和知と国民政府との仲介役を務めていたという以外ほとんど不明である。「和知鷹二宣誓口供書」（弁護側文書一〇〇三・法廷証二四八二）『極東国際軍事裁判速記録』第五巻一三二—一三三頁を参照。

(36) 堀場『支那事変戦争指導史』二〇〇―二〇四頁には、「第一波利導方策」の他に一〇月一二日付「第一波利導要領」、「第二使派遣に関する件」が収録されているが、これらには一部欠落がある。『支那事変戦争指導関係綴・其二』(防衛研究所図書館蔵)に収録されている「第一波利導方策(第二課第一班、一三・一〇・七)」には堀場の著書で欠落している「別紙第一・停戦条件」が付いており、「第二使派遣ニ関スル件(一三・一〇・一〇〔第一案〕、一三・一〇・二一〔第二案〕)」にも堀場の著書にはない「別紙・停戦ニ伴フ約諾事項ニ関スル原則」が付いている。

(37)「土肥原中将ニ与フル指示(昭和十三年十月七日、五相会議決定)」『現代史資料9・日中戦争2』二八四頁。

(38)「事変解決ニ関スル指導方針(一三・一一・九)」『支那事変関係一件』第一八巻。

(39)「事変解決ニ関スル指導方針(一三・一一・一一)」、「抗日政権ノ屈伏乃至潰滅要領(一三・一一・一二)」同右。

(40)『小川日記』一〇月二四日の条には、近衛が小川に対し、和知など土肥原機関の和平工作についてかなり詳しく説明している箇所がある。これによれば、この和平工作は陸軍の提案に基づくもので、五相会議の結果、排共親日、満洲国承認、経済同盟、無賠償停戦を条件として先方に通知し、板垣陸相は「自ら敵中にでも飛び込む決心なり」と述べたという。おそらくこの土肥原機関の和平工作が蕭振瀛工作ではないかと思われる。そして同日記によれば、一一月一二日近衛は工作に何ら進展なしと小川に語っている。

(41) 堀場『支那事変戦争指導史』二〇九頁。

(42)『現代史資料9・日中戦争2』五四九―五五二頁。

(43)『支那事変関係一件』第一八巻には、「一般方針」の最終決定に至る前に作成された一一月九日付「十三年秋季以後ニ於ケル対支戦争指導ニ関スル一般方針」、一二日付「現下戦争指導ニ関スル一般方針」が収められている。

(44) ただし、その後も和知と蕭振瀛との接触は続いていたようである。一二月二一日付・和知大佐発次官・次長宛第一四一三九号『陸支密大日記』一三・三三・四五。

(45) 堀場『支那事変戦争指導史』二一七―二一八頁。

(46)「屈服停戦条件(一三・一一・九)」『支那事変関係一件』第一八巻。

(47)「停戦許容条件(一三・一一・一二)」、「提携許容条件(一三・一一・一八)」同右。

(48)「屈服停戦条件(一三・一一・九)」の「別紙・日支新関係調整ニ関スル原則」、「停戦許容条件(一三・一一・一二)」の「別紙・日支新関係調整ニ関スル原則」。

(49) 最終決定までの修正の跡を示すものとして、『支那事変関係一件』第一八巻所収の「日支新関係調整ニ関スル原則」(日付なし)二通が参考となる。

(50)「支那新中央政府樹立工作ニ関スル打合事項(一三・一一・一八)」『支那事変関係一件』第一八巻。

(51) 堀場『支那事変戦争指導史』二〇五頁。

(52) 今井『支那事変の回想』七六頁。

(53)『周仏海日記』上、一〇月二四日、二六日〜二九日、三一日〜一一月二日の条。

(54) 前掲「事変解決ニ関スル指導方針(一三・一一・九)」、「抗日政権ノ屈伏乃至潰滅要領(一三・一一・一二)」。

(55)『日本外交年表竝主要文書』下四〇一頁。東亜新秩序声明については、庄司潤一郎「日中

戦争の勃発と近衛文麿『国際正義』論」『国際政治』九一号（一九八九年五月）四四―四五頁を参照。

(56) 赤松『昭和十三年の国際情勢』三一―三二頁。

(57) 矢部『近衛文麿』三六七頁。

(58) 「時局宣伝処理ニ関スル件（昭和十三年八月二十六日、五相会議決定）」『基本国策関係文書綴（其の一）』。なお、近衛のブレーン集団・昭和研究会でも漢口攻略を機とする政府声明案が検討されていた。「支那事変対策草案（漢口戦終了前後ニ於ケル）（昭和十三年九月三十日、昭和研究会支那事変対策委員会）」『昭和社会経済史料集成――海軍省資料』第六巻一八三―一八八頁、「漢口戦後の新事態に対処すべき国民の覚悟を促すべき政府の声明（案）（昭和十三年十月二十六日、昭和研究会事務局）」同二一五―二一八頁。

(59) 「時局処理ニ関スル件（昭和十三年十月二十一日、内閣情報部）」『基本国策関係文書綴（其の一）』。なお『木戸日記』下巻、一〇月一四日の条には、閣議に「時局処理に関する件」が付議されたとの記述がある。

(60) 一一月一七日付・海軍次官発（官房機密第六一五九号）「時局処理ニ関スル件等通牒」『基本国策関係文書綴（其の一）』。この閣議決定は、「更生新支那トハ即チ容共抗日ノ思想ヲ根絶シ欧米依存ノ弊ヨリ脱シ日満両国ト真ニ提携シ得ルモノナラザル可ラズ」とし、「コノ日満支ノ提携ヲ枢軸トシテ東亜諸民族協同体ヲ組織シ以テ東洋永遠ノ平和ヲ確立スルコトコソ帝国ノ必ズ為シ遂グベキ使命」である、と述べている。

(61) 「時局処理方策内示ニ関スル件（昭和十三年十月十一日、五相会議決定）」同右。なお一一月三日に政府が重大声明を発表することは既に一〇月下旬新聞で予告されていた（『東京朝日新聞』一〇月二八日付朝刊)。
(62) 中山『中国の素描』九二—九三頁。
(63) 『小川日記』によれば、近衛が陸軍から聞いた情報として高工作の進展を小川に語ったのは一一月一四日である。
(64) 『木戸日記』下巻、一一月一日の条によれば、午前一〇時に始まった閣議で「政府声明案」が審議され、午後五時にようやく決定されたという。
(65) 一〇月に二度ほど汪は、日本の和平条件が中国の生存と独立を妨げないものであれば、これを交渉の基礎とすることができる、と外国人記者に語った(黄美真・張雲『汪精衛集団叛国投敵記』八一—八二頁)。ただし、こうした談話は梅が重慶に行く前になされたものであり、高工作の進展と直接関連した対日シグナルであったとは思われない。一方、近衛が汪の談話を高工作に連動した和平の対日シグナルと受け取ったかどうかも判然としない。ただ、漢口・広東作戦が大詰めを迎えたために国民政府内に和平論が出てきた例として汪の談話を捉え、それが近衛声明発表の促進材料の一つになった、とはいえるかもしれない。
(66) 『周仏海日記』上、一一月三日の条。
(67) 今井『支那事変の回想』七三頁、「渡辺工作ノ現況(昭和十三年十一月十五日、今井中佐)」同、二八七—二九三頁。なお渡辺とは高宗武の暗号名である。
(68) 今井『支那事変の回想』七七頁。
(69) 以下、このときの交渉については、同右七七—七八頁、前掲「渡辺工作ノ現況」による。
(70) 影佐によると、後の重光堂本会談の際、高は「本計画ガ好キ結果ヲ齎ストキハ蔣介石氏ガ之ヲ利用セバヨク、結果ガウマクユカヌ場合ニハ気ノ毒ダガ汪氏ニ責任ヲ取テ貰フ積リダ」

と犬養健に語ったという。影佐は、高がどこまでも蔣のために行動していることはたしかだと述べている。影佐「曾走路我記」三六頁。

(71) この点については、高橋「日華事変初期における陸軍中枢部」二一二―二一三頁を参照。

(72) 今井『支那事変の回想』七八―七九頁。

(73) 影佐「曾走路我記」三五頁。

(74) 『支那事変関係一件』第一八巻。

(75) 堀場『支那事変戦争指導史』二〇五頁。

(76) 今井『支那事変の回想』七九頁。

(77) 以下、交渉の経緯とその結果については、「渡辺工作ノ現況（第二）（昭和十三年十一月二十一日、今井中佐）」同右二九三―二九八頁を参照。

(78) 『田尻愛義回想録』（原書房、一九七七年）六七頁。

(79) Craigie to Halifax, No. 982, Dec. 3, FO 371/22111.

(80) 影佐「曾走路我記」三八頁。

(81) 同右。

(82) 「御前会議ニ於ケル意見陳述ノ内容（平沼枢密院議長）」『支那事変関係一件』第一五巻。御前会議の議事進行については、「日支新関係調整要綱ニ関スル御前会議次第」同右を参照。以上二つの文書の大部分は堀場『支那事変戦争指導史』二二四―二二八頁に引用されている。平沼は、例えば治外法権や租界の早期撤廃に疑問を呈し、これに対して有田外相は、治外法権撤廃は「漸ヲ追フノ必要」あることを述べ、租界返還も日本単独返還の趣旨ではないと答えている。

(83) 堀場『支那事変戦争指導史』一九五頁。
(84) 今井『支那事変の回想』八三頁。影佐「曽走路我記」三八—三九頁によると、彼は帰国当日犬養とともに近衛をその私邸に訪れて結果を報告した。五相会議の同意が得られたのは一一月二五日とされている。
(85) 『周仏海日記』上、一一月二六日〜三〇日の条。
(86) 今井『支那事変の回想』八三—八四頁、「渡辺工作ノ現況(第三号)(昭和十三年十二月六日、今井中佐)」同二九八—二九九頁。
(87) 「調整方針」が閣議決定されたとき、その内容は近く発表されるだろうと報じられ(『東京朝日新聞』一一月二九日付朝刊)、一二月に入ると、首相は大阪で一一日に「日支国交調整の根本方針」を発表する予定であると報じられている(同一二月七日付朝刊)。
(88) 一二月八日付・台湾軍参謀長発参謀次長宛(台電第九七七号)『現代史資料9・日中戦争2』六二四頁。
(89) 『西園寺公と政局』第七巻二三三—二三四頁、『小川日記』一二月一一日の条、『木戸日記』下巻、一二月一二日の条。
(90) 「渡辺工作の状況(第四)(昭和一四・一・一五、今井中佐)」今井『支那事変の回想』二九九—三〇五頁。
(91) 『日本外交年表竝主要文書』下四〇七頁。
(92) 前掲「渡辺工作ノ現況(第三)」。
(93) 「近衛首相演説草稿に対し所見(一三・一二・九、横井大佐)」『現代史資料13・日中戦争5』二三三—二三六頁。

(94)「次官ヨリ北支那方面軍及中支那派遣軍参謀長宛電報案、日支新関係調整方針ノ発表ニ関スル件」(一二月八日付・陸支密電八九三号)『戦史叢書・支那事変陸軍作戦2』二五九—二六〇頁。なお、この電報で予告された首相談話の内容は、御前会議で決定された「調整方針」の大要とされている。

(95) 中山『中国の素描』九四頁。

(96) 堀場『支那事変戦争指導史』二二八—二二九頁。

(97) 影佐「曽走路我記」三九頁。

(98) 赤松『昭和十三年の国際情勢』三八—四一頁。

(99)『小川日記』一二月二〇日の条。近衛の辞意に対して陸軍は汪工作進行中であるとの見地から最後まで翻意を求めた。『西園寺公と政局』第七巻二四九、二五三—二五四頁、『木戸日記』下巻、一二月二六日、二九日の条。

なお影佐と犬養はハノイに脱出した汪と連絡をとるため広東に赴いたが、途中台湾で近衛内閣総辞職を知り急遽帰国したという(犬養健『揚子江は今も流れている』文藝春秋新社、一九六〇年、中公文庫版、一九八四年、一〇六—一〇八頁)。ただし小川によれば、影佐が急ぎ帰国したのはハノイの汪から来るには及ばないと謝絶されたからであるという。『小川日記』一月五日の条。

(100) 影佐「曽走路我記」四二頁。平沼首相も小川に、「汪兆銘問題も亦当初に於て蔣の諒解なき筈なしと断言」したという。『小川日記』一月七日の条。

(101) 同右、一月一三日、一四日、一七日~一九日の条。

今井の報告によると、孔祥熙や蕭振瀛は「汪ニ時局ノ鍵ヲ握ラレンコトヲ恐レ……盛ニ汪ノ無力ヲ放送」している、とされている。前掲「渡辺工作の状況（第四）」。

(102)『支那事変関係一件』第一〇巻。

(103) 一月中旬平沼が小川と会談したときには、「対支時局に付ては暫時傍観の外なかるべしといふことに意見一致」したとされている。『小川日記』一月一七日の条。

(104) 今井『支那事変の回想』九三頁。

(105) 雲南・四川挙兵までの期間を近衛から聞いた小川は、「長いかな」との感想を漏らしている。『小川日記』一月七日の条。

(106)「渡辺工作（第二期計画）（昭和十四年二月、今井中佐）」『太平洋戦争への道』別巻・資料編二八三—二八四頁。

(107) 近代戦史研究会編『日本近代と戦争』4 一二一—一二二頁。

(108) 後に汪をハノイから救出するため香港に立ち寄った矢野領事は、高には「日本側ノ意向竝ニ汪兆銘ノ意向ヲ充分両者ニ連絡シ居ラサル懸念」があると観察した。また高は影佐らがハノイに赴くのを極力断念させようと試み、ハノイへの同行を求められるとこれを固辞した。さらに高は、「猶蔣ヲ頭ニ戴キ時局ヲ収拾セントノ意」を矢野に明言し、杜月笙と常時会見していることをも漏らした。矢野は、高が汪工作の進捗を恐れているのではないかとの疑惑を抱いた。「渡辺工作現地報告（昭和十四・五・十五、矢野領事）」『支那事変関係一件』第二七巻。

(109) 今井『支那事変の回想』九三頁、犬養『揚子江は今も流れている』一一一—一二四頁。

(110)「影佐渡辺会談報告（一四・二・二八）」『支那事変関係一件』第二七巻。

(111) 影佐「曽走路我記」四二—四三頁。

(112)『小川日記』三月二三日の条。
(113)「渡辺工作時局収拾ノ具体弁法（昭和一四・三・三）」『支那事変関係一件』第二七巻。
(114)既成政権の処遇について影佐は、「暫ク現在ノ儘之ヲ残置シ籌備委員会ノ傘下ニ抱擁ス」としたが、高の具体弁法では籌備委員会そのものが姿を消している。
(115)「時局収拾具体弁法ニ対スル所見（三月二十日陸軍省影佐軍務課長ヨリ）」『支那事変関係一件』第二七巻。
(116)「渡辺工作指導要領（陸軍案トシテ五相会議ニ提出セントシタモノ）」同右。
(117)『小川日記』三月一九日、二一日、二三日の条。
(118)影佐「曽走路我記」四五―四九頁。
(119)以下、汪政権樹立までの経緯については、主に臼井「日中戦争の政治的展開」二〇八―二二七頁、近代戦史研究会編『日本近代と戦争』４一二五―一四〇頁を参照。
(120)堀場『支那事変戦争指導史』二六四―二六五頁。
(121)『日本外交年表竝主要文書』下四一一―四一三頁。

終章

(1)この杜石山とは、「反蔣派ノ動向ニ関スル情報等（香港ヨリ帰京セル中日実業江藤豊二ノ石射ニ対スル帰来情報）（昭和十二年？　十一月十五日）」『支那事変善後措置』に出てくる杜某ではないかと思われる。なお文献によっては杜石珊と表記しているものもある。
(2)この頃の小川・萱野の行動については『小川日記』を参照。小川の赴香報告としては「赴香始末」（『小川平吉関係文書』第一巻六五一―六五九頁）がある。また、『畑日誌』一九三九年四月二日、同月一〇日の条も参照。

(3) 『船津辰一郎』二〇九―二一四頁。Kerr to FO, No. 561, June 16, 1939, FO 371/23444 によれば、近衛の指示によって行動していたと思われる児玉がコルダー＝マーシャルに伝えた和平条件は、宋子文を介して蔣介石に示されたが拒否されたという。

(4) 今井『支那事変の回想』一五四―一五六頁、『木戸日記』下巻、一九三九年六月九日の条、『西園寺公と政局』第七巻三八二、三八九頁、小野寺百合子『バルト海のほとりにて』(共同通信社、一九八五年)六六―八一頁。この工作には吉田東祐や近衛の長男・文隆などが関与し、汪政権樹立工作と競合したという。

(5) 今井『支那事変の回想』一五三―一五四頁。

(6) 桐工作とその後の松岡・銭永銘工作に関する研究としては、主に臼井「日中戦争の政治的展開」、秦『日中戦争史』第三章、島田俊彦「日華事変における和平工作」『武蔵大学人文学会雑誌』三巻一号・二号(一九七一年)を参照。また桐工作当事者の回想録には、今井『支那事変の回想』一一五―一五〇頁、同「日中和平「桐工作」の全貌」『歴史と人物』(一九七八年八月号)、阪田誠盛「香港謀略団」『話』(一九五二年一〇月号)がある。

(7) 宋子良なる人物が偽者であることは当時から分かっていたという説もある。岩井英一『回想の上海』(一九八三年)一六〇―一六四頁。

なお軍統が関与した主な和平工作には、桐工作のほかに敗戦直前の繆斌工作がある。ただし、これらの軍統の動きがすべて謀略を目的としたものであったのか、それとも蔣介石の意をくんだ本来の和平工作であったのかは、いまだ判然としない。

(8) 一九四〇年のスチュアートの和平行動については、今井『支那事変の回想』一五六―一五八頁、『西園寺公と政局』第八巻七四、一九一頁、『畑日誌』二月二六日、五月二三日の条などを参照。吉田東祐訳『周仏海日記』（建民社、一九五三年）にもスチュアートの行動への言及がある（二月一二日、二五日、三月二八日、四月二五日、二六日、二八日、六月一日の条など）。

アメリカの公刊外交文書集やイギリスの外交文書にもスチュアートの和平行動を示すものがいくつかある。一九三九年以降の主なものは次のとおり。Lockhart to Hull, No. 97, Feb. 24, *FRUS*, 1939, Vol. III; Kerr to FO, No. 201, March 3, FO 371/23443; Peck to Hull, No. 332, May 15, *FRUS*, 1939, Vol. III; Letter from Stuart to Kerr, May 25, FO 371/23444; Lockhart to Hull, No. 350, July 15, *FRUS*, 1939, Vol. III; Johnson to Hull, No. 457, July 24, *ibid.*; Lockhart to Hull, No. 471, Sep. 1, *ibid.*; Lockhart to Hull, No. 478, Sep. 11, *ibid.*; Johnson to Hull, No. 137, March 19, *FRUS*, 1940, Vol. IV; Stuart to Roosevelt, April 10, *ibid.*; Smyth to Hull, No. 513, Dec. 11, *ibid.*; Johnson to Hull, No. 3025, Feb. 4, *FRUS*, 1941, Vol. V; Butrick to Hull, No. 183, July 24, *ibid.*

スタンフォード大学フーヴァー研究所のW. B. Pettus Papers と Hornbeck Papers, Box 404 には、それぞれ一九三九年と四一年のスチュアートの行動を示す史料が収められている。スチュアートの自伝 J. L. Stuart, *Fifty Years in China* (Random House, 1954) は和平行動について簡単に触れているにすぎない（pp. 130-133）。

スチュアートは、大東亜戦争勃発と同時に日本軍によって監禁されるまで日中和平の仲介者として行動し、終戦直前には再び和平工作の仲介者としての役割を期待された。

（9） Grew to Hull, No. 302, May 3, *FRUS*, 1940, Vol. IV.『畑日誌』五月三日、六日、七日、九

日の条。

(10)『畑日誌』一九三九年一二月三一日、一九四〇年一月二日の条、『西園寺公と政局』第八巻二〇九、二一二、二一六、二三二、二四七、二五九頁。

(11) 横井『帝国海軍機密室』一五六―一六七頁、宇垣「身血を注いだ余が対中国親善工作の回顧」七〇―七二頁、『西園寺公と政局』第八巻三二五頁、小川桑兵衛『日本の興亡と岩崎清七翁』(紅竜書房、一九四九年)一〇一―一二七頁。王子恵工作をめぐる中国側の動きについては、黄友嵐『抗日戦争時期的「和平」運動』一〇五―一〇七頁参照。

なおReport by Phillips, Feb. 6, 1939, FO 371/23444によれば、野村は一九三九年二月頃から中国側との和平接触を開始し、汪兆銘も呉佩孚も事変解決には役立たないと述べていたという。

(12) 種村佐孝『大本営機密日誌』(ダイヤモンド社、一九五二年)三六頁。『支那事変関係一件』第二巻には、その頃に書かれたと思われる和平工作ルートに関する次のようなメモが残されている。

・支那派遣総軍・参謀本部(臼井大佐・今井大佐・鈴木中佐)――宋子良

・喜多中将(興亜院華北連絡部長官)・山田事務官――王克敏(青島)――スチュアート(北京)――傅教授・章秘書

・南京政府(周仏海)――陳宝驊(陳兄弟の親戚)(国民党中央委員会調査統計局上海弁事処主任)

・李択一――宋子文?

・何澄――呉忠信――(蔣介石)?

・山下亀三郎――杜月笙（臼井、影佐承知）
・頭山満――秀三（上海）――支那人
・小川平吉・萱野長知――杜石山（香港、領事館ト関係アリ）――（蔣介石）
・百武（元報知記者、上海）――戴笠乾分
・孔祥熙――喬輔三（香港）――領事館
・孔祥熙――樊光（上海）――坂西中将
・銭永銘（香港）――（李北濤〔交通銀行総行秘書〕）――上田省一――領事館
・和知少将――白崇禧等広西派

（13）松岡・銭工作の当事者の回想録としては、西『悲劇の証人』二七二―三九五頁、『船津辰一郎』二一四―二三四頁、『田尻愛義回想録』八一―九一頁、田尻「消えた重慶和平への道」『人物往来』（一九五六年二月号）などがある。

（14）ドイツの中国に対する和平勧告については、Kerr to FO, No. 202, Nov. 19, 1940, FO 371/24674; Craigie to FO, No. 2291, Nov. 21, *ibid.* を参照。

（15）この頃の萱野の活動を示すものとしては、一九四一年八月三〇日付・在澳門福井領事代理発豊田外務大臣宛機密第一〇〇号「重慶側ノ和平策動ニ関スル件」『支那事変善後措置』がある。

（16）『田尻愛義回想録』九二頁、『畑日誌』一九四一年三月二〇日の条。一九四一年四月一四日付・在上海堀内総領事発近衛外務大臣宛第五八九号『支那事変関係一件』第一三巻。

（17）『畑日誌』一九四一年四月五日、一八日、五月八日、一七日、一九日の条、『木戸日記』下巻、四月一四日の条。Broadmead to FO, No. 164, Feb. 22, 1941, WO 208/243 にも及川が上海で蔣介石の密使と接触したことについての記述がある。

(18) 松本『上海時代』下一一六―一一九、一四六頁。

(19) 今井『支那事変の回想』一五三―一五四頁。

(20) 緒方は神尾に和平工作を要請したばかりでなく、小川・萱野の工作にも協力し、大東亜戦争直前には頭山満の起用によって日中和平を実現するよう東久邇宮とともに東条首相に建言した(緒方竹虎伝記刊行会編『緒方竹虎』朝日新聞社、一九六三年、九八―一〇〇頁)。後に大東亜戦争末期の小磯内閣で情報局総裁に就任した緒方はいわゆる繆斌工作を推進するが、この和平工作の糸口をつくったのは元朝日新聞記者の田村真作であり、彼も緒方の激励によって和平工作に従事していたという(詳しくは、田村真作『愚かなる戦争』創元社、一九五〇年を参照)。

(21) 西『悲劇の証人』一二五頁。

(22) 同右、一九八―二〇四頁、広田弘毅伝記刊行会編『広田弘毅』二九〇頁。Knatchbull Hugessen to FO, No. 386, August 24, 1937, FO 371/20954; Memorandum by Hall-Patch, Sep. 10, FO 371/20961. このホール＝パッチのメモによれば、ヒューゲッセン大使の負傷後、松本は上海地域の停戦と日中紛争の解決のために日高信六郎(大使館参事官)とともにホール＝パッチの自宅で徐新六と接触を続け、こうした協議に基づいて九月初旬ホール＝パッチは、徐の張群宛の書簡を南京に行くアメリカ人ジャーナリストの手に託したという。

(23) 松本『上海時代』下二二六―二二九、二四〇―二四四頁。

(24) 「犬養健に対する予審訊問調書」『現代史資料24・ゾルゲ事件4』(みすず書房、一九七一年)五〇九頁、「西園寺公一に対する予審訊問調書」『現代史資料3・ゾルゲ事件3』(みすず書房、一九六二年）六〇一頁。

(25) 西『悲劇の証人』一二六頁。

(26) 松本『上海時代』上一九頁。

(27) 松崎「日中和平工作と軍部」二〇七頁を参照。

(28) 「犬養密使・萱野長知の日誌」『中央公論』（一九四六年八月号）。

(29) 小川「赴香始末」六五七―六五八頁。

(30) 『小川日記』一九三九年三月一〇日の条。

(31) 西『悲劇の証人』二八頁。

(32) 同右、五六―五八頁。

(33) 「予審判事訊問調書」『現代史資料1・ゾルゲ事件1』（みすず書房、一九六二年）四六五―四六六頁。なお、松岡自身も一九三二年の第一次上海事変の際に、当時の芳沢外相の要請を受け外相特使たるピース・フィーラーとして停戦協定の成立に尽力した（松岡洋右伝記刊行会編『松岡洋右』四〇一―四一八頁）。

(34) 西『悲劇の証人』二八八頁。

(35) G. E. Bunker, *op. cit.*, p. 30.

(36) 『船津辰一郎』二二一―二二三頁。

(37) 西『悲劇の証人』三九九―四〇二頁。土井や乙酉会の工作に関しては、『東洋研究』五六号（一九八〇年一月）所収の栗本弘「土井章と日中和平工作」二五二―二六二頁および土井章「中国と私の五十年の生活」三〇五―三一〇頁、Wesley R. Fishel, "A Japanese Peace Maneuver in 1944," *Far Eastern Quarterly*, Vol. 8, No. 4（August 1949）を参照。

(38) 衛藤『東アジア政治史研究』二六五、二六九頁。

(39) 変遷表の作成にあたっては、秦郁彦「日中戦争の軍事的展開」(『太平洋戦争への道』第四巻)三七頁、庄司潤一郎「日中戦争と第一次近衛内閣の対応」(防衛研究所戦史研究発表会報告要旨、一九八七年七月)を参考にした。なおJは『太平洋戦争への道』別巻・資料編二九八—二九九頁、Kは『日本外交年表竝主要文書』下四六五—四六六頁に基づく。

(40) 満洲国承認問題については、兪辛焞『満洲事変期の中日外交史研究』(東方書店、一九八六年)四一二—四一六頁を参照。

(41) 第五章第九節参照。

(42) 注目すべきことに、汪を重慶から離脱させる工作だけではなく、その後の汪政権樹立工作も陸軍の謀略と見なされることがあった。例えば一九三九年一二月、当時の野村外相は枢密院での質問に答えて、「汪兆銘をして新政権を立てしむるの件は現下陸軍の謀略として取扱ふ所なり」と述べている。深井英五『枢密院重要議事覚書』(岩波書店、一九五三年)四九頁。

(43) G. E. Bunker, *op. cit.*, p. 16.

参考文献

一、未公刊史料

『支那事変関係一件』(A. 1. 1. 0. 30) 第一巻—第三三巻 (外務省外交史料館蔵)
『支那事変関係一件・各国ノ態度』(A. 1. 1. 0. 30-3) (同右)
『支那事変関係一件・九ヶ国条約締約国会議関係』(A. 1. 1. 0. 30-32) (同右)
『支那事変善後措置(和平交渉ヲ含ム)』(A. 1. 1. 0. 30-43) (同右)
『支那事変関係一件・支那事変関係国際法律問題』(A. 1. 1. 0. 30-50) 第一巻 (同右)
『支那事変関係一件・支那事変公表集』(A. 1. 1. 0. 30-51) (同右)
軍令部第一部甲部員『支那事変処理』(防衛庁防衛研究所図書館蔵)
軍令部第一部甲部員『事変対処要綱(陸軍案)』(同右)
参謀本部第二課『北支事変業務日誌』(同右)
大本営陸軍参謀部庶務課『大本営陸軍参謀部陣中日誌』(同右)
『陸支密大日記』昭和十三年・十四年 (同右)

『基本国策関係文書綴（其の一）』（同右）
『支那事変戦争指導関係綴（其の一）』（同右）
『新支那中央政府樹立経緯（七分冊の三）』（同右）
高木惣吉『政界諸情報』（同右）
『宇垣一成関係文書』（国会図書館憲政資料室蔵）
『宇垣一成宛諸家書簡』（早稲田大学図書館蔵）

イギリス外務省文書（イギリス国立公文書館 Public Record Office）
FO 262/2016, 2017
FO 371/20951, 20952, 20954, 20956, 20958～20961, 22051, 22053～22055, 22082, 22104, 22106, 22108～22111, 23443, 23444, 23457, 24661, 24673, 24674
FO 436/3～5
FO 676/329, 397, 410
イギリス陸軍省文書（同右）
WO 208/232, 243, 849

二、公刊史料

A、資料集

赤松祐之『昭和十二年の国際情勢』(日本国際協会、一九三八年)
赤松祐之『昭和十三年の国際情勢』(日本国際協会、一九三九年)
情報局記者会(編)『日本の動きと政府声明』(新興亜社、一九四二年)
外務省(編)『日本外交年表竝主要文書』下(原書房、一九六六年)
『極東国際軍事裁判速記録』第一巻・第二巻・第五巻~第八巻(雄松堂、一九六八年)
『現代史資料1・ゾルゲ事件1』(みすず書房、一九六二年)
『現代史資料3・ゾルゲ事件3』(みすず書房、一九六二年)
『現代史資料9・日中戦争2』(みすず書房、一九六四年)
『現代史資料12・日中戦争4』(みすず書房、一九六五年)
『現代史資料13・日中戦争5』(みすず書房、一九六六年)
『現代史資料24・ゾルゲ事件4』(みすず書房、一九七一年)
『現代史資料37・大本営』(みすず書房、一九六七年)
『昭和社会経済史料集成——海軍省資料』第五巻・第六巻・第八巻(大東文化大学東洋研究所、一九八三—八四年)

日本国際政治学会太平洋戦争原因研究部（編）『太平洋戦争への道』別巻・資料編（朝日新聞社、一九六三年）

黄美真・張雲（編）『汪精衛集団投敵——汪偽政権資料選編』（上海人民出版社、一九八四年）

Documents on British Foreign Policy 1919–1939, 2nd Series, Vol. XXI

Documents on German Foreign Policy 1918–1945, Series D, Vol. I

Foreign Relations of the United States, 1937, Vol. III; 1938, Vol. III; 1939, Vol. III; 1940, Vol. IV; 1941, Vol. V

B、日記等

「石射猪太郎日記」『中央公論』（一九九一年五月号、六月号）

『宇垣一成日記』2・3（みすず書房、一九七〇—七一年）

『岡部直三郎大将の日記』（芙蓉書房、一九八二年）

『小川平吉関係文書』第一巻・第二巻（みすず書房、一九七三年）

神尾茂『香港日記』（自家蔵版、一九五七年）

『木戸幸一日記』上下巻（東大出版会、一九六六年）

『木戸幸一日記・東京裁判期』(東大出版会、一九八〇年)
『木戸幸一関係文書』(東大出版会、一九六六年)
周仏海(吉田東祐・訳)『周仏海日記』(建民社、一九五三年)
『続現代史資料4・陸軍(畑俊六日誌)』(みすず書房、一九八三年)
原田熊雄(述)『西園寺公と政局』第六巻・第七巻・第八巻(岩波書店、一九五一―五二年)
『牧野伸顕日記』(中央公論社、一九九〇年)
伊藤隆・鳥海靖(編)「日中和平工作に関する一史料――松本蔵次関係文書から」『東京大学教養学部人文科学科紀要・歴史学研究報告』一六集(一九七八年三月)、一七集(一九八〇年三月)
大本営参謀部第二課(第一班)『機密作戦日誌』(近代外交史研究会編『変動期の日本外交と軍事』原書房、一九八七年)
蔡徳金(編注)『周仏海日記』上下巻(中国社会科学出版社、一九八六年)

C、自伝・回想録

安藤徳器(編訳)『汪精衛自叙伝』(大日本雄弁会講談社、一九四一年)
石射猪太郎『外交官の一生』(読売新聞社、一九五〇年、改訂版・太平出版社、一九七二年、

文庫版・中央公論社、一九八六年）
稲田正純「戦略面から観た支那事変の戦争指導」『国際政治（日本外交史研究――日中関係の展開）』（一九六一年三月）
犬養健『揚子江は今も流れている』（文藝春秋新社、一九六〇年、文庫版・中央公論社、一九八四年）
今井武夫・伊藤芳男・西義顕・矢野征記・清水董三「汪兆銘脱出行（座談会）」『日本評論』（一九五〇年一一月号）
今井武夫「対華和平工作史」『別冊知性――秘められた昭和史』（一九五六年一二月）
今井武夫『支那事変の回想』（みすず書房、一九六四年）
今井武夫「日中和平「桐工作」の全貌」『歴史と人物』（一九七八年八月号）
岩井英一『回想の上海』（一九八三年）
宇垣一成「老兵の述懐（二）――日華和平交渉秘話」『読売評論』（一九五〇年一一月号）
宇垣一成（述）・渡辺茂雄（記）「身血を注いだ余が対中国親善工作の回顧」『キング』（一九五〇年一二月号）
影佐禎昭「曽走路我記」『人間・影佐禎昭』（一九八〇年）
風見章『近衛内閣』（日本出版協同、一九五一年、文庫版・中央公論社、一九八二年）
加登川幸太郎ほか「軍事顧問部を語る――汪兆銘およびその政権と共に（座談会）」『偕

行』（一九八五年四月号、五月号、六月号、七月号）
金雄白（池田篤紀訳）『同生共死の実体——汪兆銘の悲劇』（時事通信社、一九六〇年）
後醍院良正（編）『近衛文麿公の手記・失はれし政治』（朝日新聞社、一九四六年）
西園寺公一『貴族の退場』（文藝春秋新社、一九五一年）
西園寺公一『西園寺公一回顧録「過ぎ去りし、昭和」』（アイペックプレス、一九九一年）
阪田誠盛「香港謀略団」『話』（一九五二年一〇月号）
佐藤賢了『大東亜戦争回顧録』（徳間書店、一九六六年）
サンケイ新聞社『蔣介石秘録12・日中全面戦争』（サンケイ出版、一九七六年）
周幼海（述）・蔡徳金（編）（劉傑訳）「わが父周仏海——汪兆銘政権秘話」『中央公論』（一九九〇年七月号）
田尻愛義「消えた重慶和平への道」『人物往来』（一九五六年二月号）
田尻愛義『田尻愛義回想録』（原書房、一九七七年）
「多田駿手記」『軍事史学』二四巻二号（一九八八年九月）
田中寛次郎（編）『近衛文麿手記・平和への努力』（日本電報通信社、一九四六年）
種村佐孝『大本営機密日誌』（ダイヤモンド社、一九五二年）
土井章「中国と私の五十年の生活」『東洋研究』五六号（一九八〇年一月）
中村隆英・伊藤隆・原朗（編）『現代史を創る人びと』2（毎日新聞社、一九七一年）

中村豊一「知られざる宇垣・孔秘密会談」『別冊知性――秘められた昭和史』(一九五六年一二月)
中山優『中国の素描』(明徳出版社、一九五七年)
西義顕「リパルス湾談義」『流れ』(一九五八年九月号、一一月号、一二月号)
西義顕『悲劇の証人』(文献社、一九六二年)
堀場一雄『支那事変戦争指導史』(時事通信社、一九六二年、原書房、一九七三年)
松本重治『上海時代』下(中公新書、一九七五年)
松本重治『近衛時代』上(中公新書、一九八六年)
松本重治『昭和史への一証言』(毎日新聞社、一九八六年)
三田村武夫『戦争と共産主義』(民主制度普及会、一九五〇年)
森島守人「対華謀略工作の一こま――二つの偽政府」『日本評論』(一九五〇年一一月号)
矢田七太郎「香港の夢――平和論者・宇垣外相」『読売評論』(一九五〇年九月号)
矢野征記「汪兆銘工作の密使となりて」『人物往来』(一九五五年一二月号)
横井俊幸『帝国海軍機密室』(新生活社、一九五三年)
横溝光暉『昭和史片鱗』(経済往来社、一九七四年)
J. L. Stuart, *Fifty Years in China* (Random House, 1954)

D、伝記

緒方竹虎『一軍人の生涯』(文藝春秋新社、一九五五年)
緒方竹虎伝記刊行会(編)『緒方竹虎』(朝日新聞社、一九六三年)
小川桑兵衛『日本の興亡と岩崎清七翁』(紅竜書房、一九四九年)
小野寺百合子『バルト海のほとりにて』(共同通信社、一九八五年)
鎌田沢一郎『松籟清談』(文藝春秋新社、一九五一年)
在華日本紡績同業会(編)『船津辰一郎』(東邦研究会、一九五八年)
桜田倶楽部(編)『秋山定輔伝』第三巻(一九八二年)
沢田謙『叙伝汪兆銘』(春秋社、一九三九年)
広田弘毅伝記刊行会(編)『広田弘毅』(中央公論事業出版、一九六六年)
松岡洋右伝記刊行会(編)『松岡洋右——その人と生涯』(講談社、一九七四年)
矢部貞治『近衛文麿』(弘文堂、一九五二年、読売新聞社、一九七六年)
渡辺茂雄『宇垣一成の歩んだ道』(新太陽社、一九四八年)
蔡徳金『汪精衛評伝』(四川人民出版社、一九八八年)

三、研究

上村伸一『日本外交史(20) 日華事変(下)』(鹿島研究所出版会、一九七一年)

臼井勝美「日中戦争の政治的展開」『太平洋戦争への道』第四巻(朝日新聞社、一九六三年)

臼井勝美『日中戦争』(中公新書、一九六七年)

衛藤瀋吉「対華和平工作史」(日本外交学会編『太平洋戦争終結論』東大出版会、一九五八年、後に衛藤『東アジア政治史研究』東大出版会、一九六八年に所収)

外務省百年史編纂委員会(編)『外務省の百年』下巻(原書房、一九六九年)

加藤陽子「平沼内閣期におけるもう一つの潮流――対蔣和平構想の渦」(原朗編『近代日本の経済と政治』山川出版社、一九八六年)

近代戦史研究会(編)『日本近代と戦争』4(PHP研究所、一九八六年)

ゲルハルト・クレープス「参謀本部の和平工作 一九三七―三八」『日本歴史』四一一号(一九八二年八月)

島田俊彦「日華事変における和平工作――とくに「桐工作」及び「松岡・銭永銘工作」について」『武蔵大学人文学会雑誌』三巻一号・二号(一九七一年)

島田俊彦「『船津工作』など」『国際政治』四七号(一九七二年一二月)

庄司潤一郎「日中戦争の勃発と近衛文麿の対応――不拡大から『対手トセス』声明へ」

『新防衛論集』一五巻三号（一九八八年一月）
庄司潤一郎「日中戦争の勃発と近衛文麿『国際正義』論」『国際政治』九一号（一九八九年五月）
テオ・ゾンマー『ナチスドイツと軍国日本』（時事通信社、一九六四年）
高田万亀子「トラウトマン工作と参謀本部和平派」『政治経済史学』二四六号（一九八六年一〇月）
高田万亀子「日華事変初期に於ける米内光政と海軍」『政治経済史学』二五一号（一九八七年三月）
高橋久志「日華事変初期における陸軍中枢部――不拡大派の挫折から汪兆銘工作へ」『近代日本研究』七号（一九八五年）
高橋久志「日中戦争の平和的解決への模索――日華事変初期における陸軍の動向を中心にして」『新防衛論集』一四巻二号（一九八六年一〇月）
高橋久志「日華事変をめぐる軍事・外交戦略の分裂と錯誤――昭和一二―一三年」（近代外交史研究会編『変動期の日本外交と軍事』原書房、一九八七年）
中村隆英『戦時日本の華北経済支配』（山川出版社、一九八三年）
秦郁彦「日中戦争の軍事的展開」『太平洋戦争への道』第四巻（朝日新聞社、一九六三年）
秦郁彦「日華事変――和平工作と講和条件をめぐって」『国際政治（日本外交史研究――昭

和時代)』(一九六〇年、後に秦『日中戦争史』河出書房新社、一九六一年、増補改訂版・一九七二年に所収)
馬場明「興亜院設置問題と宇垣一成」『軍事史学』一七巻一号(一九八一年六月)
判澤純太「汪兆銘の重慶脱出と日本の対応」『政治経済史学』一八三号(一九八一年八月)
藤井昇三「日中戦争中の和平工作と中国の対応――日中関係史の一側面」『外務省調査月報』(一九六八年七月)
古屋哲夫『日中戦争』(岩波新書、一九八五年)
防衛庁防衛研修所戦史室『戦史叢書・大本営陸軍部1』(朝雲新聞社、一九六七年)
防衛庁防衛研修所戦史室『戦史叢書・支那事変陸軍作戦1』(朝雲新聞社、一九七五年)
防衛庁防衛研修所戦史室『戦史叢書・支那事変陸軍作戦2』(朝雲新聞社、一九七六年)
松崎昭一「日中和平工作と軍部」(三宅正樹ほか編『昭和史の軍部と政治』第二巻、第一法規、一九八三年)
三宅正樹「トラウトマン工作の性格と史料」『国際政治』四七号(一九七二年一二月、のち三宅『日独伊三国同盟の研究』南窓社、一九七五年に所収)
三宅正樹「近衛内閣と参謀本部――トラウトマン工作をめぐって」『歴史と人物』(一九七四年七月号)
森松俊夫「支那事変勃発当初における陸海軍の対支戦略」『政治経済史学』一六八号(一

九八〇年五月）
森松俊夫『昭和一二年八月における上海出兵をめぐる陸海軍の問題』（防衛研修所・研究資料 80 R 0–6 H, 一九八〇年）
劉傑「『和平工作』への道――船津工作に至る日本の中国政策」『日本歴史』五〇八号（一九九〇年九月）
蘆溝橋事件五〇周年日中学術討論会準備委員会『蘆溝橋事件五〇周年日中学術討論会報告集』（一九八七年七月）

黄美真・張雲『汪精衛集団叛国投敵記』（河南人民出版社、一九八七年）
黄友嵐『抗日戦争時期的「和平」運動』（解放軍出版社、一九八八年）

John Hunter Boyle, “The Road to Sino-Japanese Collaboration: The Background to Defection of Wang Ching-wei,” *Monumenta Nipponica*, Vol. 25, Nos. 3–4（Sep. -Dec. 1970）
Johe Hunter Boyle, *China and Japan at War 1937–1945: The Politics of Collaboration*（Stanford University Press, 1972）
Gerald E. Bunker, *The Peace Conspiracy: Wang Ching-wei and the China War, 1937–1941*（Harvard University Press, 1972）

Alvin D. Coox and Hilary Conroy, ed., *China and Japan: Search for Balance Since World War I* (ABC-Clio, 1978)

James B. Crowley, *Japan's Quest for Autonomy: National Security and Foreign Policy 1930–1938* (Princeton University Press, 1966)

John P. Fox, *Germany and the Far Eastern Crisis 1931–1938: A Study in Diplomacy and Ideology* (Oxford University Press, 1982)

Han-sheng Lin, "Chou Fo-hai: The Diplomacy of Survival," in R. D. Burns and E. M. Bennett, ed., *Diplomats in Crisis: United States-Chinese-Japanese Relations, 1919–1941* (ABC-Clio, 1974)

James T. C. Liu, "German Mediation in the Sino-Japanese War, 1937–38," *Far Eastern Quarterly*, Vol. 8, No. 2 (Feb. 1949)

Susan H. Marsh, "Chou Fo-hai: The Making of a Collaborator," in A. Iriye, ed., *The Chinese and the Japanese: Essays in Political and Cultural Interactions* (Princeton University Press, 1980)

解説　もう一つの日中戦争――「和平」と「謀略」の交錯

波多野澄雄

乱立する「和平工作」

一九三七年に勃発した日中両軍の衝突事件は、全面戦争に発展したにもかかわらず、双方とも四一年の太平洋戦争の開始まで宣戦布告を避けたという特徴がある。日本政府は「戦争」に格上げすることの利害得失を再三検討するものの、結局、最後まで事変に留めていた。その第一の理由は、宣戦を布告すればアメリカ中立法の適用を受けることになり、経済制裁と同様の効果をもたらす恐れがあったからである(1)。さらに日本側には、打倒すべきは蔣介石政権とその軍隊であり、広く中国国民まで敵と規定して戦うという意識に乏しかったことである。宣戦布告は「友敵関係」を明瞭に規定してしまうことになるのであった。

この日中戦争（支那事変）のもう一つの特徴は、全期間に及んで無数の和平工作が様々なルートで日本側から試みられたことである。それは早期収拾への期待と焦慮の反映でもあった。いずれにせよ、もし、日中戦争が最初から正規の戦争布告による戦争であったなら、和平工作が乱立することもなかったであろう。

さて本書のねらいは三つである。第一は、錯綜した無数の工作の事実関係を確定することである。秘密裏の交渉として公的記録が少なく、関係者の回想もバイアスが予想されるなかで、著者が多くの時間と労力をこの作業に費やしたことは想像に難くない。なかには、本当に和平を目的としていたのか、疑わしい工作も少なくなかったが、それらを丁寧に取り上げ、改めて和平工作の多様な実像に迫っている。その結果、われわれは最も信頼できる日本側の和平工作史を手にすることができた。

第二は、和平工作に従事した和平工作者（ピース・フィーラー）の和平の構想や行動に焦点をあてることである。軍人や外交官であれ民間人であれ、その結果が中国大陸に展開する数十万の軍隊の命運を左右するであろう重大な和平交渉に、どのような人物がどのような判断のもとに工作にかかわったのか。著者ならずとも関心をそそられる。

第三は、和平工作と事変の処理（解決）政策との関連性の追及である。とくに複数の和平工作が同時に進行している場合、工作の競合が事変処理政策にどのような影響を与えたのか。こうした疑問の解明のため、著者は重要な事変処理政策や政府声明の決定過程を詳細にたどっている。

本書が主に取り上げる和平工作は、上海に戦火が拡大する前に実施された船津工作、第三国の仲介工作としてのトラウトマン工作、一九三八年一月の「対手とせず」声明後の宇垣・孔祥熙工作、そして一九三八年末までの汪兆銘工作（高宗武工作）である。

一九三九年以降も諸工作は実施されるが、その中心であった汪工作は、占領地における新政権樹立工作に変質したこと、日米開戦後の和平工作は太平洋戦争全体の終戦工作の一環として考察されるべきこと、史料上の制約などの理由から本格的な解明は今後の課題とされている。

要するに、三九年以後の諸工作は、本来の和平工作の意味を失い、事変の解決という本質的な問題との関連を適切にとらえるには阻害要因が多いということであろう。その後、著者は三九年以降の和平工作について、いくつかの論考を発表している(2)。

汪兆銘工作の浮上

こうして著者は、主要な和平工作について、それまでの臼井勝美氏の古典的な研究(3)などを踏まえながら再検討を試みる。たとえば第三章「『対手トセス』声明再考」のように、「対手とせず」という奇抜な声明のねらいやその波紋に関する解釈など、独自の見方が示される。

本稿では紙幅の都合もあり、「対手とせず」声明後の和平工作を取り上げた第四章「事変処理構想の変遷」、第五章「和平工作の交錯」、そして第六章「『日支新関係調整方針』

の策定と汪工作」について簡単な解説を試みる。三つの章は乱立・競合する諸工作の相互関連や事変処理政策への影響を独自の観点から論じ、和平工作研究のみならず、日中戦争研究にも新たな視点を提供している。

第四章は、「対手とせず」声明後の事変処理方針(戦争の解決策)の変化を追っている。政府は、軍事的にも戦面不拡大方針が四月に撤回され、徐州作戦が下命された時期である。政府は、国民政府否認論を背景とした「対手とせず」声明に、「否認」より「否定」にも等しい意味を付与し、国民政府に代わる新中央政府の樹立を試みるが、華北の中華民国臨時政府、華中の維新政府ともにあまりに弱体で、やがて見直しを迫られる。見直しの結果が三八年夏の一連の五相会議決定だったが、そこでは、蔣介石の下野や「抗日・容共」政策の放棄など国民政府が「屈伏」すれば、これを「新中央政権の構成分子」と認めるという方針が打ち出され、その枠内で国民政府との和平交渉の可能性が生まれた。

ここに登場するのが汪兆銘工作(高宗武工作)であった。汪兆銘は国民党の長老として蔣介石に継ぐ地位にあったが、南京陥落のころから国民政府内で対日妥協による和平を説き、抗戦派と衝突するようになっていた。四〇年三月、この汪を主席とする新中央政権が南京に誕生(同年一一月には日本が承認)したことから、日中戦争の展開やその解決策に大きな影響を与えた。しかし、政府や陸軍は、当初から汪の擁立を計画し、一貫してこれを推進したわけではない。高宗武による汪工作は多くの工作のなかの一つであり、前進と後退を繰り返しながら有力な工作として生き残るのである。

汪工作は、「対手とせず」声明直後、前外交部亜州司日本科長の董道寧《とうどうねい》が、日本側の和平の意向を探るため、上海で旧知の満鉄南京事務所長・西義顕《にしよしあき》を訪問したことに発端がある。西は、同盟通信の中南支総局長・松本重治と相談して董を渡日させ、東京の参謀本部の影佐禎昭大佐、参謀次長の多田駿《ただはやお》らと面会させた。その後、董、西、松本らの和平グループに高が加わり、漢口で和平協議が進み、和平の意向が中国首脳にも伝えられた。

高宗武は、西と松本の説得で三八年七月初旬に来日、影佐、今井武夫らと会見し、汪を中心とした「第三勢力」を結集し、その圧力によって蔣介石に「転向」あるいは下野を迫るという構想を日本側に伝えた。これが漢口での和平派の協議によるのか、来日前の西や松本の発案だったのか、高自身の発案なのか不明だが、日本側は注目した。

宇垣工作

この時期には、徐州作戦や武漢・広東攻略作戦といった大規模作戦が実施される一方、占領地の拡大にともなう現地政権工作も進められ、また三八年五月に就任した宇垣一成新外相のもと、宇垣・孔祥熙工作など国民政府との直接和平をめざす工作も、現地政権工作と競合しながら試みられる。

宇垣工作の特徴は、実に多様なルートやチャネルを通じて中国側の意図の把握に努めたことである。さまざまな和平ルートの競合は、諸工作間の交錯、混乱をまねいたものの、蔣下野は不可能であることを確認した宇垣はその要求を事実上、取り下げることになる。

五相会議決定では蔣下野が国民政府の「屈伏」の認定条件であったが、宇垣の構想は、和平後の蔣下野を要求しながらも、蔣の在任のまま和平を実現し、実質的には国民政府が既成政権を吸収することを容認するものであった。

しかし、宇垣は三八年九月に外相を辞職してしまう。宇垣の辞職は、蔣の下野を絶対条件としない自らの和平交渉に対する国内の反発、とくに近衛首相の支持が期待できなくなったからという。

宇垣・孔祥熙工作は、政府も重視していたという意味で、汪兆銘工作より歴史的には重要かもしれない。宇垣がこのルートをコントロールし、相手側も首相に相当する行政院院長につながっていた。宇垣は「対手とせず」という拘束をうまく使いながら、国民政府との和平をもたらそうとした。

ただ、宇垣工作は、中国側に不明の部分が多々ある。とくにピース・フィーラーとしての喬輔三の資格、能力、孔祥熙のもとでの幾多の交渉チャネルの掌握、相互関係、それらの目的、さらに蔣介石の了解のもとになされたのか、単独行動だったのか。また、和平に関する中国側の態度には常に曖昧さがつきまとった。

本章には、代表的なピースフィーラーが多数登場する。汪兆銘工作では西義顕、松本重治、伊藤芳男、宇垣・孔祥煕工作では中村豊一、萱野長知らである。

以上のように、水面下の諸工作の競合を横目でみながら、近衛内閣は和平条件の基礎となる基本的な対中政策の策定を進め、その成果が三八年一一月末に御前会議決定となる「日支新関係調整方針」であった。この「調整方針」の策定過程と諸工作、ことに汪工作との関連を追ったのが第六章である。

「日支新関係調整方針」をめぐって

「調整方針」は、軍閥割拠の時代そのままに「分治合作」の統治方式を踏襲し、華北・蒙疆・華中など枢要地域に地方政権を組織し、地方政権の連合形態として中央政府を樹立しようとするもので、また、政治・経済、軍事の全領域で中国管理の発想に根差す「権益思想の集大成」として批判されてきた。

本章は、この「調整方針」は、単に権益思想や中国の管理把握の発想を反映したものなのか、あるいは原案の作成者の意図のように、日中提携や共存の和平を目指すものだったのか、こうした疑問から出発する。

参謀本部（戦争指導班の堀場一雄）の主導で、三八年四月から進んだ「調整方針」の作成は、当初は中国側の要求が領土保全と事変前の旧状の回復にあるとみなし、日本の要求を一定限度内に抑えようとしていた。ところが政府側の事変処理に関する一連の五相会議の決定の影響を受け、さまざまな権益要求に直面して修正されることになるが、重大な修正は一一月になってからである。

その一方、参謀本部では、「対手とせず」声明の修正を前提に、和平のための構想が検討され、一〇月には「対手とせず」にも、蒋介石の下野にも固執しない、という、「調整方針」案を超える柔軟性をもった和平案の立案が進む。

この動きに拍車をかけたのが、三八年七月から行われた元天津市長の蕭振瀛《しょうしんえい》と和知鷹二《わちたかじ》大佐との間の秘密交渉であった。ちなみに、この和知・蕭振瀛工作は、蒋政権の屈伏をめざした武漢・広東攻略作戦の側面支援の意味もあったが、蒋介石が直接指導した数少ない和平工作であったとされる(4)。参謀本部(戦争指導班)はこの和知工作を、日本側の真意を重慶政府に伝え、停戦に導く好機とみなして大きな期待をかけた。

和知・蕭振瀛工作が立消えとなった一〇月下旬ころ、再び汪兆銘(高宗武)工作が浮上する。この汪工作は、一〇月の五相会議では、和知・蕭振瀛工作ともに蒋政権の切り崩し工作と位置付けられていた。だが、この時期の汪工作は蒋政権の屈伏や切り崩しよりも和平を意識したものとなる。

この汪工作と一一月三日に発表の第二次近衛声明(東亜新秩序声明)と何らかの関連があったのか。一般的に第二次近衛声明は、「対手とせず」声明を修正し、汪に決起を促したメッセージと理解されている。しかし、この声明は、汪工作とは無関係に準備されたもので、武漢陥落を機に改めて日本の態度を表明することがねらいであった。したがって、国民政府との和平を呼びかけたわけではなく、国民政府が抗日・容共政策と人的構成を改めれば、新中央政府樹立に参加を拒まない、つまり三八年夏の五相会議決定の枠内の声明にすぎず、汪工作の進展には何らの影響を及ぼさなかった。

汪工作の変質

さて汪工作は、一一月一二日から一四日に上海の重光堂で開催された今井や西義顕らと高宗武、梅思平との間の予備会談で、汪グループの「挙事計画」としてまとまる。第一段階では、汪による蔣政権との関係断絶宣言に呼応して雲南や四川の反蔣独立を宣言する、第二段階では、日本が占領していない雲南、四川、広東など四省を基盤として汪が新政府を樹立する、という計画であった。和平条件は、防共協定の締結、中国の満洲国承認、互恵平等の原則による経済合作、日本軍の一定期間の内蒙駐兵（その他は撤兵）など、日本の要求を一定の範囲に抑えた内容であった。

ここに、汪兆銘工作の性格は変質した。前述のように、それまでは汪を中心とした「第三勢力」の結集で蔣介石の下野を強制し、それを通じて和平を実現することが目標であった。しかし、重光堂の予備会談を経て、蔣介石の下野や国民政府の和平転換が不可能であることを前提に、「第三勢力」が国民政府を離脱して外部から蔣下野を強制する方針に変化した。したがって、汪工作の重点は、汪の重慶離脱、雲南、四川の反蔣独立に置かれた。そもそも汪工作は、「対手とせず」声明を否定することなく、日本国内の反動を招かずに和平を達成するという、苦肉の迂遠策だった。同時に汪工作は蔣政権の外側から政権を切り崩す謀略という一面も帯びていた。

予備会談をへて一一月二〇日の同じ重光堂の会談で、今井と影佐軍務局長と高宗武らとの間で「日華協議記録」(影佐・高宗武協定)が調印される。同月二一日に、帰国した影佐と今井は、協議記録について五相会議のメンバーに説明し、汪の重慶離脱に呼応して協議記録の内容を公表することに合意した。中国側からも同意を得て、汪は一二月二〇日に重慶を離脱してハノイについた。二二日、第三次近衛声明が発表される。その内容は協議記録の和平条件をそのまま掲げたが、問題は撤兵に言及しなかったことであり、撤兵が汪工作の中心的な条件であったことからすれば、いわば「背信行為」であった。二九日、汪は重慶に向け通電を発し、近衛声明を基礎として蔣と国民政府要人に和平に応じるよう呼びかけた。通電は和平実現にとって撤兵が重要と指摘しており、その点では対日メッセージもあった。

この間、作成が進んだ「調整方針」の内容は、前述のように日本の要求を一定の範囲に抑制しようという考慮が働き、陸軍内の最終決定でも、領土や賠償を要求せず、防共駐兵や治安駐兵以外の早期撤兵をうたい、既得権益の廃棄という譲歩条件を保持していた。ところが、御前会議に至るまでの修正で、分治合作主義が加わり、駐兵地域や特殊地位の設定区域が拡大すると、かなりの部分が有名無実となった。より強硬な要求が御前会議決定という権威付けを得てしまったのである。

参謀本部の堀場少佐はこうした修正に対抗するため、「調整方針」とは別に、柔軟な和平条件として「日支新関係調整に関する原則」を作成し、汪との交渉に備えたがそれを活用する機会はおとずれなかった。

「和平」と「謀略」と

一方、汪の和平運動に呼応して西南の領袖など有力な政治家や軍人が重慶政権を離脱する動きをみせなかった。そのため、三九年一月、総辞職した近衛内閣を継いだ平沼内閣は汪工作を静観した。

こうしたなかで、三九年二月、高宗武は汪と協議の結果を今井や影佐ら日本側に伝えた。その内容には、日本の占領地の南京に新国民政府として中央政権を樹立するという重大な提案を含んでいた。影佐は、提案の趣旨を、汪が反共救国同盟会を中心に「第三者的運動」を展開し、その上で汪を首班にすえる新中央政府樹立に進むものと理解した。ここで影佐は、汪を中心とした新中央政権の樹立に舵をきる。

しかし、三月にハノイで汪と会談した影佐は、重慶政府に代わり得る新中央政権の樹立のみならず、重慶政権を和平に誘導し、日本との全面和平に導くという構想を汪から示される。それは、「第三者的運動」としての和平運動の段階を経ることなく、一気に南京での和平政権づくりに邁進することを意味した。この構想に感銘を受けた影佐は、日本の傀儡政権としての汪政権ではなく、対等な和平提携のモデルとして歓迎した。

その一方、事変解決の鍵は重慶政権との直接交渉にあり、重慶側に和平に応じる可能性が消滅するまで、汪政権の樹立を控えるべきだとの陸軍内の意見も無視できなかった。六月に五相会議は「支那中央政府樹立方針」を決定したが、それは依然として重慶政権の「屈伏」を期待するものであった。汪も中央政府の中心ではなく、他の構成分子の一つに過ぎなかった。

それでも、汪政権の樹立は推し進められるが、重慶が「屈伏」の気配をみせず、旧軍閥の呉佩孚《ごはいふ》をもって新中央政府を樹立させようという動きも再浮上し、汪工作と競合することになる。汪工作は日本の思惑通りには動かなかった。

一一月から新中央政権の樹立に備えて国交調整交渉がはじまる。その基礎が一年前の「調整方針」であったが、堀場が期待した調整方針の柔軟な運用はなされず、むしろ重慶との交渉に備えて留保されていた。占領下に樹立された政権として、汪側の抵抗の術もなく一二月にまとまった日華協議書類は「調整方針」そのままに権益要求が網羅されたものとなる。

汪を中心とする和平勢力の圧力によって蔣介石の下野を強制するという汪工作の本来のねらいは、「対手とせず」声明を否定せず、国内の反発を招かず、和平を達成しようとする苦肉の策だった。たとえ、蔣介石の下野が実現できないとしても、国民政府の外側に和平勢力を結集し、間接的に蔣介石の下野、国民政府の改組・和平転換を迫ることは迂遠ではあるが、和平招来の一方法と考えられた。

蔣介石の下野は、国民が望んでいる事態であり、蔣の下野を条件としない和平は国内に大きな反発を招くことが危惧された。かくして汪工作は、迂遠な方法による日中和平と、謀略（蔣政権の切り崩し）という二重のねらいを帯びたまま推進されたのである。

事変の解決とは？

終章「和平工作から見た支那事変」では、和平工作者としての軍人、外交官、民間人を取り上げ、ことに松本重治、西義顕、萱野長知の三人の民間人の活動とその背景に迫っている。なかでも松本は、日中双方に通じる幅広い交流関係をもとに、軍人や外交官とは異なる実に多面的な活動を展開した(5)。

いったい彼らを支えた背景や原動力はなにか。日中和解を願う個人の熱意や情熱といった要素だけではない。著者の他の作品と併せて読めば、共通する要素にも着目できる(6)。たとえば、明治以来の人的交流の積み上げ、両国に潜在する「反共・反ソ」といった利益の共通性、さらに、両国は相携えて欧米に対抗すべき運命にある、といったアジア主義的な信念も多くの和平工作者に共通していた。

逆に、戦争の拡大にともなう国民的犠牲の増大や「戦勝者意識」は、和平を難しくした。増える犠牲に見合う条件を獲得しなければ国民の理解を得られない、という一種の強迫観念が政軍の指導者に常につきまとった。こうした国内事情によって和平条件が加重されるほどに中国側が受け容れる余地はせばまっていった。

著者は、こうした事態を生んだ根本的な原因として、政治指導の貧困による工作の乱立・不統一、さらに「戦争目的」の曖昧さをあげる。事変は戦争ではなかったが、それでも事態の拡大に応じて、何のために中国戦線で戦うのか、目的に相当する事変の処理方針を国民に説明する必要があった。しかし、事変処理方針も和平条件も変転し、和平工作の乱立の原因となったのである。事変の解決とは何を意味するのか、その問題をまず解決しなければならない、といった論説が出現するのもゆえなしとしない。

著者は終章の末尾に、日中和平が一時的にでも成立したとしても日本の大陸政策の本質が変わらず、中国が完全な主権回復を求める限り、いずれ再び衝突することになったであろうという見方は否定できないとしながらも、次のような可能性を述べている。

和平成立を契機として、日本が「対華政策の根本的に修正して対等の提携関係」をめざし、中国も「抗日政策を根本的に放棄して対日提携の方向」に進むのであれば、新しい日中関係の基礎が形成され、その後の日中間の歴史を変えたかもしれない、これこそ和平工作者の多くが望んだ事態であった。評者の私見では、当面は汪政権を通じて、こうした両国関係のあり方をめざしたのが、戦争末期に重光外相によって着手された「対華新政策」であったが、汪政権の存立基盤は弱体化する一方で、その実現の条件はまったく失われていた。

今後の研究のために

最後に、本書の和平工作研究の理解を深めるであろう、いくつかの主要な研究をごく簡単に紹介してみる。まず第一は、著者による「対手とせず」声明以降の和平工作研究、さらに広く日本軍隊の政治関与や中国認識を取りあげた研究である。(7) 第二は、岩谷將氏の中国側からみた日中戦争研究である。最近作『盧溝橋事件から日中戦争へ』は、政治的制約や史料上の制約を踏まえつつ、事件の勃発から三八年一月の近衛声明までを、「現在利用できる史料をもとに可能な限り事実に即して跡付ける試み」の成果である。(8) とくに中国側の主体的な対応や判断が重視され、トラウトマン工作など和平の動きを含め、事変の拡大過程に関する日中双方の動向について、現在望みうる最も充実した研究であろう。(9) 近衛声明以降の和平工作に関する本格的研究はこれからのようである。第三は、本書の視角とは大きく異なる劉傑氏の和平工作研究も重要である。(10) 劉傑氏によれば、中国側にとって、和平工作は単なる事変終結工作ではなく、アジアにおける日中提携の強化を図るという戦後の国際秩序構想に基づいていた。たとえば、初期の船津工作は単に事変解決のための和平工作ではなく、日中関係の再構築をめざしたものだったとする。トラウトマン工作についても、日本側の構想は、最初から「新政権中心論」に沿い、中国の統一性をめぐって形成され、統一を認めない「武力行使派」と積極的に認める「外交交渉派」が対立していた。南京陥落のころから「新政権中心論」と「国民政府中心論」に対抗軸が移行し、トラウトマン工作の打ち切りは後者の前者への屈服であったという。ただ、中国側がどのような和平後の日中提携像を描いていたのか、今一つ明らかでない。

第四は、「対日協力者」という視点である。日本側の和平工作研究の多くは、当事者はなぜ、この工作に着手し、なぜ挫折したのか、という問題の立て方が中心であった。他方、中国側は、和平工作とは日本側の「謀略」であり、中国側でこれに応じたのは「漢奸」であり、売国奴だという前提で研究が行われ、研究の動機をめぐってすれ違いが目立っている。

こうした隘路から抜け出す手がかりが、コラボレーション(collaboration)の概念を用いた「対日協力者」という視点であろう。(11)汪兆銘らは、なぜ対日協力に踏み込んだか、対日協力のなかにも抵抗という意味も含まれたいたのではないか、対日協力政権であっても統治の実績を正当に評価すべきではないか、といった課題がそこでは追及される。(12)

対日協力者という視点では、汪兆銘とビルマのバー・モウ、インドのチャンドラ・ボース、フィリピンのラウレル、さらに汪政権関係者では、周仏海、周作人といった「傀儡」と見なされたきた指導者と比較の可能性も見いだせるであろう。(13)

ただ、汪政権研究の新展開が、和平工作研究の進展につながるかは疑問である。なぜなら、本書が示すように、高宗武工作は汪政権の存在を所与の前提として始まったわけではなく、蔣介石の下野や屈伏をねらった謀略がいくつか競合するなかで生き残った工作だったからである。汪工作の背景には、軍事攻勢や切り崩し工作によっても、なかなか和平に応じず、対日抗戦のため国際連携を深める重慶政権の存在があり、さらに「対手とせず」声明を払拭できない国内事情もからまっていた。汪政権はこうした複雑な内外要因への配慮なくしてはその評価は難しい。

（はたの・すみお　日本政治外交史　筑波大学名誉教授）

注

（1）宣戦布告に関する中国側の事情については、土田哲夫「日中戦争と中国宣戦問題」西村茂雄ほか編『国際関係のなかの日中戦争』（慶應義塾大学出版会、二〇一一年）を参照。

（2）戸部良一「汪兆銘のハノイ脱出をめぐって」『外交史料館報』第一九号、二〇〇五年、同「桐工作をめぐって」『政治経済史学』（第五〇〇号、二〇〇八年）、同「対中和平工作　一九四二—四五」『国際政治』（第一〇九号、一九九五年）など。

（3）臼井勝美「日中戦争の政治的展開」（日本国政治学会編『太平洋戦争への道』第四巻、朝日新聞社、一九六三年）（のちに臼井『日中外交史研究—昭和前期—』吉川弘文館、一九九八年、に収録。臼井『日中戦争』（中公新書、一九六七年）。

（4）岩谷將「日中戦争における和平工作—中国側から見た」（筒井清忠『昭和史講義2』ちくま新書、二〇一六年）。

（5）著者の最近作『日中和平工作　1937—1941』（吉川弘文館、二〇二四年）は、和平工作に関する総括的な作品であるが、とくに松本重治と影佐禎昭の人物像と評価が印象的である。

（6）戸部「日中戦争における和平工作—日本側から見た」筒井清忠『昭和史講義2』ちくま新書、二〇一六年）。

（7）戸部『日本陸軍と中国—「支那通」にみる夢と蹉跌』（講談社、一九九九年）、同『自壊の病理—日本陸軍の組織分析—』（日本経済新聞出版社、二〇一七年）、同『逆説の軍隊』（中央公論新社、一九九八年）。

（8）岩谷將『盧溝橋事件から日中戦争へ』（東京大学出版会、二〇二三年）。

（9）ただし、岩谷氏は「日中戦争における和平工作」（前掲）において、中国側の和平工作の全貌について素描を試みている。

（10）劉傑『日中戦争下の外交』（吉川弘文館、一九九五年）。

（11）この視点の先駆けは、John H. Boyle, *Japan and China at War, 1937–1945*, Harvard University

Press, 1970. であろう。

(12) 劉傑「汪兆銘政権論」(『岩波講座 アジア・太平洋戦争 七 支配と暴力』岩波書店、二〇〇六年)、同「汪兆銘と「南京国民政府」―協力と抵抗の間」(劉傑・三谷博・楊大慶『国境を越える歴史認識―日中対話の試み』東京大学出版会、二〇〇六年)、川島真「「傀儡」政権とは何か―汪精衛政権を中心に」(波多野澄雄ほか編『決定版 日中戦争』新潮新書、二〇一七年)。研究書としては、関智英『対日協力者の政治構想―日中戦争とその前後』(名古屋大学出版会、二〇一九年)、広中一成『傀儡政権―日中戦争、対日協力政権史』(角川新書、二〇一九年)が有用。

(13) コラボレーションの観点から比較を意識した研究として、小林英夫・林道生『日中戦争史論―汪精衛政権と中国占領地』(御茶の水書房、二〇〇五年)、柴田哲雄『協力・抵抗・沈黙』(成文堂、二〇〇九年)、土屋光芳『「汪兆名政権」論』(人間の科学社、二〇一一年)、などがある。

265, 269–70, 272, 274, 277, 284, 301, 313
ハウ（Robert Howe） 71, 73
白崇禧 292
畑俊六 136
原田熊雄 226
樊光 233, 305, 309
坂西利八郎 164
日高信六郎 38, 44
百武末義 310
ヒューゲッセン（Sir H. Knatchbull Hugessen） 71, 312
平沼騏一郎 126, 282, 287–8, 291, 295, 305
広田弘毅 36, 39, 53, 70, 72, 76–8, 90–2, 95–7, 101, 107–10, 113, 115–6, 120, 131, 140, 142, 145, 147–8
ファルケンハウゼン（Alexander von Falkenhausen） 79
伏見宮博恭王 50
船田中 142
船津辰一郎 18, 43–6, 48, 305, 308, 310, 313, 317
保科善四郎 42
堀内謙介 111–2, 141, 149
堀場一雄 21, 27, 81, 95–7, 140, 238–44, 248, 251, 253, 256–9, 261, 263–5, 276, 283, 286, 297–9, 327, 329
ホール＝パッチ（E. L. Hall-Patch） 40–1, 118, 312
本間雅晴 76, 180

マ行

町尻量基 114
松井石根 136, 183
松井七夫 182
松岡洋右 45, 179–80, 308, 316
松方幸次郎 40
松本蔵次 20, 183, 193, 200, 205, 234, 314
松本重治 20–2, 40, 106–7, 179–80, 182, 197, 199–201, 212–7, 223, 232, 234, 239, 265–6, 269–70, 272, 287, 301, 310–4
馬奈木敬信 75
ミッチェル（G. E. Mitchell） 206–7
宮崎龍介 40, 314
武藤章 26, 28
宗像久敬 183

ヤ行

矢田七太郎 20, 208, 210–3, 216, 232, 234, 310
山崎靖純 308
横井忠雄 49, 54, 58, 64, 83
米内光政 18, 36, 38, 42, 48–51, 140, 217, 219, 226, 288

ラ行

李済深（済琛） 292
龍雲 214, 271, 288–9, 291
柳雲龍 304
梁鴻志 289

ワ行

和知鷹二 234, 258–9, 307, 310

178, 235
末次信正　101, 104, 152, 226
杉山元　29, 34, 36, 38, 48, 96–7, 101, 136
鈴木卓爾　306
スチュアート（John Leighton Stuart）　178, 307, 309
スノー（Edgar Snow）　182
盛沛東　308
セイヤー（Francis B. Sayre）　307
銭永銘　47, 300, 307–8, 316
宋子文　17, 40–1, 177, 179, 183, 306, 312
宋子良　306
曾仲鳴　296
宋哲元　34
宋美齢　73, 107

タ行

高木惣吉　199
高島辰彦　129
田尻愛義　280, 308, 334
多田駿　75–6, 81, 88, 101, 113–4, 152, 180, 195, 198, 217–9, 234, 283
田中新一　29
谷正之　177, 202, 206–8, 310
秩父宮雍仁親王　218
張競立　308, 316–7
張季鸞　195, 208–11, 213, 215–6, 233, 305, 308–9, 313, 320, 325
張群　38, 117–8, 180–1, 186, 188, 200, 202, 205, 208, 210, 215, 233–4
張治平　306
陳介　77
陳誠　305
陳超霖　306
陳布雷　181
津田静枝　164
堤孝　44
鄭介民　304
ディルクセン（Herbert von Dirksen）　76–7, 79, 90, 92, 96, 101, 106–11, 113, 115
土井章　317
唐紹儀　170, 184
陶希聖　181, 299, 301
東条英機　218
董道寧　179–80, 214, 234, 309, 312–3
頭山満　40, 305, 308, 314
杜月笙　47
杜石山（石珊）　304, 307, 315
ドナルド（W. H. Donald）　117–8
土肥原賢二　164, 170–2, 217, 258, 270, 284
トラウトマン（Oskar P. Trautmann）　75–7, 79, 89–92, 107, 109–10, 112, 115, 117, 131, 309

ナ行

永津佐比重　29
中村豊一　20, 188–96, 201–2, 204–5, 210–3, 216, 218– 21, 224, 232, 234, 310, 313
中山優　142, 268, 286
西義顕　20, 22, 179–82, 196–210, 216, 234, 239, 270, 277, 284, 291, 299, 301, 307, 311, 313–7
ノイラート（Konstantin Freiherr von Neurath）　79
野村直邦　288, 307–8, 310

ハ行

馬伯援　193, 195, 233, 288
梅思平　21, 213–4, 216–7, 223, 233–4,

閑院宮載仁親王　218
ガンサー（John Gunther）　185, 228
岸道三　102
木戸幸一　102–4, 120, 131–2, 158, 218, 226–7, 230, 258, 281
居正　205
——夫人　193
許世英　113, 115
姜豪　305
喬（蕎）輔三　188–9, 191, 193, 195, 201–2, 204, 211–213, 219–20, 224, 232–234, 309, 313, 325
楠本実隆　155
クレーギー（Sir Robert Craigie） 70–3, 78, 116, 149, 281
原順伯　305
呉震修　316
賈存徳　183, 193, 195, 233–4, 288, 309, 315
呉佩孚　171–3, 184, 289, 293, 297
胡霖　195, 208, 210–1, 234, 309, 313
孔祥熙　77, 90, 105, 107–8, 115, 117, 176–7, 182–3, 186–190, 193, 201–2, 205, 219–24, 232–4, 288, 305, 307, 309
高宗武　21, 38, 40, 43–6, 48, 179–181, 196–201, 204, 206, 210–6, 218–9, 223–4, 231, 234, 236, 260, 265–6, 269–70, 277, 280, 289–296, 299, 301, 309, 312–3, 316–7
孔令侃　307
児玉謙次　305
後藤隆之助　312
近衛文磨　17, 21, 31–2, 39–42, 53–5, 97, 102, 121–2, 132–3, 138, 142, 144, 147–8, 158–9, 177, 179, 184–7, 193, 218, 222–230, 234, 258, 267–270, 281, 284–7, 302, 305–6, 311, 314
コラ（G. Cora）　177, 309
コルダー＝マーシャル（R. Calder-Marshall）　305, 309

サ行

西園寺公一　17, 40–1, 179, 198, 311–2
西園寺公望　40, 227
佐々木健児　310
佐藤賢了　128, 138, 141–2, 163
佐藤安之助　183
施肇基　305
柴山兼四郎　26–7, 42, 44, 84, 136
嶋田繁太郎　42
下村定　80
ジャキノ（Father Jacquinot）　178, 309
周作民　40, 46, 308–9, 312–3
周仏海　46, 181, 197, 199, 212–3, 234, 236, 266, 269–70, 301, 307
周隆庠　212–4, 234, 270, 291
徐新六　40, 47, 106, 118, 179, 309, 312
徐謨　90–1, 117–8
蔣介石　21, 35, 40–1, 45–6, 50, 52, 73, 76–7, 79, 81, 89–92, 95–8, 104–7, 116–8, 120, 131, 133, 136, 138, 144, 148, 158–9, 161–3, 177–8, 180–2, 184–5, 187–209, 211–5, 217–236, 258–9, 262–3, 271, 274, 279, 281–2, 285, 288–9, 292–3, 295, 300–1, 304–7, 314, 320, 325–6, 328–30, 337
蔣伯誠　309
蕭振瀛　234, 260–2, 264–6, 327
章有三　306
ジョンソン（Nelson T. Johnson）

人名索引

（本文中の登場人物のみ）

ア行

秋山定輔　40, 305, 307, 314
有田八郎　288, 295, 305, 307
石射猪太郎　42-4, 96, 98, 101, 184-5, 194-5, 201-3, 217-8, 226, 230, 248, 328
石原莞爾　27-8, 30, 38-9, 42, 51, 58, 60, 65, 69, 75, 80
板垣征四郎　159, 198, 213, 217-8, 222-3, 226, 283, 296, 298, 306-7
イーデン（Anthony Eden）　72
伊藤芳男　20, 180, 216, 234, 265, 269-70, 277, 291, 334
犬養健　198, 234, 277, 296, 311-4
今井武夫　21, 198-9, 216, 234, 239, 265-6, 269-70, 272, 274-7, 283-4, 289, 300-1, 305-6, 310, 314, 335
今田新太郎　93
岩井英一　232
岩崎清七　307, 310
岩永裕吉　40, 198, 311
宇垣一成　21, 159, 164, 176, 184-8, 193, 201-6, 208-12, 216-34, 281, 288, 310
臼井茂樹　306
梅津美治郎　51, 136, 138
袁良　183
及川源七　309
王克敏　142, 154, 156, 158, 178, 289, 307
王子恵　307
王寵恵　90, 109, 112, 233
汪兆銘（精衛）　16, 21, 90, 177, 181, 186, 188, 197-200, 202, 209, 213-5, 236, 238, 267-8, 270-1, 273-4, 279-82, 284-5, 287-301, 306, 316, 328, 330, 334-5, 337
緒方竹虎　195-6, 200-1, 210, 213, 234, 311, 313
岡部直三郎　88, 93, 138
小川平吉　144, 186-7, 193-4, 196, 201-2, 212, 219-22, 226, 229, 234, 287-8, 292, 295, 305, 307, 314-5
オット（Eugen Ott）　75, 112, 115
小野寺信　305, 310

カ行

カー（Sir A. Clark Kerr）　182, 207-8
何応欽　180-1, 188, 209
影佐禎昭　21, 180-1, 198, 201, 212, 218, 234, 239, 243, 275, 277, 280-3, 287, 291-3, 295-301, 313-4, 334-5
風見章　32, 39, 53, 101, 132, 142, 146-7, 312
神尾茂　20, 194-6, 200-1, 204-5, 216, 220-2, 224, 229-30, 234, 288, 304-5, 307-8, 311, 314-5
賀屋興宣　101
萱野長知　20, 22, 183, 187-8, 193-6, 200-1, 204-5, 216, 220-2, 224, 229, 234, 288, 304-5, 307-8, 311, 314-5
川越茂　18, 45-6, 76-7, 137, 155, 310, 312
河辺虎四郎　26-7, 34-5, 75, 82
川本芳太郎　243

本書は一九九一年、論創社より刊行された。

ちくま学芸文庫

ピース・フィーラー
——支那《しな》事変《じへん》和平《わへい》工作史《こうさくし》

二〇二四年十月十日　第一刷発行

著　者　戸部良一（とべ・りょういち）

発行者　増田健史
発行所　株式会社　筑摩書房
東京都台東区蔵前二―五―三　〒一一一―八七五五
電話番号　〇三―五六八七―二六〇一（代表）
装幀者　安野光雅
印刷所　株式会社精興社
製本所　株式会社積信堂

ISBN978-4-480-51267-3 C0121